René Guénon

El Teosofismo

Historia de una seudoreligión

René Guénon
(1886-1951)

El Teosofismo
Historia de una seudoreligión
1921
Título original: "*Le Théosophisme, histoire d'une pseudo-religion*"
Primera publicación en 1921 - Paris, Nouvelle Librairie Nationale

Publicado por
Omnia Veritas Ltd

www.omnia-veritas.com

PRÓLOGO ... 9
Teósofia y Teosofismo ... 9

CAPÍTULO I ... 14
Los antecedentes de Mme Blavatsky ... 14

CAPÍTULO II ... 20
Los orígenes de la sociedad teosófica ... 20

CAPÍTULO III ... 36
La Sociedad Teosófica y el rosicrucianismo ... 36

CAPÍTULO IV ... 47
La cuestión de los Mahâtmâs ... 47

CAPÍTULO V ... 65
El asunto de la Sociedad de Investigaciones Psíquicas ... 65

CAPÍTULO VI ... 76
Mme Blavatsky y Solovioff ... 76

CAPÍTULO VII ... 84
El poder de sugestión de Mme Blavatsky ... 84

CAPÍTULO VIII ... 89
Los últimos años de Mme Blavatsky ... 89

CAPÍTULO IX ... 98
Las fuentes de las obras de Mme Blavatsky ... 98

CAPÍTULO X ... 107
El Budismo esotérico ... 107

CAPÍTULO XI 114
Principales puntos de la enseñanza teosofista 114

CAPÍTULO XII 130
El teosofismo y el espiritismo 130

CAPÍTULO XIII 145
El teosofismo y las religiones 145

CAPÍTULO XIV 153
El juramento en el teosofismo 153

CAPÍTULO XV 160
Los antecedentes de Mme Besant 160

CAPÍTULO XVI 165
Los comienzos de la presidencia de Mme Besant 165

CAPÍTULO XVII 174
En el Parlamento de las Religiones 174

CAPÍTULO XVIII 181
El Cristianismo esotérico 181

CAPÍTULO XIX 188
La duesqua de Pomar 188

CAPÍTULO XX 196
El mesías futuro 196

CAPÍTULO XXI 208
Las tribulaciones de Alción 208

CAPÍTULO XXII 221
La antroposofía de Rudolf Steiner 221

CAPÍTULO XXIII 235
La Orden de la Estrella de Oriente y sus anexos 235

CAPÍTULO XXIV 244
La Iglesia "Vieja Católica" 244

CAPÍTULO XXV 260
Teosofismo y Francmasoneria 260

CAPÍTULO XXVI 270
Las organizaciones auxiliares de la Sociedad Teosófica 270

CAPÍTULO XXVII 287
El moralismo teosofista 287

CAPÍTULO XXVIII 296
Teosofismo y Protestantismo 296

CAPÍTULO XXIX 303
Papel político de la Sociedad Teosófica 303

CAPÍTULO XXX 323
Conclusión 323

René Guénon

PRÓLOGO

Teósofia y Teosofismo

Ante todo, debemos justificar la palabra poco utilizada que sirve de título a nuestro estudio: ¿por qué "teosofismo" y no "teosofía"? Es que para nosotros, estas dos palabras designan dos cosas muy diferentes, y porque importa disipar, incluso al precio de un neologismo o de lo que puede parecer tal, la confusión que debe producir naturalmente la similitud de expresión. Y eso importa tanto más, desde nuestro punto de vista, por cuanto algunas gentes tienen al contrario mucho interés en mantener esta confusión, a fin de hacer creer que se vinculan a una tradición a la que, en realidad, no pueden vincularse legítimamente, como tampoco, por lo demás, a ninguna otra.

En efecto, muy anteriormente a la creación de la Sociedad Teosófica, el vocablo teosofía servía de denominación común a doctrinas bastante diversas, pero que, no obstante, pertenecían todas a un mismo tipo, o al menos, procedían todas de un mismo conjunto de tendencias; así pues, conviene conservarle la significación que tiene históricamente.

Sin buscar profundizar aquí la naturaleza de esas doctrinas, podemos decir que tienen como rasgos comunes y fundamentales ser concepciones más o menos estrictamente esotéricas, de inspiración religiosa o incluso mística, aunque de un misticismo un poco especial sin duda, y que se proclaman de una tradición completamente occidental, cuya base es siempre, bajo una forma u otra, el cristianismo. Tales son, por ejemplo, doctrinas como las de Jacob Boehme, de Gichtel, de William Law, de Jane Lead, de Swedenborg, de Louis-Claude de

Saint-Martin, de Eckartshausen; no pretendemos ofrecer aquí una lista completa, limitándonos a citar algunos nombres entre los más conocidos.

Ahora bien, la organización que se intitula actualmente "Sociedad Teosófica", de la que entendemos ocuparnos aquí exclusivamente, no depende de ninguna escuela que se vincule, ni siquiera indirectamente, a alguna doctrina de este género; su fundadora, Mme Blavatsky, pudo tener un conocimiento más o menos completo de los escritos de algunos teósofos, especialmente de Jacob Boehme, y pudo sacar de ellos ideas que incorporó a sus propias obras, junto con una multitud de otros elementos de las procedencias más diversas, pero eso es todo lo que es posible admitir a este respecto. De una manera general, las teorías más o menos coherentes que han sido emitidas o sostenidas por los jefes de la Sociedad Teosófica, no tienen ninguno de los caracteres que acabamos de indicar, excepto la pretensión al esoterismo; se presentan, falsamente, por lo demás, como teniendo un origen oriental, y si se ha juzgado bueno agregarles desde hace un cierto tiempo un seudocristianismo de una naturaleza muy peculiar, por eso no es menos cierto que su tendencia primitiva era, al contrario, francamente anticristiana. "Nuestra meta, decía entonces Mme Blavatsky, no es restaurar el hinduismo, sino barrer al cristianismo de la faz de la tierra"[1]

¿Han cambiado las cosas tanto desde entonces como podrían hacerlo creer las apariencias? Al menos es lícito desconfiar, al ver que la gran propagandista del nuevo "Cristianismo esotérico" es Mme Besant, la misma que exclamaba antaño que era necesario "ante todo combatir a Roma y a sus sacerdotes, luchar por todas partes contra el cristianismo y *arrojar a Dios de los Cielos*"[2]. Sin duda, es posible que la doctrina de

---

[1] Declaración hecha a M. Alfred Alexander, y publicada en The Medium and Daybreak, Londres, enero de 1893, p. 23.
[2] Discurso de clausura del Congreso de los librepensadores, realizado en Bruselas en septiembre de 1880.

la Sociedad Teosófica y las opiniones de su presidenta actual hayan "evolucionado", pero es posible también que su neocristianismo no sea más que una máscara, ya que, cuando se trata de semejantes medios, es menester esperarse todo; pensamos que nuestra exposición mostrará suficientemente cuan erróneo sería atenerse a la buena fe de las gentes que dirigen o inspiran movimientos como éste que tratamos.

Sea lo que sea de este último punto, desde ahora podemos declarar claramente que entre la doctrina de la Sociedad Teosófica, o al menos lo que hace las veces de doctrina en ella, y la teosofía en el verdadero sentido de esta palabra, no hay absolutamente ninguna filiación, ni siquiera simplemente ideal. Así pues, se deben rechazar como quiméricas las afirmaciones que tienden a presentar a esta Sociedad como la continuadora de otras asociaciones tales como la "Sociedad Filadelfiana", que existió en Londres hacia fines del siglo XVII[3], y a la que se pretende que perteneció Isaac Newton, o de la "Confraternidad de los Amigos de Dios", de la que se dice que fue instituida en Alemania, en el siglo XIV, por el místico Jean Tauler, en quien algunos han querido ver, no sabemos muy bien por qué, a un precursor de Lutero[4]. Estas afirmaciones están quizás menos fundamentadas, y esto no es decir poco, que aquellas por las que los teósofos intentan vincularse a los neoplatónicos[5], bajo pretexto de que Mme Blavatsky adoptó efectivamente algunas teorías fragmentarias de estos filósofos, por lo demás, sin haberlos asimilado verdaderamente.

Las doctrinas, en realidad completamente modernas, que profesa la Sociedad Teosófica, son tan diferentes, bajo casi todos los aspectos, de aquellas a las que se aplica legítimamente el nombre de teosofía, que no

---

[3] *La Clef de la Théosophie*, por H. P. Blavatsky, p. 25 de la traducción francesa de Mme H. de Neufville. Nos remitiremos siempre a esta traducción para las citas que tendremos que hacer de esta obra.

[4] *Modern World Movements*, por el D\ J. D. Buck: *Life and Action*, de Chicago, mayo-junio de 1913.

[5] La Clef de la Théosophie, pp. 4-13.

se podrían confundir las unas con las otras más que por mala fe o por ignorancia: mala fe en los jefes de la Sociedad; ignorancia en la mayoría de los que los siguen, y también, es menester decirlo, en algunos de sus adversarios, que, insuficientemente informados, cometen el grave error de tomar en serio sus aserciones, y de creer, por ejemplo, que representan a una tradición oriental auténtica, mientras que no hay nada de eso. La Sociedad Teosófica, como se verá, no debe su nombre más que a circunstancias completamente accidentales, sin las cuales habría recibido una denominación completamente distinta: sus miembros igualmente, no son en modo alguno teósofos, sino que son, si se quiere, "teosofistas". Por lo demás, la distinción entre estos dos términos, "theosophers" y "theosophits", se hace casi siempre en inglés, idioma en el que la palabra "theosophism", para designar la doctrina de esta Sociedad, es de uso corriente; ella nos parece suficientemente importante como para que sea necesario mantenerla igualmente en francés, a pesar de lo que pueda tener de inusitado, y es por eso por lo que hemos tenido que dar ante todo las razones por las que hay en eso algo más que una simple cuestión de palabras.

Hemos hablado como si hubiera verdaderamente una doctrina teosofista; pero, a decir verdad, si se toma la palabra doctrina en su sentido más estricto, o incluso si se quiere designar simplemente con eso algo sólido y bien definido, es menester convenir que no la hay. Lo que los teosofistas presentan como su doctrina aparece, según un examen un poco serio, como lleno de contradicciones; además, de un autor a otro, y a veces en un mismo autor, hay variaciones considerables, incluso sobre puntos que son considerados como los más importantes. Bajo este aspecto se pueden distinguir sobre todo dos períodos principales, que corresponden a la dirección de Mme Blavatsky y a la de Mme Besant. Es cierto que los teosofistas actuales intentan frecuentemente disimular las contradicciones interpretando a su manera el pensamiento de su fundadora y pretendiendo que al comienzo se la había entendido mal, pero el desacuerdo no es por eso menos real. Se comprende entonces sin dificultad que el estudio de teorías tan inconsistentes no pueda ser separado apenas de la historia misma de la Sociedad Teosófica; es por eso por lo que no hemos juzgado oportuno hacer en esta obra dos partes distintas, una histórica y otra doctrinal, como habría sido natural hacerlo en cualquier otra circunstancia.

CAPÍTULO I⁽*⁾

LOS ANTECEDENTES DE MME BLAVATSKY

Elena Petrofna Hahn nació en Ekaterinoslaw en el año 1831[1*]; era hija del coronel Peter Hahn, y nieta del teniente general Alexis Hahn von Rottenstern-Hahn, de una familia de origen mecglemburgués establecida en Rusia. Su madre, Elena Fadeeff, era hija del consejero privado Andrés Fadeeff y de la Princesa Elena Dolgorouki. La futura Mme Blavatsky no debía olvidar nunca sus orígenes nobles, con los que las actitudes descuidadas e incluso groseras que afectaba darse hacían no obstante un extraño contraste. Desde su infancia, se condujo de una manera insoportable, entrando en violentas cóleras a la menor contrariedad, lo que, a pesar de su inteligencia, no permitió darle una instrucción seria y continuada; a los quince años, "juraba hasta escandalizar a un soldado", según la expresión de su amigo Olcott mismo, y conservó este hábito toda su vida. A los dieciséis años fue casada con el General Nicéforo Blavastky, que era de edad muy avanzada; partió con su marido a la Provincia de Erivan, de la que éste era vicegobernador, pero, a la primera reprimenda, abandonó el domicilio conyugal. Se ha dicho que el general murió poco después de esa separación, pero pensamos que no fue así y que vivió todavía al menos quince años más, ya que Mme Blavatsky misma declaró que lo volvió a ver en Tiflis en 1863 y que pasó entonces algunos días con él[1];

⁽*⁾NOTAS (Las notas con asterisco se refieren a las que sólo aparecieron a partir de la 2ª edición francesa como anexo al final. Aquí se han integrado en el correspondiente capítulo).

[1*] Helena Petrowna Hahn nació el 12 de agosto de 1831; no habíamos podido encontrar la fecha exacta en el momento de la 1ª edición.

[1] Carta a Solovioff, febrero de 1886.

por lo demás, este punto no tiene más que una importancia bastante secundaria.

Así pues, fue en 1848 cuando comenzó la extraordinaria vida de aventuras de Mme Blavatsky; al recorrer el Asia menor con su amiga la condesa Kiseleff, conoció a un copto (otros dicen que era caldeo) llamado Paulos Metamon, que se hacía pasar por mago, y que parece haber sido un prestidigitador[2]. Continuó su viaje en compañía de este personaje, con quien fue a Grecia y a Egipto; después, como sus recursos estaban casi agotados, regresó a Europa, hallándosela en Londres en 1851, dando lecciones de piano para vivir. Sus amigos han afirmado que fue a esa ciudad con su padre a fin de seguir estudios musicales; esto es manifiestamente falso, pues, en aquella época, estaba reñida con toda su familia, y es por eso por lo que no se había atrevido a regresar a Rusia. En Londres, frecuentó a la vez los círculos espiritistas[3] y los medios revolucionarios; se relacionó concretamente con Mazzini y, hacia 1856, se afilió a la asociación carbonaria la "Joven Europa".

Al mismo periodo se refiere una historia fantástica de la que es bueno decir algunas palabras: una embajada del Nepal vino a Londres en 1851 según unos, y en 1854 según otros; Mme Blavatsky pretendió más tarde que, entre los componentes de esta embajada, había reconocido a un personaje misterioso al que, desde su infancia, veía frecuentemente a su lado, y que venía siempre en su ayuda en los momentos difíciles; este protector, que no era otro que el "Mahâtmâ" Morya, le habría hecho conocer entonces el papel al que la destinaba. La consecuencia de este encuentro habría sido un viaje a la India y al Tíbet, donde

---

[2] Si nos atenemos a algunos informes que nos han sido proporcionados, pero que no nos ha sido posible verificar directamente, este Metamon sería el padre de otro personaje que estuvo algún tiempo a la cabeza del "círculo exterior" de la H. B. of L. (sociedad secreta de la que hablaremos más adelante), y que, después, fundó una nueva organización de un carácter bastante diferente.

[3] Es ahí donde conoció a Dunglas Home, el médium de Napoleón III, del que hablaremos más adelante.

Mme Blavatsky habría permanecido por espacio de tres años, durante los cuales los "Maestros" le habrían enseñado la ciencia oculta y habrían desarrollado sus facultades psíquicas. Tal es al menos la versión que ha dado la Condesa Wachtmeister[4], para quien esta estancia en el Tíbet fue seguida de otra estancia en Egipto; aquí no puede tratarse más que del segundo viaje que Mme Blavatsky hizo a este último país, y del que hablaremos un poco más adelante. Por otra parte, Sinnet ha declarado que "Mme Blavatsky coronó una carrera de treinta y cinco a cuarenta años de estudios místicos con un retiro de siete años en las soledades del Himalaya"[5], y parece ubicar este retiro casi inmediatamente antes de su partida para América; ahora bien, incluso si ello fue así, como Mme Blavatsky no tenía más que cuarenta y dos años cuando partió, sería preciso concluir que había debido comenzar sus "estudios místicos" desde su nacimiento, si no incluso un poco antes. La verdad es que este viaje al Tíbet no es más que una pura invención de Mme Blavatsky, y es menester creer, después de lo que acabamos de ver, que los relatos que hizo de él a diferentes personas estaban lejos de ser concordantes[2*]; no obstante, ella escribió un relato, cuyo manuscrito está en poder de Mme Besant, y cuando se probó que el viaje no había podido tener lugar en la fecha indicada, Mme Besant pretendió que el

---

[4] *Lotus Bleu*, 27 de junio de 1894; cf. *Reminiscences of H. P. Blavatsky*, cap. VIII.
[5] *Le Monde Occulte*, p. 45 de la traducción francesa de F. K. Gaboriau.
[2*] No se puede oponer a lo que decimos aquí, como se ha intentado hacer, la afirmación de Olcott según la cual Mme Blavatsky, en 1854, habría intentando en vano penetrar en el Tíbet por Bhután o el Nepal; incluso aunque el hecho fuera cierto, lo que la fecha indicada hace muy dudoso (pues Mme Blavatsky debía de estar entonces en Londres y no en Asia), no se trataría en todo caso más que de una tentativa frustrada. Al igual, no se puede considerar como una alusión a los "Mahâtmâs" el extracto de una carta publicada en el "Spiritual Scientist" de julio de 1875, en la que Mme Blavatsky afirmaba, sin precisar demasiado, la existencia "según su conocimiento personal", de escuelas ocultas en las Indias, en Asia Menor y en otros países, y donde añadía: "La verdadera Kábala (no se trataba pues de doctrinas hindúes o tibetanas) está en las manos de algunos filósofos orientales, pero quiénes son y dónde residen es algo que no se me ha permitido revelar... Todo lo que puedo decir es que ésta existe realmente y que la sede de las fraternidades no será revelada al mundo sino cuando la humanidad despierte".

relato no era realmente de Mme Blavatsky, pues ésta lo había escrito bajo el dictado de un "Mahâtmâ", y ni siquiera se reconocía en él su escritura; por lo demás, se ha dicho otro tanto para algunas partes de sus obras, y esa es, verdaderamente, una manera bastante cómoda de excusar todas las contradicciones y las incoherencias que se encuentran en ellas. Sea como sea, parece bien establecido que Mme Blavatsky no fue nunca a la India antes del año 1878, y que hasta esta época, nunca se había hablado de "Mahâtmâs". Lo que expondremos luego proporcionará pruebas suficientes.

Hacia 1858, Mme Blavatsky decidió regresar a Rusia; se reconcilió con su padre y permaneció a su lado hasta 1863, época en que se trasladó al Cáucaso y se encontró nuevamente con su marido. Un poco más tarde, marchó a Italia, de donde había sido llamada, verosímilmente, por una orden carbonaria. En 1866, está con Garibaldi, a quien acompaña en sus expediciones; combate en Viterbo, después en Mentana, donde cae gravemente herida y es dada por muerta en el campo de batalla; no obstante, se recupera y va a pasar su convalecencia a París. Allí, estuvo durante algún tiempo bajo la influencia de un cierto Víctor Michal, magnetizador y espiritista[6], cuyo nombre ha sido a veces desfigurado en los relatos que se refieren a esta parte de su vida: algunos lo han llamado Martial y otros Marchal[7], lo que le ha hecho confundir con un abad Marchal que se ocupaba también de hipnotismo y de investigaciones psíquicas. Este Michal, que era periodista, pertenecía a la Masonería, lo mismo que su amigo Rivail, alias Allan Kardec, antiguo institutor convertido en director del teatro de las Folies-Marigny y fundador del espiritismo francés; fue Michal quien desarrolló las facultades mediúmnicas de Mme Blavatsky, y, a partir de entonces, no habló nunca sin una suerte de espanto de la "doble personalidad" que ella manifestaba desde aquella época, lo que explica bien las condiciones muy particulares en las que compuso más adelante sus obras.

---

[6] Nació en Grenoble en 1824, muerto en París en 1889.

[7] *Light* de Londres, 28 de agosto de 1897 y 27 de mayo de 1899.

Mme Blavatsky misma era entonces espiritista, al menos así lo decía, y se presentaba, precisamente, como perteneciendo a la escuela de Allan Kardec, de quien conservó o retomó después algunas ideas, concretamente en lo que concierne a la "reencarnación". Si parecemos poner en duda la sinceridad del espiritismo de Mme Blavatsky, a pesar de sus múltiples afirmaciones del período anterior a la fundación de su Sociedad[8], es porque, más adelante, ella misma declaró que nunca había sido "espiritualista"[9] (se sabe que, en los países anglosajones, esta palabra se toma frecuentemente como sinónimo de espiritista); por consiguiente, es permisible preguntarse en qué momento ha mentido.

Sea como sea, lo cierto es que, desde 1870 a 1872, Mme Blavatsky ejerció la profesión de médium en El Cairo, donde se había encontrado nuevamente con Metamon, y donde, de concierto con él y con unos hoteleros franceses, los esposos Coulomb, de quienes tendremos que volver a hablar, fundó su primer "club de milagros". He aquí los términos en que fue anunciada entonces esta fundación por un órgano espiritista: "Una sociedad de espiritualistas ha sido formada en El Cairo (Egipto), bajo la dirección de Mme Blavatsky, una rusa, asistida por varios médiums. Las sesiones tienen lugar dos veces por semana, el martes y el viernes por la noche y sólo se admite en ella a los miembros. Se tiene el propósito de establecer, conjuntamente con la sociedad, un gabinete de lectura y una biblioteca de obras espiritualistas y otras, así como un periódico que tendrá como título *La Revue Spiritualiste du Caire*, y que aparecerá los días 1º y 15º de cada mes"[10]. No obstante, esta empresa no prosperó, pues, al cabo de poco tiempo, Mme Blavatsky fue convicta de fraude, como, algún tiempo después, debía serlo también en varias ocasiones en América, a donde se trasladó para ejercer el

---

[8] Especialmente en sus cartas a A. N. Akasakoff (1874-1875), que fueron publicadas por Solovioff.
[9] *Light*, 19 de febrero de 1881; 11 de octubre y 11 de noviembre de 1884.
[10] *Spiritual Magazine*, abril de 1872.

mismo oficio[11]. Este caso está muy lejos de ser raro entre los médiums profesionales; no queremos decir con esto que todo sea falso en los fenómenos que sirven de base al espiritismo; estos hechos, en sí mismos, son perfectamente independientes de la interpretación absurda que les dan los espiritistas; pero, en todo caso, han sido simulados frecuentemente por mistificadores, y todo individuo que hace de la producción de estos fenómenos un oficio es eminentemente sospechoso, puesto que, aunque tenga algunas cualidades mediúmnicas reales, su interés le incitará a engañar cuando, por una causa u otra, se encuentre en la imposibilidad de presentar fenómenos verdaderos. Tal ha sido, ciertamente, el caso de muchos médiums conocidos y reputados, como la famosa Eusapia Paladino, por ejemplo; tal ha sido probablemente también, al comienzo sobre todo el de Mme Blavatsky. Ésta, cuando se vio desenmascarada, abandonó precipitadamente El Cairo y regresó a París, donde intentó vivir con su hermano; pero, no pudiendo entenderse con él, partió pronto para América, donde, dos años después, debía fundar su Sociedad Teosófica.

---

[11] *Mind and Matter*, Filadelfia, 21 de noviembre de 1880; este periódico hizo conocer, con pruebas en su apoyo, los "trucos" empleados por Mme Blavatsky. — Comunicación hecha al Congreso de Chicago, en 1893, por William Emmett Coleman, que se dedicó igualmente a establecer un inventario minucioso de los "plagios" hechos por Mme Blavatsky en su *Isis Develada*.

CAPÍTULO II

Los orígenes de la Sociedad Teosófica

En 1873, cuando Mme Blavatsky partió para América (llegó a Nueva York el 7 de julio de ese año), se pretendía "controlada" (los espiritistas franceses dirían "guiada") por un "espíritu" con el nombre de John King. Es curioso reparar en este hecho, porque este mismo nombre se encuentra mezclado invariablemente en todas las manifestaciones de un cierto número de falsos médiums que fueron desenmascarados hacia la misma época[1], como si estos falsos médiums actuaran todos bajo una misma inspiración. Lo que es muy significativo también bajo este aspecto, es que Mme Blavatsky, en 1875, escribía esto: "He sido *enviada* de París a América a fin de verificar los fenómenos y su realidad y de mostrar la decepción de la teoría espiritualista"[2]. ¿Enviada por quién? Más tarde, dirá: por los "Mahâtmâs"; pero entonces aún no se hablaba de ellos, y, por lo demás, fue en París donde recibió su misión, y no en la India o en el Tíbet.

---

[1] Los hermanos Davenport (1865), los esposos Holmes (Filadelfia, principios de 1875); Firman (París, junio de 1875); Herne (Londres); C. E. Williams (La Haya, 1878), etc. — Recordemos también la *Katie King* de Miss Florence Cook, el famoso médium de William Crookes (1873-1875); esta similitud de nombre, ¿no se debe más que al azar? Señalemos a este propósito que Crookes se adhirió a la Sociedad Teosófica en 1883 y fue miembro de la "*London Lodge*".

[2] Carta a Stainton Moses: Linhg, 9 de julio de 1892, p. 331. En su carta a Solovioff de febrero de 1886, Mme Blavatsky repite una vez más: "He sido *enviada* a América para ejercer mis capacidades psíquicas"; por lo demás, se ha visto que ya las había "ejercido" en El Cairo.

Por otra parte, parece que, cuando Mme Blavatsky llegó a Norteamérica, preguntaba a todas las personas con las que entraba en contacto si conocían a alguien con el nombre Olcott[3]; en efecto, acabó por encontrar a este Olcott, el 14 de octubre de 1874, en la hacienda de Chittenden (Vermont), en casa de los esposos Eddy, donde se producían entonces "materializaciones de espíritus" y otros fenómenos del mismo género. Henry Steele Olcott había nacido en Orange (Nueva Jersey) en el año 1832; hijo de honorables cultivadores, había sido primero ingeniero agrónomo, después, durante la guerra de secesión, había servido en la policía militar, y es en ella donde había ganado el título de coronel, bastante fácil de obtener en los Estados Unidos. Terminada la guerra, se puso a hacer periodismo, distribuyendo sus tiempos de ocio entre las Logias masónicas y las sociedades de espiritismo; colaboró en varios periódicos, concretamente en el *New-York Sun* y en el *New-York Graphic*, donde escribió diversos artículos sobre los fenómenos de Chittenden; y es verosímilmente por la lectura de esos artículos como Mme Blavatsky supo donde podría encontrar finalmente a su futuro asociado[1*].

¿Pero quién había podido dar a Mme Blavatsky la idea de entrar en contacto con Olcott, que no ocupaba en el mundo "espiritualista" una posición destacada? Lo que puede proporcionar la llave del misterio, descartando la hipótesis de una comunicación de los "Mahâtmâs", que

---

[3] Ver el relato ya citado de la Condesa Wachtmeister.

[1*] Henry Steele Olcott nació el 2 de agosto de 1832. Sus artículos sobre los fenómenos de Chittenden fueron reunidos en un volumen bajo el título de *People from the other World*. Con respecto al papel de Olcott durante y después de la guerra de Secesión, se nos ha reprochado el haber "omitido cuidadosamente indicar que estuvo encargado de denunciar y de perseguir a todos aquellos que se habrían hecho culpables de concesiones en los mercados de los ejércitos", lo que era "una tarea que no podía ser encomendada más que a un hombre cuya honorabilidad y probidad estuvieran por encima de toda sospecha". Esta omisión, en realidad, fue totalmente involuntaria por nuestra parte, y, además, la "probidad" de Olcott no estaba en absoluto en duda; pero, si los teosofistas encuentran "honorable" la función de denunciante, lamentamos no poder ser de la misma opinión en este punto.

no se puede sostener seriamente, y que no es aquí más que una explicación inventada a destiempo, es que Olcott conocía ya a John King, si es menester creer lo que escribía en 1876, a propósito de ese pretendido "espíritu", a William Stainton Moses, espiritista inglés muy conocido bajo el seudónimo de M. A. Oxon: "Él ha estado frecuentemente en Londres; de hecho, yo mismo le encontré allí en 1870". En la correspondencia de donde tomamos esta frase, y que Stainton Moses mismo ha publicado más tarde en su periódico[4], hay muchas afirmaciones que es difícil tomar en serio, y uno se pregunta frecuentemente si Olcott busca engañar a los demás o si juega él mismo el papel de engañado. Por nuestra parte, no pensamos que haya sido siempre tan ingenuo como ha querido parecerlo, y como lo creyeron los investigadores de la Sociedad de investigaciones psíquicas de Londres en 1884, ni tampoco que haya estado tan completamente sugestionado por Mme Blavatsky como algunos otros, como Judge y Sinnett por ejemplo. Por lo demás, él mismo declara que no es "ni un novicio entusiasta ni un tonto crédulo", y definió su papel como consistente en: "rebuznar para atraer la atención de las gentes"; por lo tanto, su buena fe queda bien sujeta a caución. Sea como sea, la verdad llega a veces a salir a la luz a través de todas las fantasmagorías en que se halla envuelta; así, en una carta fechada en 1875, se lee esto: "Intentad obtener una conversación privada con John King; es un *Iniciado*, y sus frivolidades de lenguaje y de acción disimulan un asunto serio". Esto es aún bastante vago, pero, en otra carta, esa misma en la que Olcott hace alusión a sus relaciones personales con John King, aunque habla de éste de una manera que, en su conjunto, hace pensar que se trata de una "materialización", no obstante dice que este mismo John King *es* miembro de una Logia masónica (el verbo está en presente), como lo era Olcott mismo, así como su corresponsal, el Rev. Stainton Moses, y también, como ya lo hemos dicho, Víctor Michal, el primer magnetizador de Mme Blavatsky.

---

[4] *Light*, 9 y 23 de julio de 1892.

En el decurso de este estudio tendremos que señalar muchas otras relaciones entre la Sociedad Teosófica y diversas ramas de la Masonería; pero lo que es menester retener aquí, es que parece que el nombre de John King bien podría disimular simplemente a un hombre vivo, cuya verdadera identidad debía permanecer desconocida; ¿era él quien había enviado en misión a Mme Blavatsky y quien había preparado su asociación con Olcott? Es al menos muy verosímil, y, en este caso, sería menester admitir que esta individualidad misteriosa actuaba por cuenta de alguna agrupación no menos misteriosa; es lo que la continuación confirmará también mostrándonos otros casos similares. No obstante, no pretendemos resolver la cuestión de quién era John King; constataremos simplemente que, en un pasaje de sus *Old Diary Leaves* donde cuenta un "fenómeno" producido por Mme Blavatsky en abril de 1875 (se trata de un dibujo supuestamente trazado por vía oculta en una página de una libreta, y en el que figuraba una joya de Rosa-Cruz Masónica), Olcott relaciona el nombre de John King al de un tal Henry de Morgan (estos dos nombres habrían sido inscritos a la cabeza del dibujo en cuestión). Quizás se trata de una indicación, pero no querríamos ser demasiado afirmativos sobre ello. Hubo, en efecto, un profesor de Morgan, que fue presidente de la Sociedad Matemática de Londres y que se ocupó del psiquismo, pero no pensamos que sea de él de quien se trata aquí[2*]. Por otra parte, en una carta dirigida a Solovioff en febrero de 1886, Mme Blavatsky habla de un cierto M... que la habría: "traicionado y arruinado diciendo mentiras al médium Home, quien la desacreditaba desde hacía ya diez años"; se puede suponer que esta inicial designa al mismo personaje, y entonces sería menester concluir que, por una razón cualquiera, este Henry de Morgan, en caso de ser éste su verdadero nombre, habría abandonado a su antiguo agente

---

[2*] A propósito de la identificación entre John King y Henry de Morgan, es curioso notar que la "Katie King" de William Crookes pretendía también haber vivido en las Indias con el nombre de Annie Owen Morgan; la relación parece todavía más estrecha de lo que sospechábamos en un principio. En cuanto al presidente de la Sociedad Matemática de Londres, se llamaba Auguste de Morgan.

hacia 1875 ó 1876, es decir, precisamente, cuando el nuevo "club de milagros", que había sido establecido en Filadelfia, sufrió un fracaso comparable al que ya se había producido en El Cairo, y debido exactamente a la misma causa, es decir, al descubrimiento de los múltiples fraudes de Mme Blavatsky[5].

---

[5] Algunos han pretendido que, durante su estancia en Filadelfia, Mme Blavatsky se había casado por segunda vez con uno de sus compatriotas, médium también, y mucho más joven que ella; pero no habría tardado en separarse de él, y de regreso a Nueva York, habría emprendido un trámite de divorcio que no habría tenido su solución sino al cabo de tres años. No hemos podido obtener ninguna confirmación de estos hechos, e incluso otras informaciones nos los hacen parecer poco verosímiles; por lo demás, la vida de Mme Blavatsky ha sido lo suficientemente aventurada como para que sea superfluo intercalar en ella episodios más o menos novelescos basados en simples habladurías. — Las mismas observaciones se aplican a lo que se encuentra sobre Mme Blavatsky en las Memorias publicadas recientemente del conde Witte (pp. 2-7, edición francesa); éste, aunque primo de Mme Blavatsky a través de los Dolgorouki, no parece haber conocido de la juventud de ella más que los rumores más o menos vagos que circulaban en Rusia, y eso no tiene nada de sorprendente, puesto que durante este período Mme Blavatsky no tuvo ninguna relación con su familia. Algunos detalles de las Memorias son manifiestamente inexactos; otros, como los que conciernen a las relaciones de Mme Blavatsky con un cantor llamado Mitrovitch, pueden ser ciertos, pero se relacionan tan sólo con su vida privada, que no nos interesa especialmente. Lacour-Gayet hizo un resumen de ella que fue publicado en *Le Figaro*, el día 16 de septiembre de 1921, bajo el título: *La vie errante de Mme Blavatsky*.
Añadido en la segunda edición.
Habíamos querido considerar como simples calumnias las historias concernientes al segundo matrimonio y al divorcio de Mme Blavatsky; pero los propios teosofistas han tenido el detalle de indicarnos que Olcott habla de ello en sus "Old Diary Leaves" y afirma que los documentos que se refieren a este asunto están en su posesión; si aportan alguna luz sobre ese aspecto más bien molesto de la fisonomía de su fundadora, no vemos por nuestra parte ningún inconveniente en referirnos a ello. Parece entonces que el matrimonio tuvo lugar en Filadelfia el 3 de abril de 1875, mientras vivía aún el general Blavatsky y ninguna sentencia de divorcio había sido pronunciada; el segundo esposo de Mme Blavatsky era un joven armenio llamado Bettalay; además, J. N. Farquhar (*Modern Religious Movements in India*, p. 222) asegura que, según el registro, ella habría afirmado tener treinta y seis años, cuando en realidad tenía cuarenta y tres; en fin, es en ocasión del proceso de divorcio que siguió cuando conoció a W. Q. Judge, que estuvo, en esta circunstancia, encargado de la defensa de sus intereses.

En esta época, en efecto, dejó de hablarse de John King, al mismo tiempo que se podía observar un notable cambio de orientación en Mme Blavatsky, y esta coincidencia proporciona la confirmación de lo que acabamos de decir. La causa determinante de este cambio fue el encuentro con un cierto George H. Felt, que fue presentado a Mme Blavatsky por un periodista llamado Stevens. Este Felt, que decía ser profesor de matemáticas y de egiptología[6], era miembro de una sociedad secreta designada habitualmente por las iniciales "H. B. of L." (*Hermetic Brotherhood of Luxor*)[7]. Ahora bien, esta sociedad, aunque había desempeñado un papel importante en la producción de los primeros fenómenos de "espiritualismo" en América, es formalmente opuesta a las teorías espiritistas, ya que enseña que estos fenómenos se deben, no a los espíritus de los muertos, sino a ciertas fuerzas dirigidas por hombres vivos. Fue exactamente el 7 de septiembre de 1875 cuando John King fue reemplazado, como "control" de Mme Blavatsky, por otro "espíritu" que se hacía llamar por el nombre egipcio de Sérapis, y que muy pronto habría de ser reducido a no ser más que un "elemental"; en el momento mismo en que se producía este cambio, el médium Dunglas Home atacaba públicamente a Mme Blavatsky, en un libro titulado *Incidents in my Life*, e inmediatamente ésta, que hasta entonces parecía no haberse ocupado más que de espiritismo, declaraba, con evidente mala fe, que ella "no había sido nunca y que no sería nunca un médium profesional", y que había "consagrado su vida entera al estudio de la antigua kábala, del ocultismo y de las ciencias ocultas"[8]. Esto se debe a que Felt la había hecho afiliar, lo mismo que a Olcott, a la H. B. of L.: "Yo pertenezco a una Sociedad Mística", decía en efecto poco antes, "pero de ello no se sigue que haya devenido un Apolonio de Tiana

---

[6] *Old Diary Leaves*, por Olcott: *Theosophist*, noviembre y diciembre de 1892.
[7] Esta sociedad no debe ser confundida con otra que tiene el nombre similar de *Hermetic Brotherhood of Light*, fundada en el año 1895. Hay incluso una tercera *Hermetic Brootherhood*, sin designación ulterior, que fue organizada en Chicago hacia el año 1885.
[8] Carta del 25 de junio de 1876.

en enaguas"[9]; y, después de esta declaración que contradice expresamente la historia de su "iniciación" anterior, agrega no obstante aún: "John King y yo estamos ligados desde los tiempos antiguos, mucho antes de que él comenzara a materializarse en Londres". Sin duda se trata del "espíritu" a quien, en aquel entonces, se atribuía haberla protegido desde su infancia, papel que debía ser confiado después al "Mahâtmâ" Morya, mientras que ella llegó a hablar de John King con el más profundo desprecio: "Lo que se parece, se junta; conozco personalmente a hombres y mujeres de una gran pureza, de una gran espiritualidad, que han pasado varios años de su vida bajo la dirección e incluso bajo la protección de "espíritus" elevados, desencarnados o planetarios; pero tales "inteligencias" no son del tipo de los John King y de los Ernest que aparecen durante las sesiones"[10]. Más adelante volveremos a encontrarnos con Ernest, cuando hablemos de M. Leadbeater, a quien se le ocurrió, digámoslo de paso, atribuir a "hadas" o a "espíritus de la naturaleza" la protección oculta de la que habría estado rodeada la juventud de Mme Blavatsky; a decir verdad, ¡los teosofistas deberían ponerse de acuerdo entre sí para hacer concordar sus propias afirmaciones! ¿Pero qué es menester pensar, según su propia confesión, de la "pureza" y de la "espiritualidad" de Mme Blavatsky en la época que estaba "controlada" por John King?

Debemos decir ahora, para no volver sobre ello, que Olcott y Mme Blavatsky no permanecieron mucho tiempo vinculados a la H. B. of L., y que fueron expulsados de esta organización poco antes de su partida de América[11]. Esta observación es importante ya que los hechos precedentes, han dado lugar a veces a singulares equivocaciones; es así

---

[9] Carta del 12 de abril de 1876. — Cf. *Old Diary Leaves*, por Olcott, pp. 75-76.
[10] La Clef de la Théosophie, p. 270.
[11] Una obra titulada *The Transcendental World*, por C. G. Harrison, aparecida en Inglaterra en 1894, parece contener alusiones a ese hecho y al antagonismo que existió desde entonces entre la H. B. of L. y la Sociedad Teosófica; pero sus informes referentes a los orígenes ocultos de esta última tienen un carácter demasiado fantástico y carecen de pruebas suficientes como para que nos sea posible basarnos en ellos.

como el Dr. J. Ferrand, en un estudio publicado hace algunos años[12], ha escrito esto, a propósito de la jerarquía que existe entre los miembros de la Sociedad Teosófica: "Por encima de los dirigentes que constituyen la Escuela teosófica oriental (otra denominación de la "sección esotérica"), hay todavía una sociedad secreta, reclutada entre estos dirigentes, cuyos miembros son desconocidos, pero firman sus manifiestos con las iniciales H. B. of L." Conociendo muy bien todo lo que se refiere a la H. B. of L. (cuyos miembros, por lo demás, no firman sus escritos con esas iniciales, sino solo con un "swástica"), podemos afirmar que, después de lo que acabamos de contar, ella no tuvo nunca ninguna relación oficial u oficiosa con la Sociedad Teosófica; antes al contrario, estuvo en constante oposición con ésta, así como con las sociedades rosacrucianas inglesas de las que trataremos un poco más adelante, aunque algunas individualidades hayan podido formar parte simultáneamente de estas diferentes organizaciones, lo que puede parecer raro en parecidas condiciones, pero que, no obstante, no es un hecho excepcional en la historia de las sociedades secretas[13]. Por lo demás, poseemos documentos que proporcionan la prueba absoluta de lo que acabamos de adelantar, concretamente una carta de uno de los dignatarios de la H. B. of L., fechada en julio de 1887, carta en la que el "budismo esotérico", es decir, la doctrina teosofista, es calificada de "tentativa hecha para pervertir el espíritu occidental", y donde se dice además, entre otras cosas, que "los adeptos verdaderos y reales no

---

[12] La Doctrine de la Théosophie, son Passé, son Présent, son Avenir: Revue de Philosophie, agosto de 1913, pp. 14-52. Ese pasaje figura en la p. 28.

[13] Lo mas extraordinario es, quizá que el *Theosophist* publicara, en 1885, un anuncio del *Occult Magazine*, de Glasgow, en el que se hacía llamada a personas que desearan "ser admitidas como miembros de una Fraternidad Oculta, que no se jacta de su saber, sino que instruye libremente y sin reserva a todos aquellos que encuentra dignos de recibir sus enseñanzas". Esta Fraternidad, cuyo nombre no se daba, no era otra que la H. B. of L., y los términos empleados eran una alusión indirecta, pero muy clara, a los procedimientos completamente contrarios a los que usaba la Sociedad Teosófica, y que fueron criticados precisamente en varias ocasiones en el *Occult Magazine*, (julio y agosto de 1885, enero de 1886).

enseñan esas doctrinas del "karma" y de la "reencarnación", adelantadas por los autores del *Budismo Esotérico* y otras obras teosóficas", y que, "ni en las susodichas obras ni en las páginas del *Theosophist*, se encuentra una visión justa y de sentido esotérico sobre estas importantes cuestiones". Tal vez la división de la H. B. of L. en "círculo exterior" y "círculo interior" haya sugerido a Mme Blavatsky la idea de constituir en su Sociedad una "sección exotérica" y una "sección esotérica"; pero las enseñanzas de las dos organizaciones están en contradicción sobre muchos de los puntos esenciales; en particular, la doctrina de la H. B. of L. es claramente "antirreencarnacionista", y tendremos que volver sobre esto a propósito de un pasaje de *Isis Develada* que parece haberse inspirado en ella, pues esta obra fue escrita, precisamente por Mme Blavatsky durante el período del que nos ocupamos actualmente[3*].

[3*] Algunos teosofistas han afirmado, con una insistencia tal que prueba que el asunto tiene alguna importancia para ellos, que la H. B. of L. había sido una "imitación" o incluso una "falsificación" de la Sociedad Teosófica, lo que implica que no habría sido fundada sino posteriormente a ésta. Debemos precisar que la H. B. of L. fue "reorganizada exteriormente" en 1870, es decir, que en este año había sido fundado el "círculo exterior" cuya dirección fue, en 1873 (y no en 1884, como se dijo en el "*Theosophist*"), confiada a Max Théon; éste, que más tarde debía convertirse en el propagador de la doctrina designada con el nombre de "tradición cósmica", y del cual recientemente hemos conocido su muerte, era, al parecer, el hijo de Paulos Metamon (ver p. 14, nota 2). En cuanto a las formas anteriores de la H. B. of L., es preciso buscarlas sin duda en organizaciones que han sido conocidas bajo otros nombres diversos, especialmente en la "Fraternidad de Eulis" de P. B. Randolph (ver p. 36, nota 1; *Eulis* es una alteración de *Eleusis*), e incluso en la misteriosa "Orden de Ansaireh" al cual éste estaba vinculado; sobre este punto, reenviamos a lo que ya hemos dicho en *L'Erreur spirite* (pp. 20, 21 y 27). Además, podemos decir ahora que los documentos inéditos concernientes a la H. B. of L. nos han sido comunicados por F.-Ch. Barlet, que había sido su representante oficial para Francia, tras haber sido uno de los fundadores de la primera rama francesa de la Sociedad Teosófica, de la que por otra parte se separó en 1888 tras algunas discusiones de las que se pueden encontrar los ecos en la revista "*Le Lotus*". La hostilidad de la Sociedad Teosófica con respecto a la H. B. of L. se manifestó particularmente en 1886 a propósito de un proyecto de fundación de una especie de colonia agrícola en América por miembros de esta última organización. Mme Blavatsky encontró aquí una ocasión favorable para vengarse de la

Reanudemos ahora el orden de los acontecimientos. El 20 de octubre de 1875, poco menos de dos meses después de la aparición en escena de Serapis, fue fundada en Nueva York una sociedad llamada "de investigaciones espiritualistas"; Olcott era su presidente, Felt y el Dr. Seth Pancoats vicepresidentes, y Mme Blavatsky se contentaba modestamente con las funciones de secretaria. Entre los demás miembros, citaremos a William Q. Judge, que debía desempeñar después un papel importante en la Sociedad Teosófica; y a Charles Sotheran, uno de los altos dignatarios de la Masonería norteamericana. Digamos a este propósito que el general Albert Pike, Gran Maestro del Rito Escocés para la jurisdicción meridional de los Estados Unidos (cuya sede estaba entonces en Charleston), frecuentó también en esa época a Mme Blavatsky; pero sus relaciones no parecen haber tenido ninguna

---

exclusión de la que había sido objeto en 1878, y maniobró de tal forma que llegó a hacer prohibir al secretario general de la Orden, T. H. Burgoyne, el acceso al territorio de los Estados Unidos, haciendo llegar a las autoridades americanas documentos que establecían que había sufrido hacía tiempo una condena por estafa. Peter Davidson, que tenía el título de "Gran Maestro provincial del Norte", llegó a establecerse con su familia en Louisville, en Georgia, donde murió hace ya algunos años, tras haber fundado, cuando ya la H. B. of L. había "entrado en sueños", una nueva organización llamada "Orden de la Cruz y de la Serpiente" (alusión al símbolo bíblico de la "serpiente de bronce"), y que tenía por órgano una revista titulada "The Morning Star". Es Peter Davidson quien escribió a F.-Ch. Barlet, en julio de 1887, la carta de la que hemos citado algunas frases (p. 26); he aquí otro extracto de la misma carta: "Debe observarse también que la Sociedad Teosófica jamás ha estado, desde que Mme Blavatsky y el coronel Olcott llegaron a la India, bajo la dirección o la inspiración de la Fraternidad auténtica y real del Himalaya, sino bajo la de una Orden muy inferior que pertenece al culto budista. Le hablo aquí de algo que sé y sobre lo cual tengo una autoridad indiscutible; pero, si tiene aún alguna duda sobre mis afirmaciones, el Sr. Alexander de Corfou posee numerosas cartas de Mme Blavatsky en las que confiesa claramente lo que le digo". La Orden budista de la que se trata no es otra, verosímilmente, que la *Mahâ-Bodhi Samâj*, es decir, la organización que tenía como jefe al Rev. H. Sumangala, principal del Vidyodaya Parivena de Colombo (ver pp. 107-108 y 172-173). Un año más tarde, Peter Davidson escribía, en otra carta, esta frase un tanto enigmática: "Los verdaderos Adeptos y los *Mahâtmâs* de verdad son como los dos polos de un imán, aunque numerosos *Mahâtmâs* sean con seguridad miembros de nuestra Orden; pero no aparecen como *Mahâtmâs* por motivos muy importantes".

continuación. Es menester creer que, en esta circunstancia, Pike fue más clarividente que muchos otros, y que reconoció pronto con quien estaba tratando. Y, puesto que se ofrece la ocasión, agregaremos que la reputación de Albert Pike, como escritor masónico, ha sido muy exagerada: en una buena parte de su obra principal; *Morals and Dogma of Freemasonry*, no hizo más que seguir, por no decir plagiar, el *Dogme et Rituel de la Haute Magie*, del ocultista francés Eliphas Lévi.

Desde el 17 de noviembre de 1875, la sociedad de que acabamos de hablar, y que apenas contaba con dos semanas de existencia, fue cambiada en "Sociedad Teosófica", a propuesta de su tesorero, Henry J. Newton, un rico espiritista que, ciertamente, ignoraba todo de la teosofía, pero a quien agradaba este título sin que supiera demasiado por qué. Así pues, el origen de esta denominación es puramente accidental, puesto que no fue adoptado más que para complacer a un adherente a quien se tenía mucho interés en agradar a causa de su gran fortuna; por lo demás, abundan los ejemplos de gentes ricas que, en un momento o en otro, fueron seducidas por los jefes de la Sociedad Teosófica, y de los que, prometiéndoles toda suerte de maravillas, sacaron subsidios para sí mismos y para su organización. Así pues, fue por esta única razón por lo que se desestimó la oposición de Felt, que habría preferido el título de "Sociedad Egiptológica". No obstante, después de dar una conferencia sobre la "kabbala egipcia", Felt, que había prometido otras tres, desapareció bruscamente, dejando diversos papeles en manos de Mme Blavatsky; sin duda, su misión ya estaba cumplida. En lo que respecta a Newton, no tardó en retirarse de la Sociedad, después de haberse percatado, lo mismo que el juez R. B. Westbrook, de los fraudes que cometía Mme Blavatsky con la ayuda de una cierta señora Phillips y de su sirvienta[14].

---

[14] Informe ya mencionado de M. William Emmett Coleman al Congreso de Chicago, 1893.

La declaración de principios de la primera Sociedad Teosófica comenzaba así: "El título de la Sociedad Teosófica explica los objetivos y deseos de sus fundadores: buscan obtener el conocimiento de la naturaleza y de los atributos del Poder supremo y de los espíritus más elevados, por medio de procedimientos físicos (*sic*). En otros términos, esperan que yendo más profundamente de lo que ha ido la ciencia moderna a las filosofías de los tiempos antiguos, podrán llegar a ser capaces de adquirir, para sí mismos y para los demás investigadores, la prueba de la existencia de un universo invisible, de la naturaleza de sus habitantes si los hay, de las leyes que los gobiernan y de sus relaciones con el género humano". Esto prueba que los fundadores no conocían apenas, en lo referente a la teosofía, más que la definición fantasiosa que da de ella el diccionario norteamericano de Webster, y que se concibe así: "Supuesta relación con Dios y los espíritus superiores, y adquisición consecuente de una ciencia suprahumana por procedimientos físicos, por las operaciones teúrgicas de los antiguos platónicos, o los procedimientos químicos de los filósofos del fuego alemanes". De la declaración de principios, extraeremos también los pasajes siguientes: "Cualesquiera que sean las opiniones privadas de sus miembros, la Sociedad no tiene ningún dogma al que deba hacer prevalecer, ningún culto para propagar... Sus fundadores, puesto que comienzan con la esperanza más bien que con la convicción de alcanzar el objetivo de sus deseos, están animados tan sólo por la intención sincera de aprender la verdad, venga de donde venga, y estiman que ningún obstáculo, por serio que sea, que ningún esfuerzo, por grande que sea, podrían excusarlos de abandonar su designio". Ciertamente, éste es el lenguaje de gentes que buscan, y no el de las que saben; ¿cómo puede conciliarse entonces todo esto con las extraordinarias pretensiones emitidas ulteriormente por Mme Blavatsky? Se ve cada vez más claramente que la iniciación que ésta habría recibido en el Tíbet es una pura fábula, y que, a pesar de lo que afirma la condesa Wachtmeister, no había estudiado en Egipto los misterios del *Libro de los Muertos*, del que, probablemente, fue Felt el primero en hacerle conocer su existencia.

No obstante, al cabo de poco tiempo, se produjo un nuevo cambio: Serapis, que había reemplazado a John King, fue reemplazado a su vez por un "Kashmiri brother"; ¿qué había sucedido? Olcott y Mme Blavatsky habían concluido, con la mediación de un cierto Hurrychund Chintamon (hacia el que ésta última, por motivos que ignoramos, manifestaba más tarde un verdadero terror)[4*], "una alianza ofensiva y defensiva"[15] con el *Arya Samâj*, asociación fundada en la India, en 1870, por el Swâmî Dayânanda Saraswatî, y su Sociedad Teosófica debía considerarse en adelante como constituyendo una sección de esta asociación. A propósito de esto, Mme Blavatsky, disfrazando la verdad como solía hacerlo muy frecuentemente, escribía en el momento de la aparición de su *Isis Develada*: "He recibido el grado de *Arch Auditor* de la principal Logia masónica de la India; es la más antigua de las Logias masónicas, y se dice que existía antes de Jesucristo"[16]. Ahora bien, el *Arya Samâj* era de origen completamente reciente y no tenía nada de masónico, y por lo demás, a decir verdad, en la India no ha habido nunca más Masonería que la que fue introducida allí por los ingleses. La sociedad de que se trata se daba como finalidad: "devolver la religión y el culto a la simplicidad védica primitiva"; como varias otras organizaciones que se formaron en el mismo país en el curso del siglo XIX, concretamente la *Brahma Samâj* y sus diversas ramificaciones, y que fracasaron todas a pesar del apoyo que les proporcionaron los ingleses en razón de sus tendencias antitradicionales; el Arya Samâj procedía de un espíritu "reformador" completamente comparable al del protestantismo en el Mundo

---

[4*] La similitud parcial entre los nombres de Chintamon y Metamon parece haber dado lugar a algunas confusiones; no vemos otra posible explicación a la extraña afirmación contenida en un artículo, por otra parte lleno de informaciones erróneas y tendenciosas, aparecido en el "Occult Review" de Londres en mayo de 1925, y donde ese Chintamon (cuyo nombre es deformado en Christaman, que no tiene nada de hindú) es presentado como habiendo sido el jefe más o menos oculto de la H. B. of L.

[15] Carta de Mme Blavatsky a su hermana, 15 de octubre de 1877.

[16] Carta del 2 de octubre de 1877.

Occidental; ¿no ha sido llamado Dayânanda Saraswatî "el Lutero de la India"?[17]. Ciertamente, no se puede considerar a ese hombre como una autoridad en lo referente a la tradición hindú; algunos han llegado a decir que "sus pensamientos filosóficos no llegaban siquiera tan lejos como los de Herbert Spencer"[18], lo que creemos un poco exagerado.

¿Pero qué razones podía tener Dayânanda Saraswatî para vincularse a Mme Blavatsky y a su Sociedad? En la declaración de principios del 17 de noviembre de 1875, después de haber dicho que: "el *Brahma Samâj* ha comenzado seriamente el trabajo colosal de purificar a las religiones hindúes de las escorias que siglos de intrigas de sacerdotes les han infundido", se agregaba esto: "Los fundadores, viendo que toda tentativa de adquirir la ciencia deseada se desarrolla en otras regiones, se vuelven hacia el Oriente, de donde se derivan todos los sistemas de religión y de filosofía". Si el *Brahma Samâj*, ya muy dividido entonces, no respondió a estos avances, sí lo hizo el *Arya Samâj*, y estas organizaciones, como acabamos de decirlo, procedían de las mismas tendencias y se proponían una finalidad casi idéntica. Además, Mme Blavatsky misma ha dado otra razón para este entendimiento: "Es que todos los brâhmanes, ortodoxos u otros, son terriblemente opuestos a los espíritus, a los médiums, a las evocaciones necrománticas o a las relaciones con los muertos, no importa de qué manera o bajo qué forma"[19]. Por lo demás, esta afirmación es perfectamente exacta, y creemos sin esfuerzo que ninguna alianza de ese género hubiera sido posible sin la actitud antiespiritista que Mme Blavatsky proclamaba desde hacía algún tiempo, más precisamente desde su afiliación a la H. B. of L.; pero, mientras que los brâhmanes ortodoxos no hubieran visto en este acuerdo sobre un punto puramente negativo más que una garantía extremadamente insuficiente, no sucedió lo mismo con los "otros", o al menos con uno de entre ellos, a saber, este Dayânanda Saraswatî, a quien Olcott llamaba entonces:

---

[17] Artículo de M. Lalchand Gupta, en la *Indian Review*, Madras 1913.
[18] *The Vedic Philosophy*, por Har Narayana. Introducción, p. 41.
[19] Carta ya citada del 15 de octubre de 1877.

"Uno de los más nobles Hermanos vivos"[20], y cuya correspondencia trasmitida en realidad por una vía completamente natural, iba a transformarse pronto en "mensajes astrales" emanados de los "Mahâtmâs" tibetanos. Sin embargo, este mismo Dayânanda Saraswatî, en 1882, debía romper su alianza con la Sociedad Teosófica denunciando a Mme Blavatsky, a quien había tenido la ocasión de ver de cerca en el intervalo, como una "farsante" (*trickster*), y declarando que: "no conocía nada de la ciencia oculta de los antiguos Yoguîs y que sus supuestos fenómenos no se debían más que al mesmerismo, a preparaciones hábiles y a una diestra prestidigitación", lo que era en efecto la estricta verdad [21].

Llegados a este punto, se impone una constatación: es que los nombres de los supuestos "guías espirituales" de Mme Blavatsky; John King primero, Serapis después y finalmente el "Kashmiri Brother", no hacían en suma más que traducir las diferentes influencias que se habían ejercido sucesivamente sobre ella; eso es lo más real que hay bajo toda la fantasmagoría con que se rodeaba, y hasta ahora, en general, se han destacado muy poco estas relaciones que existieron entre la Sociedad Teosófica, tanto en sus orígenes como después, y algunas otras organizaciones de carácter más o menos secreto; no obstante, todo este lado demasiado descuidado de su historia es de los más instructivos. De todo lo que hemos expuesto, se puede concluir legítimamente que Mme Blavatsky fue sobre todo, en muchas de las circunstancias, un "sujeto" o un instrumento entre las manos de individuos o de agrupaciones ocultas que se mantenían detrás de su personalidad, así como otros fueron a su vez instrumentos en las manos de ella; eso es lo que explica sus imposturas, sin llegar, no obstante, a excusarlas, y aquellos que creen que ella lo inventó todo, que lo hizo todo por sí misma y por su propia iniciativa, se equivocan casi tanto como aquellos que, al contrario, dan fe a sus afirmaciones concernientes a sus

---

[20] Carta a Stainton Moses, 1876.
[21] Dayânanda Saraswatî murió el 30 de octubre de 1883.

relaciones con los pretendidos "Mahâtmâs". Pero hay todavía otra cosa, que permitirá aportar tal vez algunas precisiones nuevas sobre el tema de esas influencias a las que acabamos de hacer alusión: queremos hablar de la acción de algunas organizaciones rosacrucianas o supuestas tales, que, por lo demás, y contrariamente a aquellas de las que hemos hablado hasta aquí, han continuado manteniendo siempre excelentes relaciones con la Sociedad Teosófica.

CAPÍTULO III

La Sociedad Teosófica

y el Rosicrucianismo

En 1876 Olcott escribió a Stainton Moses que está "regularmente inscrito como novicio en la Fraternidad", que ha estado "mucho tiempo en relaciones personales por correspondencia" con los jefes de ésta, y que ellos le han "escrito algunas cosas que Mme Blavatsky no sospecha siquiera que él sabe". ¿De qué "Fraternidad" se trata? Ciertamente no de la H. B. of L., y no debe ser tampoco el *Arya Samâj*, con el que, por lo demás, la alianza definitiva no debía ser concluida más que al año siguiente; en cuanto a la famosa "Gran Logia Blanca" o "Fraternidad del Tíbet", todavía no se había hecho mención de ella, pero los términos empleados eran suficientemente vagos como para autorizar todas las confusiones ulteriores, tanto las voluntarias como las involuntarias. En otra carta dirigida un poco más tarde al mismo destinatario, y de la que parece resultar que éste había aceptado entrar en la sociedad a la que ya pertenecía Olcott, se lee esto: "Deseo que usted pida a *Imperator*, presentándole mis respetos, si no podría hacer *algo*, a la manera psicológica (sic), para impedir que Mme Blavatsky vaya a la India. Estoy muy inquieto acerca de este punto; yo mismo no puedo hacer nada... Las calumnias que han circulado en Europa y aquí la han abatido tan profundamente... que temo que *nosotros* la perdamos. Esto puede ser una cosa pequeña para los espiritualistas, pero es una cosa muy grande *para nosotros tres*... Solicite a *Imperator* lo que sugiero... Parece ser un espíritu sabio, y quizás sea poderoso. Demándele si puede y quiere ayudarnos... Hay aquí una Mme Thompson, una viuda rica con siete millones (de dólares) que cultiva el terreno sobre el que marcha Mme Blavatsky. Esta señora le ofrece dinero y todo lo necesario para ir a la India y proporcionarle así una ocasión de estudiar y de ver por sí misma... No olvide a *Imperator*". Así pues, Mme Blavatsky no había ido nunca a la India antes de su estancia en Norteamérica, y esta vez tenemos la confirmación formal; pero sí deseaba ir, porque sentía la necesidad "de estudiar y de ver por sí misma", lo que prueba que no estaba muy "iniciada" y que todavía no había llegado a poseer un conjunto de convicciones bien fijadas y establecidas. Entonces sólo había una influencia de la que Olcott y Stainton Moses se hacían los agentes, y que era opuesta a ese viaje de Mme Blavatsky a la India; por consiguiente, no era la influencia del *Arya Samâj*, ni de ninguna otra organización oriental. Y ahora: ¿por qué dice Olcott: "para nosotros tres"? Él y su corresponsal hacen dos; el tercero parece ser ese *Imperator* cuyo apoyo reclama con tanta insistencia; ¿pero quién era este ser misterioso? Era, parece, un "espíritu" que se manifestaba en el círculo dirigido por Stainton Moses y su amigo el doctor Speer; pero lo que es extraño, y lo que puede dar la clave de muchas cosas, es que este "espíritu" se haya atribuido el nombre o más bien el título de *Imperator*, que es el del jefe de una sociedad secreta inglesa, la *Order of the Golden Dawn in the Outer* (literalmente "Orden de la Aurora de Oro en el Exterior")[1*].

La Orden que acabamos de nombrar se presenta como una "sociedad de ocultistas que estudian la más alta magia práctica", y que "marcha de alguna manera paralelamente al verdadero *Rosicrucianismo*"; las mujeres son admitidas en ella lo mismo que los hombres, y la cualidad

---

[1*] No creemos necesario, a propósito de la carta de Olcott a Stainton Moses, detenernos en la objeción indicada por los teosofistas, puesto que nos parece particularmente molesta y pretenden que "el coronel Olcott reproduce la idea de Mme Thompson y no la de Mme Blavatsky"; esto no cambia nada en absoluto, y no podemos sino mantener que esta carta no habría tenido sentido alguno si Mme Blavatsky ya hubiera estado en la India en esta época; en tal caso, por otra parte, Olcott no habría dejado de indicar a su corresponsal que la opinión de Mme Thompson no era conforme a la realidad.

de miembro permanece oculta. Hay en ella tres oficiales principales: El *Imperator*, el *Praemonstrator* y el *Cancellarius*. Esta misma Orden está estrechamente vinculada a la *Societas Rosicruciana in Anglia*, fundada en 1867 por Robert Wentworth Little; ésta comprende nueve grados, repartidos en tres órdenes; sus jefes, que son en número de tres como los de la *Golden Dawn*, llevan el título de *Magos*[1]. La *Societas Rosicruciana* no admite más que a masones que posean el grado de Maestro entre sus miembros, cuyo número está limitado a ciento cuarenta y cuatro, sin incluir los miembros honorarios; posee cuatro "Colegios", que están establecidos en Londres, York, Bristol y Manchester. En Escocia existe una organización similar desde 1877, y en Norteamérica, en 1880, se estableció otra rama; son dos filiales de la sociedad inglesa, de la que, no obstante, son administrativamente independientes.

En una carta dirigida al director de la revista teosófica *Lucifer*, en julio de 1889, por el conde Mac-Gregor Mathers, que era entonces secretario del Colegio Metropolitano de la *Societas Rosicruciana* y miembro del Alto consejo de Inglaterra, se dice entre otras cosas: "Esta Sociedad estudia la tradición occidental… Los conocimientos de práctica son el privilegio de los más altos iniciados, que los mantienen en secreto; todos los Hermanos mantienen secreto su grado. La Sociedad Teosófica mantiene relaciones amistosas con ellos… Los estudiantes herméticos de la G.D. (*Golden Dawn*) Rosicruciana, son, por así decir, sus representantes en el *exterior*". La publicación de esta suerte de manifiesto tenía como meta principal desaprobar a una cierta "*Ordo Rosis et Lucis*" (Orden del Rocío y de la Luz), otra sociedad inglesa supuestamente rosicruciana, de la que se había hablado precedentemente en la misma revista[2]; esta última sociedad se

---

[1] En 1901, sus jefes eran: W. Wynn Westcott, *Supreme Magus*; J. Lewis Thomas, *Senior Substitute Magus*; S. L. Mac-Gregor Mathers, *Junior Substitute Magus* (*Cosmopolitan Masonic Calendar*, p. 59).

[2] *Lucifer*, 15 de junio de 1889.

encontraba en competencia directa con la *Golden Dawn* y con la *Societas Rosicruciana*, y sus miembros, que eran espiritistas en su mayor parte, eran acusados de hacer "magia negra", según una costumbre que, por lo demás, está muy extendida en los medios teosofistas, así como tendremos la ocasión de verlo más adelante. La carta del conde Mac-Gregor lleva las divisas siguientes: "*Sapiens dominabitur astris.* — *Deo duce, comite ferro.* — *Non omnis moriar.* — *Vincit omnia veritas*", de las que la última, cosa curiosa, es igualmente la divisa de la H. B. of L., adversaria declarada de la Sociedad Teosófica y de la *Societas Rosicruciana*[3]. La carta concluye con estas palabras que le confieren un carácter oficial: "Publicada por orden del Superior *Sapere Aude*, Cancellarius in Londinense", a lo que sigue este post-escriptum bastante enigmático: "Siete adeptos que poseen *el elixir de larga vida*, viven actualmente y se reúnen cada año en una ciudad diferente". ¿Era el *Imperator* de la G. D. uno de estos "siete adeptos" misteriosos? Es muy posible, y tenemos otros indicios que parecen confirmarlo; pero, sin duda, el "*Superior Sapere Aude*" no había autorizado revelaciones más explícitas a este respecto[4].

El autor de la carta que acabamos de citar, que ha muerto hace algunos años, era el hermano mayor de otro Mac-Gregor, representante en Francia de la *Order of the Golden Dawn in the Outer* y miembro también de la Sociedad Teosófica. En 1899 y 1903 tuvieron en París cierta resonancia las tentativas de restauración del culto de Isis por M. y

---

[3] La H. B. of L. tenía una interpretación particular del Rosicrucianismo, derivada principalmente de las teorías de P. B. Randolph y de la "Fraternidad de Eulis". — En 1882 apareció en Filadelfia una obra titulada *The Temple of the Rosy-Cross*, cuyo autor, F. B. Dowd, era un miembro de la H. B. of L.

[4] En 1894, y bajo el nombre de "*Sapere Aude*, Fra. R. R. et A. C.", fue publicada una obra titulada *La Sciencie de l'Alchimie spirituelle et matérielle*, obra que contiene un elevado número de errores históricos, y una traducción anotada del tratado kabalístico *Aesh Mezareph*, en el que ni siquiera se menciona el comentario que Eliphas Levi había hecho de este libro atribuyéndoselo, bastante gratuitamente por lo demás, a Abraham el Judío, supuesto iniciador de Nicolás Flamel.

Mme Mac-Gregor, bajo el patronazgo del escritor ocultista Jules Bois, tentativas bastante fantasiosas, por lo demás, pero que tuvieron en su tiempo un cierto éxito como curiosidad[2*]. Agregamos que Mme Mac-Gregor, la "Gran Sacerdotisa Anari", es la hermana de M. Bergson; por lo demás, no señalamos este hecho más que a título de reseña accesoria, sin querer deducir de él ninguna consecuencia, aunque, por otro lado, haya incontestablemente más de un punto de semejanza entre las tendencias del teosofismo y las de la filosofía bergsoniana. Algunos han llegado más lejos: es así como, en un artículo que se refiere a una controversia sobre el bergsonismo, M. Georges Pécoul escribe que: "Las teorías de la Sociedad Teosófica son tan extrañamente semejantes a la de M. Bergson que uno se puede preguntar si no derivan todas de una fuente común, y si los MM. Bergson, Olcott, Leadbeater y las Mmes Blavatsky y Annie Besant no han asistido todos a la escuela del mismo Mahâtmâ, Koot Hoomi o... algún *Otro*"; y agrega: "Señalo el problema a los investigadores; su solución quizás podría aportar un suplemento de luz sobre el origen muy misterioso de algunos movimientos del pensamiento moderno y sobre la naturaleza de las "influencias" que sufren, frecuentemente inconscientemente, el conjunto de aquellos que son, ellos mismos, agentes de influencias intelectuales y espirituales"[5]. Sobre estas "influencias", somos bastante de la opinión de M. Pécoul, y

---

[2*] El propio Jules Bois era miembro de la Golden Dawn; comprometido durante la guerra y acusado de haber recibido fondos de la propaganda alemana, permaneció en América, donde llegó a realizar una gira de conferencias (ver un artículo titulado "Qu'est devenu Jules Bois?" aparecido en "Comaedia", el 14 de septiembre de 1923), e incluso fundó una sociedad de estudios psíquicos en Nueva York; no obstante, regresó a Francia en 1927, ya que se habían olvidado algunos acontecimientos que, sin embargo, todavía eran bastante recientes. Otro eminente miembro de la Golden Dawn era la condesa Editha-Lolita de Landsfeldt-Rosenthal, hija natural del rey Luis I de Baviera y de Lola Montes, ahijada del Papa Pío IX y gran amiga de Mme Blavatsky; durante bastante tiempo residió en París, en el domicilio del Sr. y la Sra. Mac-Gregor. Esta última, que es viuda en la actualidad, se retiró a Londres; parece por lo demás estar en muy malas relaciones con su hermano, y, según nos han contado, tiende a hablar de los trabajos filosóficos de éste en un tono algo despectivo.

[5] *Les Lettres*, diciembre de 1920, pp. 669-670.

pensamos incluso que su papel es tan considerable como generalmente insospechado; por lo demás, las afinidades del bergsonismo con los movimientos "neoespiritualistas" no nos han parecido nunca dudosas[6], y no nos asombraría de ninguna manera ver a M. Bergson, según el ejemplo de Williams James, acabar finalmente en el espiritismo. En cuanto a esto, tenemos ya un indicio particularmente elocuente en una frase de la *Energie Spirituelle*, el último libro de M. Bergson, donde éste, aunque reconoce que "la inmortalidad misma no puede ser probada experimentalmente", declara que "sería ya algo, sería incluso mucho poder establecer en el terreno de la experiencia la probabilidad de la supervivencia por un tiempo x"; ¿no es eso exactamente lo que pretenden hacer los espiritistas? Hasta oído decir incluso, hace algunos años, que M. Bergson se interesaba de una manera activa en "experimentaciones" de ese género, en compañía de varios sabios reputados, entre los cuales se nos citó al profesor d'Arsonval y a Mme Curie; queremos creer que su intención era estudiar estas cosas tan "científicamente" como es posible, pero ¡cuántos otros hombres de ciencia, tales como William Crookes y Lombroso, después de haber comenzado así, han sido "convertidos" a la doctrina espiritista! Nunca se insistirá bastante en decir cuan peligrosas son estas cosas; ciertamente, no son la ciencia ni la filosofía las que pueden proporcionar una garantía suficiente para permitir que se las toque impunemente[3*].

Volviendo ahora al Rosicrucianismo, que hemos visto aparecer aquí por primera vez, y que ha dado lugar a esta digresión, señalaremos que Olcott ha contado en varias ocasiones, en el *Theosophist* y en sus libros, que Mme Blavatsky llevaba siempre consigo una joya de Rosa-Cruz "que había recibido de un adepto". Sin embargo, cuando estaba bajo la

---

[6] El *Vahan*, órgano de la sección inglesa de la Sociedad Teosófica, ha reproducido, con grandes elogios, conferencias pronunciadas por M. Bergson en Inglaterra.

[3*] En un artículo publicado en el "Bulletin Théosophique" de enero-febrero-marzo de 1918, el Sr. G. Chevrier parece estar particularmente interesado en resaltar las afinidades entre el bergsonismo y el teosofismo.

influencia de la H. B. of L., Olcott no tenía más que desprecio para los rosicrucianos modernos: en 1875 escribía a Staiton Moses "La Fraternidad (de los Rosa-Cruz), en tanto que rama activa de la Orden verdadera, ha muerto con Cagliostro, como la Francmasonería (operativa) ha muerto con Wren[4*]; lo que aún queda no es más que la cáscara". Aquí, las palabras "rama activa de la Orden verdadera" hacen alusión a un pasaje de las enseñanzas de la H. B. of L., en el que se dice que "el término Rosa-Cruz no designa a la Orden toda entera, sino sólo a aquellos que han recibido las primeras enseñanzas en su prodigioso sistema; éste no es más que un nombre de paso por el cual los Hermanos divierten y, al mismo tiempo, embaucan a la gente". No pretendemos entrar aquí en las controversias relativas al origen y a la historia de los Rosa-Cruz verdaderos y falsos; en eso hay verdaderos enigmas que jamás han sido resueltos de una manera satisfactoria, y sobre los que los escritores que se dicen más o menos rosicrucianos no parecen saber mucho más que los otros.

Al escribir las últimas palabras, pensamos concretamente en el Dr. Franz Hartmann, quien desempeñó un papel importante en la Sociedad Teosófica cuando su sede fue llevada a la India, y con quien,

---

[4*] Christopher Wren, último Gran Maestre de la antigua Masonería inglesa, murió en 1702; los quince años que transcurrieron entre esta fecha y la fundación de la nueva Gran Logia de Inglaterra (1717) fueron utilizados por los protestantes para desarrollar un trabajo de deformación que desembocó en la redacción de las Constituciones publicadas en 1723; los rev. Anderson y Desaguliers, autores de dichas *Constituciones*, hicieron desaparecer todos los antiguos documentos (*Old Charges*) sobre los que pudieron poner sus manos, a fin de que no se notaran las innovaciones que introdujeron, y también porque tales documentos contenían fórmulas a las que consideraban muy molestas, como la obligación de fidelidad "a Dios, a la Santa Iglesia y al Rey", señal indudable del origen católico de la Masonería. Por ello, Joseph de Maistre escribía en sus *Memorias al duque de Brunswick* (1782): "Todo indica que la Francmasonería vulgar es una rama desgajada y quizás corrompida de un tronco antiguo y respetable"; y la frase de Olcott puede hacer suponer que tenía también algún conocimiento de esta desviación, no obstante ignorada totalmente por la inmensa mayoría de los masones "modernos", incluso en los países anglosajones.

Mme Blavatsky, por lo demás, no parece haber estado siempre en los mejores términos, como lo veremos a propósito del asunto de la Sociedad de investigaciones psíquicas. Este personaje, nacido en 1838 en Donauwerth, Baviera, se pretendía rosicruciano, pero de otra rama distinta de las sociedades inglesas de las que hemos hablado precedentemente; si hemos de creerle, había "descubierto" una Fraternidad de verdaderos Rosa-Cruz en Kempten, localidad célebre por sus mansiones encantadas, y donde murió en 1912. A decir verdad, pensamos que esto no es más que una leyenda que él procuraba acreditar para dar la apariencia de una base seria a una cierta "Orden de la Rosa-Cruz Esotérica", de la que fue uno de los promotores. Este Dr. Hartmann ha publicado un gran número de obras[7], que fueron apreciadas de una manera poco benevolente por los jefes de la *Societas Rosicruciana in Anglia*, a pesar de ser teosofistas como el autor; fueron particularmente severos con el libro titulado: *Dans le Pronaos du Temple de Sagesse*, "que contiene la historia de los verdaderos y de los falsos rosicrucianos, con una introducción a los misterios de la filosofía hermética", y que dedicó a la duquesa de Pomar. En 1887, el Dr. Hartmann hizo aparecer en Boston, centro de la rama norteamericana de la *Order of the Golden Dawn in the Outer*, una suerte de novela cuyo título era *Une Aventure chez les Rosicruciens*, y que contiene la descripción de un monasterio teosófico imaginario, supuestamente situado en los Alpes; y el autor cuenta que este monasterio depende de la Orden de los "Hermanos de la Cruz de Oro y de la Rosa-Cruz", y que su jefe lleva el título de *Imperator*. Esto hace pensar en la antigua "Rosa Cruz de Oro" de Alemania, fundada en el año 1714 por el sacerdote sajón Samuel Richter, más conocido bajo el seudónimo de Sincerus Renatus, y cuyo jefe ostentaba efectivamente,

---

[7] He aquí los títulos de algunas de las principales, además de las que se indican en el texto: *Symboles secrets des Rosicruciens*, reedición de una obra antigua, acompañada de comentarios, publicado en Boston; *La Vie de Jehoshua, le Prophète de Nazareth*, "estudio oculto y clave de la Biblia, que contiene la historia de un Iniciado"; *Magie Blanche et Noire*; *La Science Occulte dans la Médecine*; *Les principes de la Géomancie*, según Cornelio Agripa.

como más tarde el de la *Golden Dawn*, este título de *Imperator*, heredado de organizaciones rosicrucianas anteriores, y que se remontaría incluso hasta el origen del mundo, si se ha de creer a algunos relatos legendarios, ya que se encuentra en el *Clypeus Veritatis*, que data de 1618, ¡una lista cronológica de los *Imperatores* desde Adán! Estas exageraciones y estas genealogías fabulosas son, por lo demás, comunes a la mayoría de las sociedades secretas, comprendida la Masonería, donde vemos también al Rito de Misraim hacer remontar sus orígenes hasta Adán. Lo más digno de interés es que un escrito ocultista, al hablar de la organización rosicruciana de 1714, declara esto: "Una tradición dice que este *Imperator* existe siempre; su acción habría devenido política"[8]; ¿se trata también aquí del jefe de la *Golden Dawn*? En efecto, la "Rosa-Cruz de Oro", en la que algunos han creído reconocer ya un carácter político, no existe ya desde hace mucho tiempo; fue remplazada en 1780 por los "Hermanos Iniciados de Asia", cuyo centro fue establecido en Viena, y cuyos superiores se intitulaban, por alusión al comienzo del Apocalipsis: "Padres y Hermanos de las Siete Iglesias Desconocidas de Asia"[9]; no podemos impedirnos preguntar si los "siete adeptos" del conde Mac-Gregor no habrían sido sus continuadores. Sea como sea, lo cierto es que muchas de las asociaciones que pretenden vincularse al Rosicrucianismo, hacen prestar a sus adherentes un juramento de fidelidad al *Imperator*.

El relato novelístico del Dr. Hartmann tuvo una consecuencia que mostró que la finalidad del autor no había sido puramente desinteresada: en septiembre de 1889, se constituyó en Suiza una sociedad por acciones, bajo el nombre de *Fraternitas*, para realizar y

---

[8] *Historie des Rose-Croix*, por Sédir, p. 103, nota.
[9] Señalamos a este respecto una singular equivocación de Papus, que, habiendo encontrado un texto de Wronski donde se hace mención de los "Hermanos Iniciados de Asia", creyó que ese título designaba a una organización realmente oriental y que se trataba de los "Mahâtmâs", de los que hacía, por lo demás, "un grado superior de la Iglesia Brâhmanica". (Glosario de los principales términos de la Ciencia Oculta, artículo *Mahâtmâ*: *Traité méthodique de Science Occulte*, p. 1052.

explotar el establecimiento teosófico-monástico que él había imaginado. El Dr. Hartmann tuvo como asociados, en ese asunto al Dr. R. Thurmann, al Dr. A. Pioda y a la Condesa Wachmeister; esta última, cuyo nombre ya hemos tenido ocasión de citar precedentemente, era una sueca amiga íntima de Mme Blavatsky. En cuanto a la "Orden de la Rosa-Cruz Esotérica", la otra creación del Dr. Hartmann, parece haber estado en relaciones continuas con la "Orden Renovada de los *Illuminati Germaniae*", fundada o reorganizada por Leopoldo Engel, de Dresde, y que desempeñó un papel político extremadamente sospechoso; esta última Orden, como lo indica su nombre, se remite al Iluminismo de Weishaupt, al que, sin embargo, no la vincula filiación ninguna directa. Hubo también relaciones ciertas entre esa "Rosa-Cruz Esotérica" y una cierta "Orden de los Templarios Orientales", fundada en el año 1895 por el Dr. Karl Kellner, y propagada sobre todo, después de la muerte de éste, sobrevenida en 1905, por Theodor Reuss, un teosofista que volveremos a encontrar más tarde; parece incluso que la "Rosa-Cruz Esotérica" devino finalmente el "Círculo Interior" de los "Templarios Orientales".

Estas diversas asociaciones no deben ser confundidas con otra organización rosicruciana austroalemana, de creación más reciente, cuyo jefe es el Dr. Rudolf Steiner; tendremos que volver a hablar de él después. Por lo demás, a decir verdad, en nuestra época el Rosicrucianismo ya no tiene una significación bien definida: una multitud de gentes que se intitulan "Rosacruces" o "Rosicrucianos" no tienen entre sí ningún lazo, ni tampoco lo tienen con las antiguas organizaciones del mismo nombre, y ocurre exactamente lo mismo con aquellos que se intitulan "Templarios". Aún sin tener en cuenta los grados masónicos que, en diversos ritos, llevan el título de Rosa-Cruz o algún otro que se deriva de él, podríamos dar, si no se estuviera fuera de nuestro tema, una larga lista de sociedades más o menos secretas que no tienen apenas en común más que esta misma denominación, acompañada lo más frecuentemente por uno o varios epítetos distintivos[10]. Por consiguiente, es menester estar en guardia, cuando se trata del Rosicrucianismo, lo mismo que cuando se trata de la Masonería, para no atribuir a una agrupación lo que pertenece a otra que puede serle completamente extraña.

---

[10] Señalaremos sólo una de esas sociedades, que se intitula *A. M. O. R. C.* (*Ancien Mystic Order of the Rosy-Cross*), fundada en 1916 "con el fin de salvar la Civilización" (sic); tenemos ante nuestros ojos una circular que anuncia que se esta constituyendo una rama francesa, y que "un Enviado especial vendrá de los Estados Unidos en mayo (1921) para dar la Iniciación y abrir los trabajos" (después se nos ha dicho que su viaje no había podido tener lugar). Esta organización tiene a su cabeza un *Imperator*, pero que, naturalmente, no es el mismo que el de la *Golden Dawn*; no está vinculada al teosofismo, pero sabemos que los teosofistas son ya bastante numerosos entre sus adherentes.
La A.M.O.R.C. no parece haber tenido gran éxito en Francia; sin embargo, su jefe llegó a París en 1927, e incluso fue solemnemente recibido, el 12 de julio, por el "Gran Colegio de los Ritos", es decir, el Supremo Consejo del Gran Oriente de Francia, lo que es tanto más singular cuanto que éste no tiene relación alguna con las organizaciones masónicas americanas, que lo consideran como "irregular"; quizá la Orden rosacruciana en cuestión tampoco posea demasiada "regularidad".

CAPÍTULO IV

La cuestión de los Mahâtmâs

Hemos dejado a Mme Blavatsky en el momento en que, en 1876, pensaba en partir para la India; esta partida, que no debía llevarse a cabo hasta el 18 de noviembre de 1878, parece haber estado determinada sobre todo, si no exclusivamente, por los ataques muy justificados de los que había sido objeto. "Es a causa de eso, escribía ella misma haciendo alusión a la publicación de los *Incidents in my Life* de Dunglas Home, por lo que me voy a la India para siempre; y por vergüenza y por pena, tengo necesidad de ir a donde nadie sepa mi nombre. La malignidad de Home me ha arruinado para siempre en Europa"[1]. Mme Blavatsky debía guardar siempre rencor al médium que, por instigación del misterioso M..., había denunciado sus supercherías, y que ella llamaba "el Calvino del espiritismo". "Ved, escribía ella mucho más tarde a propósito de los peligros de la mediumnidad, cuál ha sido la vida de Dunglas Home, un hombre cuyo corazón estaba lleno de amargura, que no ha dicho nunca una palabra a favor de aquellos que creía dotados de poderes psíquicos, y que ha calumniado hasta el fin a todos los demás médiums"[2]. En un cierto momento, Mme Blavatsky había pensado también, por las mismas razones, "partir para Australia y cambiar su nombre para siempre"[3], después, habiendo renunciado a esta idea, se hizo naturalizar norteamericana, probablemente en 1878, finalmente, se decidió a ir a la India, como había sido su primera intención. Por consiguiente, no fue

---

[1] Carta del 6 de noviembre de 1877.
[2] La Clef de la Théosophie, p. 272.
[3] Carta del 25 de junio de 1876.

por un interés de su sociedad, sino por el suyo propio, por lo que quiso emprender este viaje, a pesar de la oposición de Olcott, a quien finalmente logró arrastrar, y que abandonó a su familia para seguirla. En efecto, tres años antes, Mme Blavatsky decía de Olcott: "Dista mucho de ser rico y no tiene nada que dejar más que sus trabajos literarios, y tiene que mantener a su mujer y a un montón de hijos"[4]. Desde entonces, nadie ha oído hablar nunca de ellos, y el mismo Olcott no parece haberse preocupado lo más mínimo por saber lo que les había ocurrido.

Llegados a la India Mme Blavatsky y su asociado, se instalaron primero en Bombay, después, en 1882, en Adyar, cerca de Madrás, donde se estableció la sede central de la Sociedad Teosófica, y donde se encuentra todavía hoy día. Allí, se fundó una "sección esotérica", y los fenómenos fantásticos se multiplicaron de una manera prodigiosa: golpes dados a distancia, tañidos de campanillas invisibles, "aportes" y "materializaciones" de objetos de toda índole y, sobre todo, "precipitación" de correspondencias trasmitidas por vía "astral". Se pueden encontrar muchos ejemplos de esto contados en el *Monde Occulte* de A. P. Sinnett; el autor, que contribuyó quizá más que ningún otro a hacer conocer en Europa el teosofismo en sus comienzos, parece haber sido realmente engañado, en esta etapa al menos, por las prestimanías de Mme Blavatsky. No había solo cartas "precipitadas", sino también dibujos y hasta pinturas; éstas, sin duda, eran producidas por los mismos procesos que los cuadros llamados médiumnicos que Mme Blavatsky fabricaba antes en Filadelfia, y que vendía muy caros a sus crédulos, entre otros al general Lippitt, que, por lo demás, había acabado por desilusionarse. Todos estos fenómenos no eran enteramente nuevos, y las "campanillas astrales" ya se habían hecho escuchar en Norteamérica ante Olcott y el barón de Palmes; cosa curiosa, en Inglaterra se las había escuchado entonces igualmente en

---

[4] Carta del 25 de marzo de 1875.

casa del Dr. Spear y en la de Stainton Moses; quizás fue ésta una de las circunstancias que más adelante hicieron decir a Olcott que "Stainton Moses y Mme Blavatsky habían sido inspiradas por la misma inteligencia"[5], sin duda el enigmático *Imperator*, de quien se ha hablado precedentemente, lo que no impide que Stainton Moses, hacia el fin de su vida, escribiera a su amigo William Oxly que "la teosofía es una alucinación"[6].

Es en la época a la que hemos llegado cuando entran en escena los "Mahâtmâs" tibetanos, a quienes se atribuiría en adelante la producción de todos los fenómenos, y concretamente, en primer lugar, el famoso Koot Hoomi Lal Singh, el nuevo "Maestro" de Mme Blavatsky. El nombre bajo el que se conoce a este personaje es, se dice, "su nombre místico, de origen tibetano", ya que: "los ocultistas, según parece, toman nuevos nombres en el momento de su iniciación"[7]; más, si Koot Hoomi puede ser un nombre tibetano o mongol, Lal Singh es ciertamente un nombre hindú (de "kshatriya") o sikh, lo que no es la misma cosa. Por eso no es menos cierto que el cambio de nombres es en efecto una práctica que existe en muchas sociedades secretas, tanto en Occidente como en Oriente; así, en los estatutos de la "Rosa-Cruz de Oro" de 1714, se lee que "Cada Hermano cambiará su apellido y su nombre después de haber sido recibido, y hará lo mismo cada vez que cambie de país"; eso no es más que un ejemplo entre muchos otros, de suerte que el hecho de que se trata es de aquellos de los que Mme Blavatsky podía haber tenido conocimiento sin gran dificultad. He aquí lo que dice Sinnet de Koot Hoomi, al contar los comienzos de su correspondencia con él: "Según lo que supe más tarde, era un nativo del Panjab, a quien los estudios ocultos habían atraído desde su más tierna infancia. Gracias a uno de sus padres que era él mismo un ocultista, fue enviado a Europa para ser educado e instruido en la ciencia occidental, y, después, se había

---

[5] *Theosophist*, diciembre de 1893.
[6] *Light*, 8 de octubre de 1892.
[7] *Le Monde Occulte*, p. 121 de la traducción francesa.

hecho iniciar completamente en la ciencia superior de Oriente"[8]. Más adelante se pretenderá que ya había llegado a esa iniciación completa en el curso de sus encarnaciones anteriores; como los "Maestros", contrariamente a lo que ocurre con los hombres ordinarios, conservarían el recuerdo de todas sus existencias (y algunos dicen que Koot Hoomi tuvo alrededor de ochocientas), estas diversas afirmaciones parecen difíciles de conciliar.

Los "Mahâtmâs" o "Maestros de Sabiduría" son los miembros del grado más elevado de la "Gran Logia Blanca", es decir, de la jerarquía oculta que, según los teosofistas, gobierna secretamente el mundo. Al comienzo, se admitía que ellos mismos estaban subordinados a un jefe supremo único[9]; ahora, parece que los jefes son en número de siete, como los "siete adeptos" rosicrucianos que poseen el "elixir de larga vida" (y la más extraordinaria longevidad forma parte también de las cualidades atribuidas a los "Mahâtmâs"), y estos siete jefes representan a "los siete centros del Hombre Celeste", cuyo "cerebro y cuyo corazón están constituidos, respectivamente por el *Manú* y el *Bodhisattwa* que guían a cada raza humana"[10]. Esta unión de las dos concepciones del *Manú* y del *Bodhisattwa*, que no pertenecen a la misma tradición, puesto que el primero es brâhmánico y el segundo búdico, proporciona un ejemplo muy notable de la manera "ecléctica" en que el teosofismo constituye su pretendida doctrina. En los primeros tiempos, a los "Mahâtmâs" se les llamaba también a veces con el simple nombre de "Hermanos"; hoy día se prefiere la denominación de "Adeptos", término tomado por los teosofistas del lenguaje rosicruciano, en el que, efectivamente, designa propiamente a los iniciados que han alcanzado los grados más altos de la jerarquía. El Dr. Ferrand, en un artículo que ya hemos mencionado, ha creído deber hacer una distinción entre los

---

[8] *Le Monde Occulte*, pp. 120-121.
[9] *Le Bouddhisme Esotérique*, p. 26 de la traducción francesa de Mme Camile Lemaitre.
[10] *L'Occultisme dans la Nature* (Entretiens d'Adyar, 2ª serie), por C. W. Leadbeater, p. 276 de la traducción francesa.

"Mahâtmâs" y los "maestros o adeptos", y piensa que éstos no son más que los verdaderos jefes de la Sociedad Teosófica[11]; eso es un error, pues estos últimos afectan al contrario, no darse nunca más que el modesto calificativo de "estudiantes". Los "Mahâtmâs" y los "Adeptos" son, para los teosofistas, una sola y misma cosa, y esta identificación ya había sido sugerida por el Dr. Franz Hartmann[12]; es a ellos también a quienes se ha aplicado exclusivamente el título de "Maestros", primero de una manera completamente general[13], y después con una restricción: para M. Leadbeater "no todos los Adeptos son Maestros, pues no todos reciben alumnos", y, en rigor, no se debe llamar Maestros sino a aquellos que, como Koot Hoomi y algunos otros, "consienten, bajo ciertas condiciones, en recibir como alumnos a aquellos que se muestran dignos de este honor"[14].

La cuestión de los "Mahâtmâs", que tiene un lugar considerable en la historia de la Sociedad Teosófica e incluso en sus enseñanzas, puede ser grandemente dilucidada con todo lo que hemos expuesto precedentemente. En efecto, esta cuestión es más compleja de lo que se piensa ordinariamente, y no basta decir que esos "Mahâtmâs" no existieron nunca más que en la imaginación de Mme Blavatsky y de sus asociados; sin duda, el nombre de Koot Hoomi, para dar un ejemplo, es una invención pura y simple, pero, lo mismo que los de los "guías espirituales" a los que sucedía, pudo muy bien servir de máscara a una influencia real. Únicamente, es cierto que los verdaderos inspiradores de Mme Blavatsky, quienesquiera que hayan sido, no respondían a la descripción que ella da de ellos, y, por otro lado, el nombre mismo de "Mahâtmâ" no ha tenido nunca en sánscrito la significación que ella le atribuye, ya que esta palabra designa en realidad un principio metafísico y no puede aplicarse a seres humanos; quizás se deba incluso a que acabó

---

[11] *Revue de Philosophi*, agosto de 1913, pp. 15-16.
[12] In the Pronaos of the Temple of Wisdom, p. 102.
[13] La Clef de la Théosophie, p. 388.
[14] L'Occultisme dans la Nature, pp. 377-378.

por percatarse de este error por lo que se renunció casi completamente al empleo de este término. En lo que concierne a los fenómenos supuestamente producidos por la intervención de los "Maestros", eran exactamente de la misma naturaleza que los de los "clubes de milagros" de El Cairo, de Filadelfia y de Nueva York; esto fue ampliamente comprobado, en 1884, por la investigación del Dr. Richard Hodgson, así como veremos más adelante. Los "mensajes precipitados" eran fabricados por Mme Blavatsky con la complicidad de un cierto Damodar K. Mavalankar (un brahmán que repudió públicamente su casta) y de algunos otros, como lo declaró desde 1883 M. Allen O. Hume, que, después de haber comenzado a colaborar con Sinnett en la redacción de *Bouddhisme Esotérique*, se había retirado al constatar las múltiples contradicciones contenidas en la pretendida correspondencia de Koot Hoomi que debía servir de base para ese libro; y, por otra parte, Sinnet mismo ha confesado que "cuanto más conozcan los lectores la India, menos querrán creer que las cartas de Koot Hoomi han sido escritas por un nativo de la India"[15]. Ya, en el momento mismo de la ruptura con el *Arya Samâj*, se había descubierto que una de las cartas en cuestión, reproducida en el *Monde Occulte* que apareció en junio de 1881[16], era simplemente, en su mayor parte, la copia de un discurso pronunciado en Lake Pleasant, en agosto de 1880, por el profesor Henry Kiddle, de Nueva York, y publicado el mismo mes en el periódico espiritista *Banner of Light*. Kiddle escribió a Sinnett para pedirle explicaciones; éste ni siquiera se dignó en responderle, y, mientras tanto, se fundaron ramas de la Sociedad Teosófica en Londres y en París. Pero el escándalo no tardaría mucho en estallar: en 1883, estando ya Kiddle en el límite de su paciencia, se decidió a hacer pública su protesta[17], lo que provocó inmediatamente, sobre todo en la rama de Londres, numerosas y sonadas dimisiones; concretamente las de C. C. Massey,

---

[15] *Le Monde Occulte*, pp. 129-129.
[16] P. 102 de la edición inglesa; pp. 196-197 de la traducción francesa.
[17] *Light*, 1 de septiembre de 1883 y 5 de julio de 1884.

que era entonces presidente (y que fue reemplazado por Sinnett), la de Stainton Moses, la de F. W. Percival y la de Miss Mabel Collins, autora de *Lumière sur le Sentier* y de *Portes d'Or*[1*]. El Dr. George Wild, que había sido el primer presidente de esta misma rama de Londres, ya se había retirado en mayo de 1882, porque Mme Blavatsky había dicho en un artículo del *Theosophist*: "No hay Dios personal o impersonal", a lo que él había respondido muy lógicamente: "Si no hay Dios, no puede haber enseñanza *teo*-sófica". Por lo demás, por todas partes y en todas las épocas, numerosas personas que habían entrado imprudentemente en la Sociedad Teosófica se retiraron igualmente una vez que fueron suficientemente edificadas por el comportamiento de sus jefes o por el valor de sus enseñanzas.

Esos hechos determinaron, al menos momentáneamente, la sustitución de Koot Hoomi por otro "Mahâtmâ" llamado Morya, ese mismo que Mme Blavatsky pretendió después haber encontrado en Londres en 1851, y con el que Mme Besant debía entrar, ella también, en comunicación algunos años más tarde. Por lo demás, había lazos muy estrechos y antiguos entre Morya, Mme Blavatsky y el coronel Olcott, si se ha de creer a M. Leadbeater, que, sobre este tema, cuenta una historia que habría pasado hacía millares de años en la Antártida, donde esos tres personajes ya se encontraban reunidos[18]. Morya, al que Sinnett llamaba "El Ilustre", y al que Mme Blavatsky llamaba más familiarmente "el general", nunca es designado más que por su inicial en los apéndices de las reediciones del *Monde Oculte* (en la primera edición todavía no se había dicho nada acerca de él); y he aquí la razón que se invoca: "A veces es difícil saber cómo llamar a los "Hermanos", incluso cuando se saben sus verdaderos nombres; cuanto menos se emplean éstos, tanto

---

[1*] La cuestión del origen de la *Luz en el Sendero* jamás pudo ser aclarada: Miss Mabel Collins pretendía haber leído este tratado "sobre los muros de un lugar que ella visita espiritualmente" (*sic*), y Mme Blavatsky, por su parte, certifica que su verdadero autor era un "Adepto" llamado Hilarión ("Le Lotus", marzo de 1889).

[18] L'Occultisme dans la Nature, pp. 408-409.

mejor, por varias razones, entre las que se puede enunciar la profunda contrariedad que sienten sus verdaderos discípulos cuando tales nombres devienen de un uso frecuente e irrespetuoso entre los burlones"[19]; Mme Blavatsky ha dicho igualmente: "Nuestros mejores teósofos preferirían mejor que los nombres de los Maestros no hubieran aparecido nunca en ninguno de nuestros libros"[20]; es por eso por lo que ha prevalecido el uso de hablar sólo de los "Maestros" K. H. (Koot Hoomi), M. (Morya) y D. K. (Djwal Kûl). Este último, que se da como la reencarnación de Aryasanga, un discípulo del Buddha, es un recién llegado entre los "Mahâtmâs"; no ha alcanzado el "Adeptado" sino en una fecha muy reciente, puesto que M. Leadbeater dice que aún no había llegado a esa jerarquía cuando se mostró a él por vez primera[21].

Koot Hoomi y Morya son considerados siempre como los dos guías principales de la Sociedad Teosófica, y según parece están destinados a una situación aún más elevada que la que ocupan actualmente; es también M. Leadbeater quien nos informa de ello en estos términos: "Muchos, entre nuestros estudiantes, saben que el Maestro M., el Gran Adepto al que se vinculaban más particularmente nuestros fundadores, ha sido escogido para ser el Manú de la sexta raza-madre (la que debe de suceder a la nuestra), y que su amigo inseparable, el Maestro K. H., debe ser su instructor religioso"[22], es decir, el Bodhisattwa. En las "Vidas de Alción", de las que tendremos que hablar más tarde, Morya es designado bajo el nombre de *Marte* y Koot Hoomi bajo el de *Mercurio*; Djwal Kûl es llamado *Urano* y el Bodhisattwa actual *Sûrya*, nombre sánscrito del *Sol*. Según la enseñanza teosofista, Marte y Mercurio son, entre los planetas físicos del sistema solar, los que pertenecen a la misma "cadena" que la Tierra: la humanidad terrestre se habría encarnado precedentemente en Marte, y debería encarnarse

---

[19] *Le Monde Occulte*, pp. 248-249, nota.
[20] La Clef de la Théosophie, p. 400.
[21] L'Occultisme dans la Nature, pp. 403-404.
[22] L'Occultisme dans la Nature, pp. 381.

ulteriormente en Mercurio. La elección de los nombres de estos dos planetas, para designar respectivamente al futuro Manú y al futuro Bodhisattwa, parece haber sido determinada por el pasaje siguiente de la *Voix du Silence*: "Mira a *Migmar* (Marte), cuando a través de sus velos carmesí su "Ojo" acaricia a la tierra soñolienta. Mira el aura flamígera de la "Mano" de *Lhagpa* (Mercurio), extendida con amor protector sobre la cabeza de sus ascetas"[23]. Aquí, el ojo corresponde al cerebro, y la mano corresponde al corazón; estos dos centros principales del "Hombre Celeste" representan, por otra parte, en el orden de las facultades, la memoria y la intuición, de las que la primera se refiere al pasado de la humanidad y la segunda a su porvenir; estas concordancias son al menos curiosas de señalar a título documental, y es menester agregar que el nombre sánscrito del planeta Mercurio es *Budha*. A propósito de Mercurio, destacaremos también que, en la serie de las "Vidas de Alción", hay una historia en la que aparece bajo la forma de un pescador griego cuyo cuerpo habría tomado después de haber sido matado por los bárbaros; se aprovecha de esta ocasión para citar un pasaje de Fénelon[24] donde se dice que el filósofo Pitágoras había sido anteriormente el pescador Pirro, y que había pasado por el hijo de Mercurio, y se agrega que "la aproximación es interesante"[25]; debe serlo, en efecto, para los teosofistas, que creen firmemente que el "Maestro" Koot Hoomi es la reencarnación de Pitágoras.

Los teosofistas consideran a los "Adeptos" como hombres vivos, pero hombres que han desarrollado en ellos facultades y poderes que pueden parecer sobrehumanos: tal es, por ejemplo, la posibilidad de conocer los pensamientos ajenos y de comunicarse directa e instantáneamente, por

---

[23] P. 54 de la traducción francesa de Amaravella (E. J. Coulomb). — El traductor de este libro (que, por lo demás, como muchos otros, acabó por dejar la Sociedad Teosófica), no tiene nada en común, aparte del nombre, con los esposos Coulomb que Mme Blavatsky había conocido en El Cairo, y a los que volvió a encontrar en la India, como lo veremos más adelante.

[24] Abrégé de la vie des plus illustres philosophes de l'antiquité, 1823.

[25] De l'an 25000 avant Jésus-Christ a nos jours, por G. Revel, p. 284.

"telegrafía psíquica", con otros Adeptos o con sus discípulos, en cualquier lugar que se encuentren, y la de transportarse ellos mismos, en su forma "astral", no sólo desde una extremidad a otra de la tierra, sino también a otros planetas. Pero no basta saber qué idea de sus "Mahâtmâs" se hacen los teosofistas, e incluso no es eso lo que más importa; más que nada, y sobre todo, sería menester saber a qué corresponde todo eso en la realidad. En efecto, aunque se ha hecho un uso muy amplio del fraude y de la superchería, y ya hemos mostrado que así ha sido, todavía no se ha dicho todo acerca de estos personajes fantásticos, ya que hay muy pocas imposturas que no se basen sobre una imitación o, si se prefiere, sobre una deformación de la realidad, y, por lo demás, es la mezcla de lo verdadero y de lo falso lo que, cuando se hace hábilmente, las hace más peligrosas y más difíciles de desenmascarar. La célebre mistificación de Léo Taxil proporcionaría al respecto toda una serie de ejemplos sumamente instructivos, y hay en eso una aproximación que se presenta bastante naturalmente al pensamiento[26], puesto que, así como Léo Taxil acabó por declarar que lo había inventado todo, Mme Blavatsky hizo lo mismo, aunque menos públicamente, en algunos momentos de cólera y desánimo. No sólo ha dicho en una de sus últimas obras que la acusación de haber imaginado a los "Mahâtmâs" y sus enseñanzas, lejos de perjudicarla, ha honrado extremadamente a su inteligencia, lo que, por lo demás, es contestable, y "que ella ha llegado casi a preferir que no se crea en los Maestros"[27]; sino que también, en lo que concierne a los "fenómenos", encontramos bajo la pluma de Olcott esta declaración muy clara: "En ciertos días, se encontraba en tal disposición que se ponía a negar los poderes mismos de los que nos había dado las máximas pruebas cuidadosamente controladas por nosotros; ¡entonces pretendía que había engañado a su

---

[26] Por lo demás, esta idea también se les ha ocurrido a otros (ver un artículo de Eugéne Tavernier en *Nouvelliste de Nord et du Pas-de-Calais*, 29 de junio de 1921).
[27] La Clef de la Théosophie, pp. 395-397.

público!"[28]. Y Olcott se preguntaba a este respecto: "si no habrá querido a veces burlarse de sus propios amigos"; es muy posible, pero ¿era cuando les mostraba "fenómenos" cuando se mofaba de ellos, o cuando pretendía que los "fenómenos" eran falsos? Sea como sea, las negaciones de Mme Blavatsky acabaron rebasando el círculo de sus allegados, pues un día escribió esto a su compatriota Solovioff: "Diré y publicaré en el *Times* y en todos los periódicos que el "Maestro" (Morya) y el "Mahâtmâ Koot Hoomi" son sólo el producto de mi propia imaginación, que yo los he inventado, que los fenómenos son más o menos apariciones espiritualistas, y tendré a veinte millones de espiritistas detrás de mí"[29]. Si esta amenaza no hubiera bastado para producir el efecto deseado en ciertos medios que debían ser advertidos a través del destinatario de la carta, sin duda Mme Blavatsky no habría vacilado en llevarla a cabo, así su parafernalia habría acabado exactamente como la de Taxil; pero el que ha engañado afirmando la verdad de todo lo que contaba, bien puede engañar de nuevo declarando que todo eso era falso, ya sea para escapar a preguntas indiscretas, o ya sea por cualquier otra razón. En todo caso, es completamente evidente que no se puede imitar más que lo que existe: es lo que se puede hacer observar concretamente respecto a los fenómenos llamados "psíquicos", cuya simulación misma supone que existen, al menos en ese orden, algunos fenómenos reales. Igualmente, si los supuestos "Mahâtmâs" han sido inventados, cosa que para nosotros no entraña ninguna duda, no solo lo han sido para servir de máscara a las influencias que actuaban efectivamente detrás de Mme Blavatsky, sino que, además, esta invención ha sido concebida según un modelo preexistente. Los teosofistas presentan gustosamente a los "Mahâtmâs" como los sucesores de los *Rishis* de la India Védica y de los *Arhats* del budismo primitivo[30]; sobre los unos y los otros, por lo demás, no saben gran

---

[28] Tomado de *Old Diary Leaves*, reproducido en *Lotus Blue*, 27 de noviembre de 1895, p. 418.

[29] Carta de febrero de 1886.

[30] Le Bouddhisme Esotérique, pp. 18-24.

cosa, pero la falsa idea que se forman acerca de ellos ha podido, en efecto, proporcionarles algunos de los rasgos que prestan a sus "Maestros". Únicamente, lo esencial ha venido de otra parte, y de mucho menos lejos: casi todas las organizaciones iniciáticas, incluso occidentales, se han reclamado siempre herederas de algunos "Maestros", a los que se han dado denominaciones diversas; tales fueron precisamente los "Adeptos" del rosicrucianismo; tales fueron igualmente los "Superiores Desconocidos" de la Alta Masonería del siglo XVIII. Así también, se trata de hombres vivos, que poseían algunas facultades trascendentes o supranormales; y Mme Blavatsky, aunque no tuvo nunca la menor relación con "Maestros" de este género, no obstante pudo recoger más información sobre ellos que sobre los *Rishis* y los *Arhats*, que, por lo demás, no habiendo sido considerados nunca como los jefes de una organización cualquiera, no podían servir en eso de modelo para los "Mahâtmâs".

Hemos visto que Mme Blavatsky estuvo en relación con organizaciones rosicrucianas que, aunque estaban extremadamente alejadas bajo todos los puntos de vista de la Rosa-Cruz original, no obstante habían conservado algunas nociones relativas a los "Adeptos". Por otra parte, había tenido conocimiento de diversas obras donde se encontraban algunos datos sobre esta cuestión; así, entre los libros que estudió en Norteamérica en compañía de Olcott, y de los que tendremos que volver a hablar, se encuentran mencionados *La Etoile Flamboyante* del Barón de Tschoudy y la *Magia Adámica* de Eugenius Philalethes[31]. El primero de estos dos libros, publicado en 1766, cuyo autor fue creador de varios altos grados masónicos, contiene un "Catecismo de los Filósofos Desconocidos"[32], cuya mayor parte está sacada de los escritos del rosicruciano Sendivogius, llamado también el Cosmopolita, y que

---

[31] Carta de Olton a Stainton Moses, 22 de junio de 1875.
[32] Esta denominación es la de un grado que se encuentra en varios ritos, concretamente en el de los *Philalèthes*; se sabe que sirvió de seudónimo a Louis-Claude de Saint-Martin.

algunos creen que era Miguel Maier⁽²*⁾. En cuanto al autor del segundo, que data de 1650, es otro rosicruciano cuyo verdadero nombre era, según se dice, Tomás Vaughan, aunque haya sido conocido también bajo otros nombres en diversos países: Childe en Inglaterra, Zheil en América, Carnobius en Holanda[33]; por lo demás, es un personaje muy misterioso, y lo que quizás es más curioso, es que "una tradición pretende que todavía no ha dejado esta tierra"[34]. Las historias de este género no son tan raras como se podría creer, y se citan "Adeptos" que habrían vivido varios siglos y que, apareciéndose en fechas diversas, parecían tener siempre la misma edad; citaremos como ejemplos la historia del conde de Saint-Germain, que es sin duda la más conocida, y la de Gualdi, el alquimista de Venecia; pues bien, los teosofistas cuentan exactamente las mismas cosas a propósito de los "Mahâtmâs"[35]. Por consiguiente, no hay que buscar en otras partes el origen de éstos, y la misma idea de situar su residencia en la India o en Asia Central, proviene de las mismas fuentes. En efecto, en una obra publicada en 1714 por Sincerus Renatus, el fundador de la "Rosa-Cruz de Oro", se dice que los maestros de la Rosa-Cruz han partido para la India desde hace algún tiempo, y que ya no queda ninguno en Europa; la misma cosa había sido anunciada ya precedentemente por Henri Neuhaus, que agregaba que esa partida había tenido lugar después de la declaración de la guerra de los Treinta Años. Se piense lo que se piense de estas aserciones (a las que conviene agregar la de Swedenborg, a saber,

---

[2*] La identificación de Sendivogius con Michel Maier, que por otra parte nos parece bastante dudosa, es especialmente indicada, sin justificación alguna, por Oswald Wirth, en *Le Symbolisme hermétique dans ses rapports avec l'Alchimie et la Franc-Maçonnerie*, p. 83.

[33] A veces se le ha confundido con otro rosicruciano cuyo seudónimo era Eirenaeus Philalethes; según algunos, este último es George Starkey, que vivió en América; según otros, sería aquel cuyo verdadero nombre era Childe, y Starkey habría sido su discípulo, en lugar de ser, como piensan los precedentes, el de Thomás Vaughan.

[34] *Historie des Rose-Croix*, por Sédir, p. 158. — Léo Taxil hacía pasar a su famosa Diana Vaughan por una descendiente de este personaje (Cf. *Lotus Bleu*, 27 de diciembre de 1895).

[35] *Le Monde Occulte*, pp. 269-270.

que en adelante es entre los Sabios del Tíbet y de la Tartaria donde es menester buscar la "Palabra Perdida", es decir, los secretos de la iniciación), es cierto que los Rosa-Cruz tuvieron lazos con organizaciones orientales, sobre todo musulmanas; además de sus propias afirmaciones, hay a este respecto aproximaciones destacables: el viajero Paul Lucas, que recorrió Grecia y Asia Menor bajo Luis XIV, cuenta que encontró en Brousse a cuatro derviches de los que uno, que parecía hablar todas las lenguas del mundo (lo que es también una facultad atribuida a los Rosa-Cruz), le dijo que formaba parte de un grupo de siete personas que se encontraban cada veinte años en una ciudad designada de antemano; le aseguró que la piedra filosofal permitía vivir un millar de años, y le contó la historia de Nicolás Flamel, que se creía muerto, y que vivía en la India con su mujer[36].

No pretendemos formular aquí una opinión acerca de la existencia de los "Maestros" y de la realidad de sus facultades extraordinarias; sería menester entrar en largos desarrollos para tratar como conviene este tema, que es de una importancia capital para todos aquellos que se interesen en el estudio de las cuestiones masónicas, y en particular de la cuestión tan controvertida de los "poderes ocultos"; quizás tendremos algún día la ocasión de volver sobre ello. Todo lo que hemos querido mostrar, es que Mme Blavatsky ha atribuido simplemente a los "Mahâtmâs" lo que sabía o creía saber sobre el tema de los "Maestros"; en esto cometió algunos errores, y llegó a tomar al pie de la letra relatos que eran sobre todo simbólicos; pero no tuvo que hacer grandes esfuerzos de imaginación para componer el retrato de esos personajes, a los que relegó finalmente a una región inaccesible del Tíbet a fin de hacer imposible toda verificación. Así pues, sobrepasaba toda medida cuando escribía a Solovioff la frase que hemos citado más atrás, ya que

---

[36] Voyage du Sieur Paul Lucas, Cap. XII.
Añadido en la segunda edición.
El título completo del libro es Voyage du sieur Paul Lucas par ordre du Roi dans la Grèce, l'Asie Mineure, la Macédoine et l'Africa (1712).

el tipo según el que había concebido a los "Mahâtmâs" no era en modo alguno de su invención; sólo lo había deformado con su comprehensión imperfecta, y porque su atención estaba vuelta sobre todo del lado de los "fenómenos", que las asociaciones iniciáticas serias han considerado siempre, al contrario, como una cosa muy desdeñable; además, más o menos voluntariamente, establecía una confusión entre los "Mahâtmâs" y sus verdaderos inspiradores ocultos, que, ciertamente, no poseían ninguno de los caracteres que ella les prestaba así gratuitamente. Posteriormente, por todas partes donde los teosofistas encontraron alguna alusión a los "Maestros", en el rosicrucianismo o donde fuera, y por todas partes donde encontraron algo análogo en lo poco que pudieron conocer de las tradiciones orientales, pretendieron que se trataba de "Mahâtmâs" y de su "Gran Logia Blanca"; eso es propiamente invertir el orden natural de las cosas, pues es evidente que la copia no puede ser anterior al modelo. Por lo demás, estos mismos teosofistas han buscado utilizar de la misma manera elementos de proveniencias muy diversas y a veces inesperadas; es así como han querido sacar provecho de las visiones de Anne-Catherine Emmerich, identificando a la morada misteriosa de sus "Maestros de Sabiduría" el lugar, quizás simbólico, que la religiosa de Westfalia describe bajo el nombre de "Montaña de los Profetas"[37][3*].

La mayoría de los "Maestros", hemos dicho, se dice que habitan en el Tíbet: tales son aquellos que hemos tenido la ocasión de mencionar hasta aquí, y son estos "Maestros" tibetanos los que también son propiamente los "Mahâtmâs", aunque este término, como ya lo hemos hecho notar, haya caído un poco en desuso. Sin embargo, hay otros más cuya residencia es menos lejana, al decir de los teosofistas, al menos

---

[37] Ver concretamente: *Le Théosophe*, 16 de febrero, 1 de marzo de 1912 y 16 de agosto de 1913.

[3*] Los relatos de visiones relativas a la "Montaña de los Profetas" se encuentran dispersos en los tres volúmenes de la *Vida de Anne-Catherine Emmerich*, del P. K. E. Schmaeger, traducidos al francés por el abate E. de Cazalès.

desde que los "Mahâtmâs" se han identificado decididamente a los "Adeptos" en el sentido rosicruciano de la palabra; uno de ellos, concretamente, moraría habitualmente en los Balcanes; es verdad que el papel que se atribuye a éste concierne más bien al rosicrucianismo que al teosofismo ordinario. A este "Maestro", que parece ser uno de los "siete adeptos" de los que hablaba el conde Mac-Gregor, se refiere éste recuerdo personal: hace algunos años, en 1913 si no nos equivocamos, se nos propuso ponernos en contacto con él (se trataba, por lo demás, de un asunto con el que, en principio, el teosofismo no tenía nada que ver); como eso no nos comprometía a nada, aceptamos gustosamente, aunque sin hacernos muchas ilusiones respecto a los resultados. En el día que se había fijado para el encuentro (que no debía tener lugar "en astral"), vino sólo un miembro influyente de la Sociedad Teosófica, que, viniendo de Londres, donde debía encontrarse entonces el "Maestro", pretendió que éste no había podido acompañarle en su viaje, y encontró un pretexto cualquiera para excusarle[4*]. Desde entonces, ya no se trató más de nada, y sólo supimos que la correspondencia dirigida al "Maestro" era interceptada por Mme Besant. Sin duda, esto no prueba la inexistencia del "Maestro" de que se trata; así pues nos guardaremos bien de sacar la menor conclusión de esta historia, a la que, por otra parte, se encuentra mezclado también, como por azar, el nombre del misterioso *Imperator*.

La fe en los "Maestros", y en los "Maestros" rigurosamente tales como han sido definidos por Mme Blavatsky y sus sucesores, es en cierto modo la base misma de todo el teosofismo, cuyas enseñanzas no pueden tener más que esta sola garantía: o son la expresión del saber adquirido

---

[4*] El "Maestro" de que se trata es aquel al que los teosofistas designan habitualmente por la inicial R., es decir, el conde Rakoczi (Francisco II, príncipe de Transilvania), a quien ellos identifican con el famoso conde de Saint-Germain, y también con el conde Ferdinand de Hompesch, el último Gran Maestre de los Caballeros de Malta que haya ocupado la isla (ver un artículo de J. I. Wegwood, con retratos, en el "Lotus Bleu" de noviembre de 1926, y también la obra titulada *"Le Christianisme primitif dans l'Evangile des Douze Saints"*, de E. F. Udny, de la que hablaremos a continuación).

por los "Maestros" y comunicado por ellos, o no son más que un montón de delirios sin valor; así, la condesa Wachtmeister ha dicho que "si no existieran Mahâtmâs o Adeptos, las enseñanzas llamadas "teosóficas" serían falsas"[38], mientras que Mme Besant, por su parte, ha declarado formalmente: "Sin los Mahâtmâs, la Sociedad es un absurdo"[39]. Con los "Mahâtmâs", al contrario, la Sociedad toma un carácter único, una importancia excepcional: "ocupa en la vida moderna un lugar especialísimo, ya que su origen difiere enteramente del de todas las instituciones actuales"[40], "es uno de los grandes momentos de la historia del mundo"[41], y "el hecho de entrar en la Sociedad Teosófica equivale a ponerse bajo la protección directa de los guías supremos de la humanidad"[42]. Por consiguiente, si en algunos momentos ha parecido que los "Maestros" entraban un poco en la sombra, por eso no es menos cierto que nunca han desaparecido y que no podían desaparecer del teosofismo; quizás ya no se manifiestan por "fenómenos" tan aparatosos como al comienzo, pero, en la Sociedad, hoy se habla de ellos tanto como en los tiempos de Mme Blavatsky.

A pesar de eso, los miembros subalternos de la Sociedad Teosófica tributan a veces a sus jefes visibles la veneración de la que sólo los "Maestros" eran objeto primitivamente, veneración que llega hasta una verdadera idolatría; ¿se debe esto a que encuentran a los "Maestros" demasiado alejados y demasiado inaccesibles, o a que el prestigio de esos seres extraordinarios se refleja en aquellos que se cree que están en relaciones constantes con ellos? Quizás ambas razones tengan una parte en ello; se aconseja al "estudiante" que desea ponerse en contacto con los "Maestros", que pase primero por la intermediación de los discípulos, y sobre todo del Presidente de la Sociedad Teosófica: "Podrá,

---

[38] Reminiscences of H. P. Blavatsky, cap. IV.
[39] *Lucifer*, 11 de diciembre de 1890.
[40] Le Occultisme dans la Nature, p. 377.
[41] *Ibidem*, p. 380.
[42] De l'an 25000 avant Jésus-Christ à nos jours, pp. 66-67.

dice Wedgwood, poner su espíritu al unísono con el suyo (es decir, con el de Mme Besant), por medio de sus obras, de sus escritos o de sus conferencias. Se ayudará con su imagen para llegar a ella en su meditación. Cada día y a intervalos regulares, fijará esa imagen en su espíritu y le enviará pensamientos de amor, de devoción, gratitud y de fuerza"[43]. Cuando hablemos de idolatría, es menester no creer que haya en eso la menor exageración por nuestra parte; además del texto precedente, donde el empleo de la palabra "devoción" es ya bastante significativo, se podrá juzgar igualmente por estos dos ejemplos más: hace algunos años, en una carta confidencial que dirigía a sus colegas en una circunstancia crítica, M. George S. Arundale, principal del "Central Hindú College" de Benarés, llamaba a Mme Besant: "la futura conductora de los dioses y de los hombres", y más recientemente, en una ciudad del Sur de Francia, en la fiesta del "Lotus Blanc" (conmemoración de la muerte de Mme Blavatsky), un delegado del "Centro Apostólico", exclamaba ante el retrato de la fundadora: "¡Adoradla como yo mismo la adoro!". Todo comentario sería superfluo, y no agregaremos más que una palabra sobre este tema: por absurdas que sean cosas como éstas, no hay que sorprenderse demasiado, ya que, cuando se sabe a qué atenerse acerca de los "Mahâtmâs", se está autorizado, por la declaración de Mme Besant en persona, a concluir que el Teosofismo no es más que una "absurdidad".

---

[43] Revue Théosophique Française, 27 de enero de 1914.

CAPÍTULO V

El asunto de la Sociedad de Investigaciones Psíquicas

El incidente del profesor Kiddle había sido un primer golpe dado públicamente a la Sociedad Teosófica; Sinnett, que primero había guardado silencio sobre este asunto, se decidió a presentar, finalmente, en la cuarta edición del *Monde Occulte*, una explicación bastante desafortunada proporcionada por Koot Hoomi mismo: la apariencia de plagio se debía, decía éste, a la torpeza y a la negligencia de un "chela" (discípulo regular), a quien habría encargado "precipitar" y transmitir su mensaje, y que había omitido de él, precisamente, la parte que mostraba que el pasaje incriminado no era más que una cita. El "Maestro" se encontraba obligado a confesar que había cometido la "imprudencia" de dejar salir su carta sin haberla releído para corregirla; parecía que estaba muy fatigado, y era menester creerle, puesto que en esta ocasión había carecido singularmente de "clarividencia"[1]. Después de haber restablecido lo que debía ser el texto integral del mensaje y de haber presentado a M. Kiddle excusas bien tardías, Sinnett, poniendo al mal tiempo buena cara, terminaba en estos términos: "No debemos lamentar demasiado este incidente, pues ha dado lugar a explicaciones útiles y nos ha permitido conocer más íntimamente algunos detalles plenos de interés, relacionados con los

---

[1] *Le monde Occulte*, pp. 279-284. A propósito de este tema véase una crónica de Anatole France en el *Temps* del 24 de abril de 1887, y otra de Georges Montorgueil en el *Paris* del 29 de abril de 1887.

métodos de que los adeptos se sirven a veces para su correspondencia"[2][1*].

Sinnett quería hablar de las explicaciones del supuesto Koot Hoomi sobre los procedimientos de la "precipitación", pero los verdaderos métodos que se empleaban realmente para tal correspondencia, están en las declaraciones de Allen O. Hume, que, hacia la misma época, había comenzado a darlas a conocer. Si los fenómenos se producían más fácilmente y más abundantemente en el cuartel general de la Sociedad que en cualquier otra parte, las causas de ello no eran quizás "el magnetismo superior y simpático poseído por Mme Blavatsky y una o dos personas más, la pureza de vida de todos aquellos que residen allí habitualmente, y las influencias que los Hermanos mismos difunden allí constantemente"[3]. La verdad es que, en Adyar, Mme Blavatsky estaba rodeada de compadres que no hubiera podido llevar a todas partes consigo sin despertar sospechas; sin hablar de Olcott, estaban los esposos Coulomb, sus antiguos asociados del "club de milagros" de El Cairo, que había vuelto a encontrar en la India poco después de su llegada: estaba también un cierto Babula, que había estado al servicio de un prestidigitador francés, y que se jactaba de haber "fabricado y mostrado Mahâtmâs en muselina", igual que los falsos médiums de "materializaciones"; estaban también varios de los pretendidos "chelas", como Damodar K. Mavalankar, Subba Rao y Mohini Mohun Chatterjee,

---

[2] Le Monde Occulte, p. 295.
[1*] A propósito de la carta de Koot Hoomi relativa al asunto Kiddle, conviene señalar que A. T. Barker publicó, en 1923, las cartas de los *Mahâtmâs* M. y K. H." a A. P. Sinnet, y, en 1925, las cartas de Mme Blavatsky al propio A. P. Sinnet; esta última publicación coincidía, sin duda intencionadamente, con el cincuentenario de la fundación de la Sociedad Teosófica. El primero de estos libros provocó algunas protestas, especialmente en la rama francesa de la "Iglesia católica liberal", como más adelante veremos; por otra parte, cuando fue traducido al francés se produjo un hecho bastante singular: Barker se opuso a la publicación de dicha traducción, y la edición fue completamente destruida; al parecer, se habían alterado o suprimido todos los pasajes que podían ser interpretados como una condenación anticipada de las empresas "eclesiásticas" del teosofismo actual.
[3] Le Monde Occulte, p. 245.

que ayudaban a Mme Blavatsky a escribir las "cartas precipitadas", como ella misma lo confeso más tarde a Solovioff[4]. En fin, cuando todas estas ayudas conscientes no bastaban, estaban además los cómplices inconscientes e involuntarios, como Dhabagiri Nath Bavadjî, que, según la declaración escrita que hizo el 30 de septiembre de 1892, se hallaba totalmente bajo la influencia magnética de Mme Blavatsky y de Damodar K. Mavalankar, creía todo cuanto le decían y hacía todo cuanto le sugerían que hiciera. Con un equipo semejante, era posible hacer muchas cosas, y Mme Blavatsky sabía servirse de él de maravilla cuando se trataba de convertir a otras gentes a sus teorías, o incluso de sacarles provechos más tangibles. "Pero ahora, querida mía, escribía un día a Mme Coulomb hablando de un M. Jacob Sassoon, cambiemos de programa; quiere dar diez mil rupias, con sólo que vea un pequeño fenómeno"[5].

Sin embargo, la misma multiplicidad de los cómplices, no dejaba de tener algunos inconvenientes, pues era difícil asegurarse de su total discreción, y, bajo este aspecto, parece que los Coulomb no fueron irreprochables. Así pues, viendo que las cosas no tomaban buen cariz, Mme Blavatsky se embarcó para Europa con Olcott y Mohini Mohun Chatterjee, después de haber formado un consejo de administración compuesto de MM. Saint-George Lane Fox, el Dr. Franz Hartmann, Devân Bahadur Ragunath Rao, Srinivas Rao y T. Subba Rao; y había pedido a M. Lane que se las arreglara para librarla de los Coulomb. Esto es lo que se hizo con un pretexto cualquiera, en mayo de 1884, en el momento mismo en que Mme Blavatsky acababa de proclamar en Londres: "Mi misión es derribar al espiritualismo, convertir a los materialistas y probar la existencia de los Hermanos del Tíbet"[6]. Furiosos, los Coulomb no tardaron en vengarse; se dice que vendieron a misioneros las cartas de Mme Blavatsky que estaban en su posesión;

---

[4] A modern priestess of Isis, p. 157.
[5] Some account of my intercourse whit Mme Blavatsky, por Mme Coulomb.
[6] *Pall Mall Gazette*, 26 de abril de 1884.

como quiera que sea, esas cartas fueron publicadas poco después en un periódico de Madrás[7]. Es menester creer que esta respuesta tocó particularmente a Mme Blavatsky, ya que, desde las primeras noticias de ello que recibió, despachó a Olcott a Adyar para "arreglar las cosas", y escribió a Solovioff: "Todo está perdido, incluso el honor. He enviado mi dimisión y me retiraré de la escena de las actividades. Iré a China, al Tíbet, al diablo si es preciso, donde nadie me encuentre, ni me vea, ni sepa dónde estoy. Estaré muerta para todos, excepto para dos o tres amigos devotos como usted, y deseo que se crea que he muerto. Entonces, al cabo de un par de años, si la muerte no me lleva, reapareceré con una fuerza renovada. Esto ha sido decidido y firmado por el "general" (Morya) mismo... El efecto de mi dimisión, anunciada públicamente por mí, será inmenso"[8]. Algunos días después escribía también: "He dimitido, y esto es ahora el lío más extraño. El "General" ha ordenado esta estrategia, y él sabe. Naturalmente, sigo siendo miembro de la Sociedad, pero un simple miembro, y voy a desaparecer por un año o dos del campo de batalla... Desearía ir a China, si el Mahâtmâ lo permite, pero no tengo dinero. Si se sabe donde estoy, todo está perdido... Mi programa es éste: que se hable de nosotros tan misteriosamente como sea posible, y vagamente. Que los teósofos se rodeen de un misterio tal, que el diablo mismo sea incapaz de ver nada, ni siquiera con la ayuda de gafas[9]. Pero, repentinamente, cambió de parecer: de París, donde se encontraba entonces, se trasladó a Londres para quince días, y después partió para Adyar, donde llegó a comienzos de diciembre de 1884.

Ahora bien, durante ese tiempo, la Sociedad de investigaciones psíquicas de Londres, cuya atención había sido atraída por la propaganda que la Sociedad Teosófica hacía un poco por todas partes en Europa, había nombrado una comisión para estudiar la naturaleza de

---

[7] *Christian College Magazine*, septiembre a diciembre de 1884.
[8] A Modern priestess of Isis, pp. 94-95.
[9] *Ibid.*, p. 99.

los "fenómenos" de Mme Blavatsky. Delegado por esta comisión, el Dr. Richard Hodgson se trasladó a Adyar; llegó allí en noviembre de 1884, e hizo una minuciosa investigación que duró hasta abril de 1885. El resultado fue un largo informe en el que se exponían en detalle todos los "trucos" empleados por Mme Blavatsky, y que terminaban con esta conclusión formal: "que no es la portavoz de videntes que el público ignora, ni una aventurera vulgar, sino que ha conquistado su lugar en la historia como uno de los impostores más completos, más ingeniosos y más interesantes, cuyo nombre merece pasar a la posteridad"[10]. Este informe no fue publicado más que en diciembre de 1885, después de haber sido cuidadosamente examinado por la Sociedad de investigaciones psíquicas, que declaró por consiguiente a Mme Blavatsky "culpable de una combinación largamente continuada con otras personas, con el fin de producir, por medios ordinarios, una serie de aparentes maravillas para el sostén del movimiento teosófico". Este nuevo contencioso tuvo mucha mayor resonancia que los precedentes: no sólo provocó muchas más dimisiones en Londres, sino que pronto fue conocido fuera de Inglaterra[11], y, junto con otros incidentes que contaremos más adelante, fue para la rama de París la causa de una ruina casi completa.

El informe del Dr. Hodgson estaba apoyado por numerosos documentos probatorios, y especialmente por la correspondencia intercambiada entre Mme Blavatsky y los Coulomb, correspondencia cuya autenticidad es imposible contestar: M. Alfred Alexander, que se hizo el editor de esas cartas, desafió a Mme Blavatsky a que le demandara judicialmente[2*]. Algún tiempo más tarde, los Coulomb la

---

[10] *Proceedings of the Society for Psychical Research*, diciembre de 1885, p. 207.
[11] Ver *Revue Scientifique*, 16 de abril de 1887, p. 503; *Revue Philosophique*, abril de 1887, p. 402; *Revue de l'Hypnotisme*, febrero de 1887, p. 251, etc.
[2*] Alfred Alexander, que publicó la correspondencia de Mme Blavatsky y de los Coulomb, es el mismo Alexander de Corfou de quien se trata en la carta dirigida por Peter Davidson a F.-Ch. Barlet en 1887 y que hemos citado anteriormente en nota adicional.

hicieron citar como testigo en un proceso que habían intentado contra un miembro de la Sociedad Teosófica, el general Morgan, de quien tenían quejas; aunque enferma, Mme Blavatsky se apresuró a regresar a Europa dejando esta vez a Olcott en Adyar; esto sucedía a comienzos de abril de 1885. Por otra parte, esta correspondencia, sometida a examen por dos de los expertos más hábiles de Inglaterra, ha sido reconocida como auténtica; lo ha sido igualmente por M. Massey, el antiguo presidente de la rama londinense, quien, cuando ocurrió el asunto Kiddle, había descubierto que la llegada de "cartas precipitadas" a su casa no se debía más que a la habilidad de una sirvienta a sueldo de Mme Blavatsky[12]. Agregaremos que los expertos ingleses examinaron igualmente las diversas cartas de los "Mahâtmâs" que el Dr. Hodgson había podido hacerse remitir, y que afirmaron que eran obra de Mme Blavatsky y de Damodar K. Mavalankar, lo cual concuerda perfectamente con las diferentes declaraciones que ya hemos reproducido; por lo demás, Mavalankar abandonó Adyar al mismo tiempo que Mme Blavatsky, y se pretendió que había partido para el Tíbet[3*].

Acabamos de decir que Mme Blavatsky estaba enferma en el momento de su partida; aprovechó de esta circunstancia para llevar consigo al Dr. Hartmann, a quien deseaba alejar de Adyar, porque su papel había sido muy equívoco; le acusó incluso, concretamente, de haber jugado un doble juego y de haber proporcionado armas a sus

---

[12] *Daily Chronicle*, Londres, 17 y 28 de septiembre de 1893; *Religio-Philosophical Journal*, Chicago, junio de 1885, art. de M. W. E. Coleman.

[3*] Parece que otro grafólogo era de opinión contraria a sus colegas y afirmó que la escritura de Mme Blavatsky no tenía nada en común con la de los "Maestros"; ignorábamos este hecho cuando se publicó la primera edición, puesto que de lo contrario no lo habríamos "mantenido en silencio", como se nos ha reprochado; ello, por otra parte, no prueba gran cosa, especialmente cuando se sabe lo frecuentes que son las divergencias de este tipo. El incidente Massey ha sido referido por el propio Sinnet en *The Early Days of Theosophy in Europe*, pp. 69-71 (ver también "Mme Blavatsky and the Jubilee of Theosophy", del P. Herbert Thurston, en *The Month*, enero de 1926).

adversarios. "Este hombre horroroso, escribía hablando de él, me ha hecho mucho más daño con su defensa, y frecuentemente con sus engaños, que los Coulomb con sus francas mentiras... Un día me defendió en cartas enviadas a Hume y a otros teósofos, e insinuó entonces tales infamias, que todos sus corresponsales se volvieron contra mí. Es él quien ha convertido de amigo en enemigo a Hodgson, el representante enviado por la Sociedad psíquica de Londres para investigar sobre los fenómenos en la India. Es un cínico, un mentiroso, astuto y vengativo; sus celos contra el Maestro (*sic*) y su envidia contra cualquiera que reciba del Maestro la más pequeña atención, son simplemente repulsivos... Actualmente, he podido librar de él a la Sociedad consintiendo llevarle conmigo, bajo el pretexto de que es médico. La Sociedad y Olcott a su cabeza estaban tan asustados que no se han atrevido a expulsarlo. Y ha hecho todo esto con la intención de dominarme, de sacar de mí todo lo que sé, de no verme conceder a Subba Rao que escriba la *Doctrine Secrète*, y de escribirla él mismo bajo mi dirección. Pero se ha excedido mucho. Lo he traído aquí, y le he dicho que por ahora no escribiría la *Doctrine Secrète*, sino que escribiría para revistas rusas, y me he negado a decirle ni una simple palabra de ocultismo. Viendo que yo había hecho el voto de guardar silencio y de no enseñarle nada, finalmente se ha ido. No hay duda de que se pondrá a decir mentiras sobre mí en la Sociedad Alemana; pero eso me da lo mismo ahora, que mienta"[13]. ¡Verdaderamente, es menester convenir que estos apóstoles de la "fraternidad universal" tienen una manera completamente encantadora de tratarse entre ellos! Los hechos que habían dado lugar a esas acusaciones de Mme Blavatsky son, por lo demás, bastante oscuros: por orden de los "Mahâtmâs", Hartmann había preparado una respuesta al informe de Hodgson, pero, como el general Morgan había amenazado con hablar porque su nombre se encontraba mezclado en ella, Olcott había hecho destruir ese trabajo[14];

---

[13] Carta fechada en Nápoles, el 23 de mayo de 1885.
[14] *Le Lotus*, marzo de 1889, p. 708.

el papel de este Morgan, general del ejército de la India, es también un punto enigmático. Hartmann se tomó la revancha algunos años más tarde, en 1889, haciendo publicar (y uno se pregunta cómo pudo hacerlo) en la revista teosófica *Lucifer*, órgano personal de Mme Blavatsky, una novela titulada *L'Image parlante d'Urur*, que, bajo el velo de una alegoría transparente (Urur es el nombre de una localidad vecina de Adyar), no era más que una áspera sátira de la Sociedad y de sus fundadores.

Según Mme Blavatsky, lo que ocurría era por culpa de la Sociedad que ella había fundado, cuyos miembros no habían cesado de pedirle maravillas: "Es el "karma" de la Sociedad Teosófica, decía a la condesa Wachtmeister, y cae sobre mí. Yo soy el chivo emisario; estoy destinada a soportar todos los pecados de la Sociedad... ¡Oh fenómenos malditos, que sólo he producido para complacer a amigos particulares y para instruir a aquellos que me rodeaban!"[15]... Las gentes me atormentaban continuamente. Siempre me estaban diciendo: "¡Oh!, materialice esto", o: "¡Hágame escuchar la campanilla astral!", y así sucesivamente. Entonces, como no me gustaba decepcionarlos, accedía a sus demandas, y ahora debo sufrir por ello"[16]. "Estos fenómenos malditos, le escribía también un poco más tarde, han arruinado mi reputación, lo que es poca cosa y que acepto alegremente, pero han arruinado también a la Teosofía en Europa... Los fenómenos son la maldición y la ruina de la Sociedad"[17]. Como quiera que sea y por más desventurada que la fundadora se sintiera entonces, se puede suponer que, si sus "fenómenos" hubieran sido de buena ley, desde su regreso a Europa, no hubiera dejado de pedir reproducirlos ante la Sociedad de investigaciones psíquicas, cuyo juicio definitivo todavía no había sido emitido en aquella época, de la que, por lo demás, varios miembros

---

[15] *Reminiscences of H. P. Blavatsky*, por la condesa Constance Wachtmeister, cap. IV.
[16] *Ibidem*, cap. VIII.
[17] *Ibidem*, cap. IX.

pertenecían al mismo tiempo a la rama teosófica de Londres[18]; pero se guardó bien de recurrir esta experiencia, que, sin embargo habría constituido la única respuesta válida que hubiera podido dar a sus acusadores. En lugar de eso, se limitó a decir que "si no se la contuviera", y "si no se tratara de cuestiones de las que había jurado solemnemente no responder nunca", perseguiría a sus acusadores ante los tribunales, y a tratar de "mentiras", ahora que estaba lejos, a las revelaciones de los Coulomb[19]; y los "fenómenos" cesaron casi completamente, mientras que se habían producido en abundancia durante su estancia en Europa en el curso del año precedente[20].

A propósito de esto, debemos decir que algunos creen que ahora, en el teosofismo, ya no se trata más de estos fenómenos ocultos que tuvieron un lugar tan grande en sus comienzos, ya sea porque se habría acabado por desinteresarse de su estudio, o ya sea porque, en el fondo, no servían más que para atraer adherentes (Mme Blavatsky misma les atribuía este papel, según lo afirma la condesa Wachtmeister)[21], mientras que, en adelante, se podría prescindir de recurrir a ellos para este uso. En realidad, si las desventuras de Mme Blavatsky pusieron fin a las exhibiciones ruidosas, porque habían demostrado muy bien cuan peligrosas son ciertas irregularidades para la reputación de sus autores, los teosofistas no cesaron por ello de ocuparse del "desarrollo de los poderes latentes del organismo humano", y tal ha sido siempre la meta esencial de la "sección esotérica", llamada también "Escuela teosófica oriental". He aquí un extracto de la declaración de principios de la Sociedad Teosófica (bastante diferente de la primera declaración de

---

[18] Myers mismo, su presidente-fundador, había pertenecido durante tres años a la Sociedad Teosófica.

[19] Ver la protesta, de fecha 14 de enero de 1886, que hizo insertar en un folleto de Sinnett titulado *The Occult World phenomena and the S. P. R.* — Ver también un artículo titulado *¿Juges ou calomniateurs?*, publicado por ella misma poco después en *Lotus*, junio de 1887.

[20] Ver *Le Monde Occulte*, postfacio del traductor, pp. 327-349.

[21] Reminiscences of H. P. Blavatsky, cap. VIII.

Nueva York) que da prueba de ello: "la Sociedad Teosófica tiene como meta: 1º formar el núcleo de una fraternidad universal, sin distinciones de sexo, color, raza, rango, credo ni partido; 2º promover el estudio de las literaturas, religiones y ciencias arias y orientales; 3º profundizar las leyes no explicadas de la naturaleza y los poderes psíquicos latentes en el hombre. Los dos primeros de estos objetivos son *exotéricos* y se basan en la unidad de la Vida y de la Verdad bajo todas las divergencias de forma y épocas. El tercero es *esotérico* y se apoya en la posibilidad de realizar esa unidad y de comprender esta Verdad". Por lo demás, para convencerse de que todavía es así, no hay más que recorrer las obras de Leadbeater, donde no se trata más que de "clarividencia", de manifestaciones de "Adeptos", de "elementales" y otras entidades del "mundo astral", y eso incluso en las obras más recientes. Ciertamente, estas cosas no tienen, en sí mismas, más que un interés muy limitado, pero los teosofistas no las juzgan de esta manera, tienen el más vivo atractivo para la mayoría de ellos, y los hay incluso que no se interesan en nada más; en todo caso, estas cosas tienen sobre la teoría, incluso de un orden un poco elevado, la gran ventaja de estar al alcance de todas las inteligencias, y de poder dar alguna apariencia de satisfacción a los espíritus más groseros y más limitados[22].

No faltan quienes piensan que la "sección esotérica" ya no existe en la Sociedad Teosófica, pero no es así; la verdad es que, para aparentar el cambio, se ha creado una organización nominalmente separada de la Sociedad, pero, no obstante, sometida también a la misma dirección. Por otra parte, se ha juzgado bueno suprimir los signos de reconocimiento que estaban en uso antaño entre los miembros de la Sociedad Teosófica, a imitación de la Masonería y de muchas otras sociedades secretas, y a las que se considera comúnmente, aunque erróneamente, como constituyendo uno de los rasgos característicos esenciales de toda sociedad secreta. Decimos erróneamente, porque sabemos que hay,

---

[22] Un hindú, hablando cierto día acerca de M. Leadbeater, nos decía: "Es uno de los hombres de mentalidad más áspera que haya conocido yo nunca".

sobre todo en Oriente, algunas organizaciones que están precisamente entre las más cerradas de todas, y que no hacen uso de ningún medio exterior de reconocimiento; esto quizás es ignorado por los teosofistas, y su organización no puede ser comparada bajo ningún aspecto con aquellas; con esto queremos mostrar simplemente que la supresión de los signos no prueba absolutamente nada, y que no se le debe atribuir ninguna importancia, tanto más cuanto que estos signos, contrariamente a lo que tiene lugar en otras partes, por ejemplo en la Masonería, no podrían tener, en esta sociedad de creación tan reciente, el menor valor simbólico tradicional.

CAPÍTULO VI

MME BLAVATSKY Y SOLOVIOFF

Después de su regreso a Europa, Mme Blavatsky se instaló primero en Alemania, en Wurtzbourg; allí acontecieron hechos que interesa contar. Mme Blavatsky había invitado a Solovioff a que viniera a pasar algún tiempo a su lado, prometiéndole enseñarle todo y mostrarle tantos fenómenos como quisiera[1]; pero Solovioff desconfiaba, y cada vez que Mme Blavatsky intentó algo, fue sorprendida en flagrante delito de fraude, tanto más fácilmente cuanto que entonces solo tenía como ayuda a Bavadjî, que la había acompañado en su viaje, así como el Dr. Hartmann y una cierta Miss Flynes. En septiembre de 1885, Bavadjî, de paso en París, declaró a Mme Emile de Morsier, entonces secretaria de la rama parisiense, y que pronto debía dimitir, que "Mme Blavatsky, sabiendo que no podía ganar a M. Solovioff más que por el ocultismo, le prometía siempre enseñarle nuevos misterios", y que a veces se preguntaba: "¿pero qué más puedo decirle? Bavadjî, sálveme, encuentre algo; ya no sé qué inventar". Mme Morsier escribió estas declaraciones y, un poco más tarde, las envió con su firma a Solovioff; éste, a su vez, debía publicar, en 1892, todo el relato de lo que había visto, así como las cartas de Mme Blavatsky y las confidencias orales que le había hecho, en artículos que fueron recogidos enseguida en un volumen y traducidos al inglés por el Dr. Leaf, bajo el título de *A Modern priestess of Isis*; esta

---

[1] A Modern priestess of Isis, p. 138.

traducción apareció bajo los auspicios de la Sociedad de investigaciones psíquicas[1*].

Un día, Solovioff encontró a Bavadjî, sumergido en un estado hipnótico, escribiendo penosamente algo en ruso, lengua que ignoraba enteramente; era un pretendido mensaje dictado por un "Mahâtmâ", pero, por desgracia, se había deslizado en él un grosero error: por la omisión de algunas letras, una frase como ésta: "Dichosos son aquellos que creen", había devenido: "Dichosos son aquellos que mienten"[2]; al ver aquello, Mme Blavatsky montó en cólera y pretendió que Bavadjî había sido el juguete de un "elemental"[3]. Otra vez, una involuntaria torpeza de Mme Blavatsky reveló a Solovioff el secreto de la "campanilla astral": "Un día en que su famosa campanilla de plata se hacía oír, un objeto cayó repentinamente junto a ella sobre el parquet. Yo me apresuré a recogerlo. Era una pequeña pieza de plata, delicadamente trabajada y modelada. Elena Petrowna cambió inmediatamente de expresión y me arrancó el objeto de las manos. Yo tosí de una manera significativa y llevé la conversación a cosas indiferentes"[4]. Otro día, Solovioff encontró en un armario un paquete de sobres chinos, exactamente iguales a aquellos en los que estaban contenidas habitualmente las pretendidas cartas de los "Maestros"[5].

[1*] Se nos ha reprochado el haber hecho amplio uso de lo que se ha llamado "el panfleto de Solovioff, A modern priestess of Isis, obra de un hombre que abusó indignamente de la confianza que Mme Blavatsky había puesto en él". A ello respondemos que Solovioff fue al menos un filósofo de valor, quizá el único que Rusia haya tenido, y que personas que le han conocido muy bien nos han certificado que su integridad intelectual estaba por encima de toda sospecha; a veces se le ha reprochado su tendencia muy eslava a cierto misticismo, pero no es ciertamente del lado de los teosofistas que estaría fundado dirigirle un tal reproche.

[2] En inglés: "Blessed are they that *lie*", en lugar de: "Blessed are they that *believe*"; parece que este juego de palabras puede producirse también en ruso.

[3] A Modern priestess of Isis, p. 147.

[4] *Ibidem*, p. 149.

[5] *Ibidem*, p. 152.

Solovioff acabó por declarar a Mme Blavatsky que ya era tiempo de acabar con toda aquella comedia, y que hacía ya mucho tiempo que estaba convencido de la falsedad de sus fenómenos. Pero, para provocar sus confidencias, agregó: "¡Desempeñar el papel que usted desempeña, hacerse seguir por multitudes, interesar a los sabios, fundar sociedades en tierras lejanas, crear un movimiento como éste! ¿Por qué me siento atraído hacia usted contra mi voluntad? En toda mi vida, no he encontrado nunca a una mujer tan extraordinaria como usted, y estoy seguro de no encontrar otra nunca. Sí, Elena Petrowna, la admiró a usted como a una fuerza verdadera". Dejándose atrapar en este halago, Mme Blavatsky respondió: "No es casual que nos hayamos encontrado... Olcott es útil en su sitio, pero, generalmente, es semejante a un asno (sic). ¡Cuántas veces me ha dejado ahí, cuántas preocupaciones me ha causado por su incurable estupidez! Con sólo que usted quiera venir en mi ayuda, nosotros dos asombraremos al mundo, tendremos todas las cosas en nuestras manos"[6]. Fue entonces cuando Solovioff se hizo señalar los verdaderos autores de las cartas de Koot Hoomi; se hizo mostrar aún la campanilla mágica que Mme Blavatsky disimulaba bajo su chal, pero no quiso dejarle examinar el mecanismo a su gusto. Para concluir esta conversación, Mme Blavatsky le dijo: "Prepare el terreno para que yo trabaje en Rusia; creía que no podría volver nunca allí, pero ahora es posible. Algunas personas están haciendo allí todo lo que pueden, pero usted puede más que ninguna de ellas ahora. Escriba más, alabe a la Sociedad Teosófica, excite el interés y cree las cartas rusas de Koot Hoomi; yo le proporcionaré todos los materiales para eso"[7]. Ciertamente, Solovioff hubiera podido prestar los servicios que ella le pedía, ya que, hijo de un historiador célebre y siendo escritor él mismo, ocupaba además una posición en la corte de Rusia. Pero, lejos de aceptar, se despidió de ella dos o tres días después y partió para París, prometiéndose no intentar nada en su favor, ya fuera en los medios

---

[6] *Ibidem*, pp. 153-154.
[7] A Modern priestess of Isis, pp. 158.

literarios y periodísticos rusos, o ya fuera ante la Sociedad de investigaciones psíquicas, cuyo informe estaba entonces en prensa.

Al cabo de algún tiempo, Mme Blavatsky dirigió a Solovioff la carta de la que ya hemos reproducido extractos, y en la que, pensando que el destinatario se la comunicaría a algunos miembros de la Sociedad, amenazaba con proclamar públicamente la inexistencia de los "Mahâtmâs", al tiempo que se extendía mucho acerca de su vida privada que no concernía a nadie. Algunos días más tarde, escribía aún otra carta, suplicando a su compatriota que no la "traicionara"; por toda respuesta, el 16 de febrero de 1886, Solovioff dirigió su dimisión a M. Oakley, secretario de la Sociedad de Adyar, dando como principal motivo éste: "Mme Blavatsky ha querido aprovecharse de mi nombre y me ha hecho firmar y publicar el relato de un fenómeno obtenido con fraude en el mes de abril de 1884". Por lo demás, obrar así era un hábito en Mme Blavatsky, que pensaba retener a sus engañados por su firma: "¿Creería usted, había dicho a Solovioff, que tanto antes como después de la fundación de la Sociedad Teosófica, yo no he encontrado más de dos o tres hombres capaces de observar, de ver y notar lo que sucedía a su alrededor? Es simplemente asombroso. Al menos nueve personas de cada diez están enteramente desprovistas de la capacidad de observación y del poder de recordar exactamente lo que ha tenido lugar algunas horas antes. ¡Cuántas veces ha ocurrido que, bajo mi dirección y bajo mi revisión, han sido redactados procesos verbales relativos a fenómenos! Las personas más inocentes y más concienzudas, incluso los escépticos, e incluso aquellos que sospechan realmente de mí, han firmado con todas sus letras, como testigos, al pie de los procesos verbales; y yo sabía siempre bien que lo que había ocurrido no era en modo alguno lo que se contaba en esos procesos verbales"[8].

Si Solovioff había firmado como muchos otros, no obstante hubo algunas excepciones; en efecto, he aquí lo que el Dr. Charles Richet

---

[8] A Modern priestess of Isis, pp. 157.

escribió a Solovioff el 12 de marzo de 1893: "Conocí a Mme Blavatsky en París, en 1884, por intermedio de Mme de Barrau...[2*] Cuando le vi, usted me dijo: "Reserve su juicio, ella me ha mostrado cosas que me parecen muy sorprendentes, mi opinión aún no se ha formado, pero creo que es una mujer extraordinaria, dotada de propiedades excepcionales. Espere y le daré explicaciones más amplias". Esperé, y sus explicaciones han sido bastante conformes a lo que yo suponía desde el comienzo, a saber, que era sin duda una mistificadora, muy inteligente, ciertamente, pero cuya buena fe era dudosa. Entonces sobrevinieron las discusiones que ha publicado la Sociedad inglesa de investigaciones psíquicas, y ya no ha sido posible la duda. Esta historia me parece muy simple. Era hábil, diestra, hacía prestidigitaciones ingeniosas, y en un primer momento nos desconcertó a todos. Pero desafío a que se cite una línea mía, impresa o manuscrita, que dé testimonio de otra cosa que de una duda inmensa y de una reserva prudente. A decir verdad, yo no he creído nunca seriamente en su poder, porque, en temas de experiencias, la única constatación verdadera que yo pueda admitir, ella no me ha mostrado nunca nada demostrativo"[9]. Hubiera sido deseable que el Dr. Richet hubiera continuado dando siempre pruebas de tanta prudencia y perspicacia como en aquella época; pero, también él, debía llegar más tarde a firmar procesos verbales de fenómenos mediúmnicos que valían tanto como los de Mme Blavatsky, y de "materializaciones"

[2*] Sobre Mme de Barrau, véase "*Le Spiritisme*", del Dr. Paul Gibier, p. 110; es ella quien, en la misma obra (pp. 328-329) es llamada simplemente por su inicial, como habiendo asistido a numerosas "sesiones" del médium Slade. Cf. *L'Erreur spirite*, p. 87, y también p. 83, en referencia a la mixtificación de la que fue víctima el Dr. Richet en villa Carmen, en Argel.

[9] No obstante, parece que según Mme Blavatsky, Solovioff y Mme Barrau habrían decidido al Dr Richet, director entonces de la *Revue Scientifique*, a adherirse a la Sociedad Teosófica (*Le Lotus*, junio de 1887, p. 194); cuando poco después tomo partido contra Mme Blavatsky, ésta le trató de "brujo inconsciente" (*ibidem*, octubre-noviembre de 1888, p. 389).

completamente comparables a las de John King y a los "Mahâtmâs de muselina" de Babula.

Las informaciones de Solovioff, confirmando el informe de Hodgson, provocaron la dimisión de Mme de Morsier, de M. Jules Baissac y de otros miembros más serios de la rama parisiense *Isis*, que había sido organizada en 1884 bajo la presidencia de un antiguo miembro de la Comuna, Louis Dramard, amigo íntimo de Benoît Malon y su colaborador en la *Revue Socialiste*[10)(3*)]; así pues, esta rama no tardó mucho en verse obligada a disolverse, y Dramard atribuyó este resultado a los manejos de los "clericales"[11]. Un poco más tarde, se constituyó otra rama para reemplazar a la de *Isis*, por Arthur Arnould[12], también antiguo "comunero" (al igual que Edmond Bailly, el editor de las publicaciones teosofistas), y recibió el título distintivo de *Hermès*; entre sus miembros contó primeramente con el Dr. Gérard Encausse (Papus), que era su secretario, y varios ocultistas de su escuela[13]. Pero, en 1890, a consecuencia de un diferendo cuyas causas no se han aclarado nunca completamente, Papus y sus partidarios dimitieron o fueron expulsados.

---

[10] *La Revue Socialiste* fue recomendada especialmente a los teosofistas en *Lucifer*, 15 de mayo de 1888, p. 229.

[3*] Debemos rectificar una ligera inexactitud que se nos había escapado: la primera rama francesa de la Sociedad Teosófica, fundada en 1884, no llevó en un principio el nombre de Isis; fue en 1887, tras la dimisión de Mme de Morsier y otros, que fue reconstituida con este nombre. Hubo, por otra parte, en pocos años, tal número de disoluciones y de reorganizaciones sucesivas que es bastante difícil saber a qué atenerse; no hemos ofrecido más que una visión muy sumaria de las disputas que tuvieron lugar en esta época entre los teosofistas franceses, y sobre las cuales la revista "Le Lotus" contiene detalles absolutamente edificantes.

[11] Carta del 8 de marzo de 1886, publicada en el *Lotus Bleu* del 7 de septiembre de 1890.
— Es este mismo Dramard quien escribía en otra carta: "Nada bueno puede venirnos del cristianismo, por más disimulado que pueda estar" (*Le Lotus*, enero de 1889, p. 633).

[12] No sabemos por qué razón, pero Arthur Arnould había adoptado el seudónimo de Jean Mattheus; era el nombre de un negociante de Rouen, que había sido nombrado, en 1786, Gran-Maestre Provincial de la "Ordre Royal d'Ecosse" para Francia.

[13] Papus y algunos otros habían abandonado ya precedentemente la *Isis*, pero no la Sociedad Teosófica (*Le Lotus*, julio de 1888).

Papus mismo pretendió después que, cuando ya había presentado su dimisión, se enteró de hechos particularmente graves que le habrían determinado a pedir su expulsión[14]. Sea como sea, ese asunto provocó a su vez la disolución de la *Hermes*, que fue decidida el 8 de septiembre de 1890, y, casi inmediatamente, tuvo lugar otra reorganización; la nueva rama, llamada *Le Lotus*, fue presidida también por Arthur Arnould, "Bajo la alta dirección de Mme Blavatsky", y, a su vez, debía ser transformada, en 1892, en la "Logia *Ananta*". Después de esto, los teosofistas acusaron en varias ocasiones a los ocultistas franceses de "hacer magia negra"; sus adversarios les replicaron reprochándoles su "orgullo" y su "borrachera mental". Por lo demás, querellas de esta índole están lejos de ser raras entre las diferentes escuelas que se pueden llamar "neoespiritualistas", y casi siempre son de una violencia y una aspereza inauditas; como ya lo hemos hecho observar precedentemente, todas estas gentes que predican la "fraternidad universal" harían bien comenzando por dar pruebas de sentimientos un poco más "fraternales" en las relaciones que tienen entre ellos mismos[15].

En lo que concierne especialmente a la acusación de "magia negra", es la que los teosofistas lanzan más habitualmente, y más indistintamente, contra todos aquellos que consideran como sus enemigos o sus rivales; ya hemos visto como se formulaba esta acusación contra los miembros de la "Orden del Rocío y de la Luz", y encontraremos aún otro caso más adelante, esta vez en una disputa entre teosofistas. Por lo demás, Mme Blavatsky misma fue la primera en dar el ejemplo de una actitud semejante, ya que, en sus obras, hace alusiones frecuentes a los "magos negros", a los que llama también *Dougpas* y "Hermanos de la Sombra", y que opone a los "Adeptos" de la "Gran Logia Blanca". En realidad, los *Dougpas* son, en el Tíbet, los Lamas rojos, es decir, los Lamas del rito primitivo, anterior a la reforma de Tsong-Khapa; los Lamas amarillos, los del rito reformado, son denominados

---

[14] *Le Voile d'Isis*, 11 y 18 de febrero de 1891.
[15] Ver *Traité méthodique de Science Occulte*, por Papus, pp. 997-998 y 1021-1022 y 1061.

Gelougpas, y, por lo demás, no hay ningún antagonismo entre los unos y los otros. Uno puede preguntarse por qué Mme Blavatsky profesaba tanto odio a los *Dougpas*; quizás se deba, simplemente, a que había fracasado en alguna tentativa por entrar en relaciones con ellos, y a que había sentido un profundo despecho; ésta es al menos, sin que podamos afirmar nada de una manera absoluta, la explicación que nos parece más verosímil, y también la más conforme con el carácter colérico y vengativo que hasta sus mejores amigos no han podido evitar reconocer a la fundadora de la Sociedad Teosófica.

CAPÍTULO VII

El poder de sugestión de Mme Blavatsky

A pesar de todo cuanto se puede decir contra Mme Blavatsky, no obstante no se puede negar que tenía una cierta habilidad, e incluso algún valer intelectual, muy relativo, sin duda, pero que parece faltar totalmente en sus sucesores. Con éstos, en efecto, el lado doctrinal del teosofismo ha tendido a pasar cada vez más al segundo plano, para hacer sitio a declamaciones sentimentales de la más deplorable banalidad. Lo que no se podría contestar tampoco a la fundadora de la Sociedad Teosófica, es un extraño poder de sugestión, de fascinación en cierto modo, que ejercía sobre su entorno y que a veces se complacía en subrayar en los términos más descorteses para sus discípulos: "Vea cuan necios son, decía a propósito de Judge, que ayunaba y veía apariciones, y de qué manera los conduzco por la nariz"[1][1*]. Ya hemos visto como, más tarde, juzgaba a Olcott, cuya estupidez, sin embargo, no debía de ser tan "incurable" como la de algunos otros, pero que a veces se comportaba torpemente en las funciones presidenciales que ella le había confiado para poder escudarse detrás de él, y que temblaba ante todos aquellos que, como

---

[1] Carta fechada en Nueva York, el 15 de junio de 1877.

[1*] Al final de un artículo aparecido en el "Lotus" de febrero de 1889 (ver a este respecto la p. 89), F.-K. Gaboriau se dirige a Olcott en los siguientes términos: "Créame, estimado Sr., no me fuerce a recordarle la escena familiar ocurrida el 2 y el 8 de octubre de 1888, en Londres, entre Vd., Mme Blavatsky y yo. Ese día, Vd. bajó la cabeza ante la violencia mordaz de esa amazona que doma tanto a los hombres como a los animales. Parece Vd. olvidar que los Adeptos le han situado a las puertas de la barraca para tocar el tambor y hacer dos o tres cabriolas; no se equivoque y no se pase Vd. de la raya".

Franz Hartmann, sabían demasiado acerca de los bajos fondos de la Sociedad.

En el curso de sus confidencias con Solovioff, Mme Blavatsky dice también: "¿Qué se debe hacer cuando, para gobernar a los hombres, es necesario engañarlos; cuando, para persuadirlos a dejarse conducir adonde una quiere, una debe prometerles y mostrarles juguetes?... Suponga que mis libros y el *Theosophist* hubieran sido mil veces más interesantes y más serios, ¿cree usted que hubiera tenido el menor éxito en alguna parte, si detrás de todo eso no hubieran estado los "fenómenos"?... ¿Sabe usted que, casi invariablemente, cuanto más simple y más grosero es un "fenómeno", mayores posibilidades tiene de triunfar? La inmensa mayoría de los individuos que se consideran y que son considerados como hábiles, son inconcebiblemente necios. ¡Si usted supiera cuántos leones y águilas, en todos los rincones del globo, se han trocado en asnos a mi toque de silbato, y han agitado con obediencia sus grandes orejas en el momento en que yo forzaba la nota!"[2]. Estos pasajes son completamente característicos de la mentalidad de Mme Blavatsky, y definen admirablemente el verdadero papel de los "fenómenos", que fueron siempre el principal elemento del éxito del teosofismo en algunos medios, y que contribuyeron poderosamente a hacer vivir a la Sociedad... y a sus jefes.

Así pues, como lo ha reconocido Solovioff: " Mme Blavatsky estaba dotada de una suerte de magnetismo que atraía con una fuerza irresistible"[3]; él mismo, aunque finalmente supo sustraerse a esta influencia, no había escapado siempre completamente a ella, puesto que había firmado al menos uno de los famosos procesos verbales, que Mme de Morsier, con la mejor fe, ella también, redactaba "bajo la dirección y la revisión" de Mme Blavatsky. Arthur Arnould ha declarado igualmente que "su poder de sugestión era formidable";

---

[2] A Modern priestess of Isis, pp. 154-157.
[3] *Ibidem*, p. 220.

contaba a este respecto que frecuentemente, en Londres, Mme Blavatsky decía a alguien: "Mire en sus rodillas", y el que miraba veía, espantado, una araña enorme; entonces ella decía sonriente: "Esa araña no existe, soy yo quien se la hace ver". Olcott, por su parte, ha escrito en sus *Old Diary Leaves*: "Nadie fascinaba mejor que ella cuando lo quería, y lo quería cuando deseaba atraer a las personas para su trabajo público. Entonces se hacía acariciante en su tono y en sus maneras, hacía sentir a la persona que la consideraba como su mejor, si no como su única amiga... No podría decir que era leal... Nosotros no éramos para ella, así lo creo, nada más que peones en un juego de ajedrez, ya que no tenía ninguna amistad sincera"[2*].

[2*] En 1922, los teosofistas publicaron un opúsculo titulado *Théosophie et Théosophisme*, firmado por Paul Bertrand (seudónimo de Georges Méautis, profesor de la Universidad de Neuchâtel y presidente de la "Sociedad Suiza de Teosofía"), que quería ser una réplica a nuestro libro; el autor indicaba algunas pretendidas inexactitudes únicamente contenidas en las cien primeras páginas, sin que sea posible encontrar una razón plausible de esta arbitraria limitación. Ya hemos respondido en estas notas a la mayor parte de las críticas formuladas en el opúsculo en cuestión, que constituye la más penosa defensa que se pueda imaginar, y de la cual los teósofos no tienen razón alguna para estar orgullosos; hay "rectificaciones" de la más insigne torpeza, y tal es especialmente la que concierne al pasaje de las *Old Diary Leaves* de Olcott que hemos citado aquí. Se pretende que hemos "desnaturalizado completamente" el sentido de este pasaje, y se lo restablece así en la traducción francesa en tres volúmenes publicada bajo el título de *Histoire authentique de la Société Théosophique*: "H. P. B. hacía innumerables amigos, pero a menudo les reprendía y los veía transformarse en encarnizados enemigos. Nadie fascinaba más que ella cuando lo quería, y lo quería siempre que deseaba atraer a alguien hacia la obra teosófica; su tono y sus maneras acariciantes persuadían a cualquiera de que ella le consideraba como su mejor, sino como su único amigo. Ella escribía siempre con el mismo estilo, y creo que podría nombrar a muchas mujeres que están en posesión de cartas que les dicen que ellas serán sus sucesoras en la Sociedad Teosófica, y a muchos hombres a los que ella trata de "únicos verdaderos amigos y discípulos reconocidos". Poseo cierto número de certificados de este género y los tenía por tesoros inapreciables hasta el día en que me di cuenta, comparándolos con otros, de que estos cumplidos no tenían ningún valor. No puedo decir que ella se haya mostrado leal ni sólidamente vinculada a personas ordinarias como yo y sus demás íntimos. Creo que no éramos para ella más que piezas en un juego de ajedrez, y que no sentía por nosotros demasiado afecto.

Ya hemos citado más atrás el caso de Bavadjî, llevado por la sugestión hipnótica a hacerse cómplice de los fraudes de Mme Blavatsky, y esto de una manera inconsciente, al menos mientras que estuvo en Adyar. Lo más frecuentemente, sin embargo, Mme Blavatsky usaba de la sugestión en el estado de vigilia, como se ve en la anécdota contada por Arthur Arnould; este género de sugestión es habitualmente más difícil de realizar que el otro y requiere una fuerza de voluntad y un entrenamiento mucho mayores, pero era facilitado generalmente por el régimen alimentario muy restringido que Mme Blavatsky imponía a sus discípulos bajo el pretexto de "espiritualizarlos". Es ya de esta manera como las cosas pasaban en Nueva York: "Nuestros teósofos, decía, están obligados en general, no sólo a no tomar una gota de bebida, sino a ayunar continuamente. Yo les enseño a no comer nada; si no mueren, aprenderán; pero no pueden resistir, lo que es tanto mejor para ellos"[4]. No hay que decir que Mme Blavatsky misma estaba lejos de aplicarse un régimen semejante: al mismo tiempo que recomendaba enérgicamente el vegetarianismo y que le proclamaba incluso indispensable para el "desarrollo espiritual", no le adopto nunca para sí misma, ni tampoco lo hizo Olcott; además, tenía el hábito de fumar casi sin interrupción desde la mañana a la noche. Mas todo el mundo no es igualmente accesible a la sugestión; y, probablemente, cuando se sentía impotente para provocar alucinaciones de la vista y del oído, era cuando recurría a los "Mahâtmâs de muselina" y a su campanita de plata.

La atracción que ejercía Mme Blavatsky es tanto más sorprendente cuanto que su aspecto físico estaba muy lejos de ser agradable; W. T.

Ella me revelaba secretos de personas de ambos sexos -incluso los más comprometedores- que le habían sido confiados, y estoy persuadido de que usaba también los míos, en tanto los conocía, de la misma manera. Pero ella era de una fidelidad a toda prueba para sus parientes y sus maestros. Por ellos hubiera sacrificado no una, sino veinte vidas, y quemado si es preciso a la raza humana al completo". El texto, en efecto más completo, contiene frases todavía mucho más duras para Mme Blavatsky que el que habíamos reproducido según una traducción parcial aparecida hace tiempo en el *Lotus Bleu*...
[4] Carta del 15 de junio de 1877.

Stead ha dicho incluso que era "horriblemente fea, monstruosamente gruesa, con maneras groseras y violentas, un carácter horrible y una lengua profana", y también que era "cínica, burlona, insensata, apasionada", en una palabra que era "todo lo que un hierofante de los misterios divinos no debe ser"[5]. A pesar de eso, su acción magnética es innegable, y se encuentra también una prueba sorprendente de ello en la influencia que ejerció inmediatamente sobre Mme Annie Besant cuando ésta le fue presentada, en 1889, por el socialista Herbert Burrows. La indómita librepensadora que había sido hasta entonces la futura presidenta de la Sociedad Teosófica fue conquistada desde la primera entrevista, y su "conversión" fue tan repentina que apenas se podría creer, si ella misma no hubiera contado todas las circunstancias con una ingenuidad verdaderamente desconcertante[6]. Es cierto que Mme Besant parece haber sido, en aquella época al menos, particularmente voluble e impresionable; uno de sus antiguos amigos ha dicho: "No tiene el don de la originalidad; está a merced de sus emociones y especialmente de sus últimos amigos"[7]. Así pues, muy probablemente, era de buena fe al comienzo, quizás incluso mientras vivió Mme Blavatsky, que hizo de ella su secretaria y que, en el curso de un viaje a Fontainebleau, hizo aparecer ante ella al "Mahâtmâ" Morya. Por el contrario, es extremadamente dudoso, por no decir más, que haya continuado siendo lo mismo después, aunque, como Mme Blavatsky misma, como Olcott y como otros más, frecuentemente haya podido ser sugestionada antes de sugestionar a otros. Lo que hace dudar antes de emitir un juicio absoluto en esta materia, es que todos estos personajes parecen no haber sido, ni verdaderamente inconscientes del papel que han desempeñado, ni completamente libres de sustraerse de él a voluntad.

---

[5] *Borderland*, julio de 1895, pp. 208-209.
[6] *Wcekly Sun*, 1 de octubre de 1893. Este relato fue reproducido después por Mme Besant en su libro titulado *An Autobiography*, publicado en 1895.
[7] *Mrs. Besant's Theosophy*, por G. W. Foote, director del *Freethinker*.

CAPÍTULO VIII

LOS ÚLTIMOS AÑOS DE MME BLAVATSKY

Después de su estancia en Wurtzbourg, que había sido interrumpida por algunos viajes a Elberfeld, donde tenía amigos, a saber, M y Mme Gebhard, antiguos discípulos de Eliphas Levi[1*], Mme Blavatsky fue a Ostende, donde vivió algún tiempo con la condesa Wachtmeister, y donde se dedicó a la redacción de la Doctrina Secreta. Parece, según testigos, que trabajaba con grandísimo empeño, escribiendo desde las seis de la mañana a las seis de la tarde, interrumpiendo su labor sólo lo justo para tomar sus comidas. A comienzos de 1887, volvió a instalarse en Inglaterra, en Nordword primero, y después, en septiembre del mismo año, en Londres; era ayudada entonces en su trabajo por los hermanos Bertram y Archibald Keightley, que corregían su mal inglés, y por D. E. Fawcett, que colaboró en la parte de la obra que trata de la evolución. Fue

---

[1*] El Sr. Gebhard había sido cónsul de Alemania en Persia; su esposa, que era de origen irlandés, se encontró por vez primera con Eliphas Lévi en 1865, y, desde 1868 a 1874, pasaba cada año ocho días en París para hablar con él. Eliphas Lévi redactó por encargo suyo dos series de conferencias tituladas "Le Voile du Temple déchiré", que aparecieron en el "Theosophist" de febrero de 1884 a abril de 1887, y en la "Aurora" de la duquesa de Pomar de diciembre de 1886 a abril de 1887. Mme Mary Gebhard también había recibido de Eliphas Lévi el manuscrito de una obra que tenía por título *Les Paradoxes de la Haute Science*, que fue editado en Madrás en 1883; ella publicó en el "Theosophist" (en enero de 1886) una crónica titulada "Mes souvenirs personnels sur Eliphas Lévi", y murió en Berlín en 1892 (P. Chacornac, *Eliphas Lévi*, pp. 264-265). El título de la revista "Lucifer" significaba, al parecer, que estaba "destinada a llevar la luz a las cosas ocultas en la sombra, sobre el plano físico y el plano psíquico de la vida" ("Le Lotus", septiembre de 1887). Esta revista tuvo como codirectora a Miss Mabel Collins, que volvió tras la dimisión que había anunciado anteriormente (ver p. 49), pero que muy pronto tuvo nuevas disensiones con Mme Blavatsky.

también en 1887 cuando se fundó la revista inglesa Lucifer, bajo la dirección inmediata de Mme Blavatsky; la Sociedad no había tenido hasta entonces más que un órgano oficial, el Theosophist, publicado en Adyar, al que es menester agregar el Path, órgano especial de la sección norteamericana.

En 1887 apareció igualmente la primera revista teosofista francesa, llamada Le Lotus, que, desprovista de carácter oficial, hizo prueba de una cierta independencia; esta revista cesó su publicación al cabo de dos años, en marzo de 1889[1], y su director, F. -K. Gaboriau, se expresó entonces muy severamente sobre lo que llamaba el "caso patológico" de Mme Blavatsky, y confesó que había sido engañado enteramente cuando la había visto en Ostende en noviembre de 1886, "refutando con habilidad maravillosa, que nosotros tomábamos entonces por sinceridad, todos los ataques dirigidos contra ella, desnaturalizando las cosas, haciendo decir a las personas palabras que mucho tiempo después hemos reconocido erróneas; resumiendo, ofreciéndonos durante los ocho días que permanecimos en la soledad con ella, el tipo perfecto de la inocencia, del ser superior, bueno, devoto, pobre y calumniado… Como yo me inclino más a defender que a acusar, me han sido necesarias pruebas indubitables de la duplicidad de esta persona extraordinaria, para afirmar lo que he afirmado aquí". Sigue un juicio poco halagador sobre la Doctrine Secrète, que acababa de aparecer: "Es una vasta enciclopedia sin orden, con un índice de materias inexacto e incompleto, de todo lo que se agita desde hace una decena de años en el cerebro de Mme Blavatsky… M. Subba Rao, que debía de corregir Secret Doctrine, renunció a ello declarando que era "un barullo

---

[1] *La Revue Théosophique*, dirigida por la condesa Adhémar, y que apareció un poco más tarde, no duró más que un año; en 1890 comenzó la publicación del *Lotus Bleu*, que bajo el título de *Revue Théosophique Française* que tomó en 1898, existe todavía hoy.

inextricable"[2][2*]... Ciertamente, ese libro no podría probar la existencia de los Mahâtmâs, y haría más bien dudar de ella... Prefiero creer que los Adeptos del Tíbet no existen en otra parte que en los Dialogues philosophiques de M. Renan, que ya antes de Mme Blavatsky y de M. Olcott, había inventado una fábrica de Mahâtmâs en el centro de Asia bajo el nombre de Asgaard, y redactado conversaciones al estilo de Koot Hoomi antes de la manifestación de éste". En fin, he aquí la apreciación formulada respecto de Olcott: "El día en que vino en persona a París, para participar en nuestros trabajos, fue una desilusión completa para todos los teósofos, que se retiraron entonces, dejando el sitio a otros más novicios. Un aplomo norteamericano imperturbable, una salud de hierro, absolutamente nada de elocuencia, nada de ilustración, pero sí cualidades especiales de compilador (otro rasgo norteamericano), nada de "savoir vivre", una credulidad rayana en la complicidad y que excusaba hasta el final sus torpezas, y, debo agregarlo, pues eso contrasta con su asociada y dominadora, una cierta bondad que sería más bien bonhomía: tal es el hombre que, actualmente, es el viajante-apoderado del budismo".[3]

Aunque había abandonado las funciones administrativas a Olcott, definitivamente establecido en el cuartel general de Adyard,

---

[2] No obstante, Subba Rao no abandonó el teosofismo; murió en 1890, a la edad de 34 años, de una enfermedad muy misteriosa, a propósito de la cual algunos no vacilaron en pronunciar la palabra "envenenamiento".

[2*] En la decimoséptima Convención de la Sociedad Teosófica, celebrada en Adyar en diciembre de 1891, el propio coronel Olcott dijo: "Yo he ayudado a H. P. B. en la compilación de su *Isis sin Velo*, mientras que Keightley, con muchos otros, hizo lo mismo en cuanto a la *Doctrina Secreta*. Cada uno de nosotros sabe cuán lejos de la infalibilidad están las partes de sus libros debidas a nuestra colaboración, por no decir nada de aquellas escritas por H. P. B."

[3] Acerca de la estancia de Olcott en París, y de "la manera completamente norteamericana en que enganchaba miembros a la hornada", ver también *Le Lotus*, octubre-noviembre de 1888, p. 510, y febrero de 1889, pp. 703-704. Agregamos también que F. -H. Gaboriau, el 12 de diciembre de 1888, envió a Olcott su dimisión como miembro de la Sociedad Teosófica (*idem*, diciembre de 1888, p. 575).

Mme Blabatsky se había reservado lo que concernía a la "sección esotérica", donde nadie podía ser admitido sin su aprobación. No obstante, el 25 de diciembre de 1889, nombró a Olcott: "Agente secreto y único representante oficial de la sección esotérica para los países del Asia"; y, en la misma fecha, Olcott, que se encontraba entonces en Londres, la nombró a su vez directora de una oficina que tenía como miembros a Mme Annie Besant, William Kingsland y Herbert Burrows, con el título de "representantes personales y dotados de poderes oficiales del presidente para Gran Bretaña e Irlanda". De esta manera, Mme Blavatsky tenía entre sus manos, en lo referente al Reino Unido, la dirección total de la Sociedad en sus dos secciones, y otro tanto acontecía para Olcott para la India; decimos sólo la India, pues no pensamos que hubiera habido entonces ramas teosóficas en los otros países de Asia[3*]. En Europa, por el contrario, ya las había en varios países; y seis meses más tarde, exactamente el 9 de julio de 1890, Olcott delegó en Mme Blavatsky plena autoridad para entenderse con esas diversas ramas y agruparlas en una sección europea única. Esta sección debía tener una autonomía completa, lo mismo que la sección americana, ya constituida bajo la dirección de William Q. Judge, vicepresidente de la Sociedad; había así tres secciones autónomas en la Sociedad Teosófica. Hoy día, hay tantas "Sociedades Teosóficas nacionales", es decir, secciones autónomas, como países donde se encuentren teosofistas en número suficiente para formar una; pero, entiéndase bien, todas, salvo los grupos disidentes, están vinculadas al cuartel general de Adyar y reciben de allí sus directrices, que son aceptadas sin la menor protesta; así pues, no hay autonomía real más que para la organización puramente administrativa.

En la época a la que hemos llegado, se produjeron incidentes enojosos en la sección norteamericana: el Dr. Elliott E. Cowes, un sabio

---

[3*] No pensábamos que hubiera, en 1889, ramas teosóficas en ningún país asiático aparte de la India; pero según una información que hemos encontrado después de la publicación de nuestro libro, hubo una en Japón, fundada en 1887 en Kyoto por Kinzo Hirai.

conocido que se había dejado extraviar, pero que no había tardado en darse cuenta de muchas cosas, formó una Sociedad independiente a la que se adhirieron varias de las ramas que existían en los Estados Unidos⁽⁴*⁾; naturalmente, el pronunciamiento de su exclusión no se demoró. El Dr. Cowes respondió publicando un artículo en el que hacía saber que las pretendidas revelaciones de los "Mahâtmâs", a las que se atribuía ahora la inspiración de Isis Dévoilée así como la de la Doctrine Secrète, habían sido sacadas en gran parte, en lo que concierne al menos a la primera de esas dos obras, de libros y manuscritos legados a Mme Blavatsky por el barón de Palmes; y hacía observar que lo que habría debido servir de indicio, es que uno de los autores más frecuentemente citados en esas comunicaciones supuestamente venidas del Tíbet, era el ocultista francés Eliphas Lévi⁽⁴⁾. El barón de Palmes había muerto en Nueva York en 1876, legando a la Sociedad Teosófica todo lo que poseía⁽⁵*⁾; Sinnett ha pretendido que, fuera de su biblioteca,

---

⁽⁴*⁾ Acerca del Dr. Elliot E. Coues (cuyo nombre ha sido ortografiado inexactamente como Cowes), a quien Paul Bertrand llama desdeñosamente "un cierto Cowes", creemos útil reproducir los siguientes extractos: "Nuestro hermano en teosofía, el Dr. El. Coues, pronunció, el 16 de marzo (1887) un discurso sobre la teosofía y el avance de la mujer, en la reunión anual del colegio médico de Washington. La normativa del colegio prohíbe toda discusión religiosa, pero como todas las sesiones comenzaban con oraciones a los dioses cristianos (*sic*), el Dr. Coues aprovechó para decir algunas bellas verdades. La Facultad se negó a publicar ningún discurso, de modo que el valiente doctor publicó el suyo, con gran escándalo del docto cuerpo" ("Le Lotus", julio-agosto de 1887). "En el n° del "Light" del 1 de junio de 1889 se encuentra una pequeña correspondencia muy edificante entre la encantadora y simpática redactora de la *Luz en el sendero*, Mabel Collins, y el Sr. Elliot Coues, de Washington, hombre de un gran valor científico y literario, antaño defensor, como nosotros, de dos personajes que se han atribuido el mérito de la creación del movimiento teosófico (Mme Blavatsky y el coronel Olcott). El Sr. Coues no es demasiado afectuoso con Mme Blavatsky, quien habría intentado hacerle tragar una de esas bonitas mentiras a las que nos tienen acostumbrados la mayoría de los médiums" (último n° del "Lotus", fechado en marzo de 1889, aunque en realidad aparecido algunos meses más tarde).

⁽⁴⁾ *New York Sun*, 20 de julio de 1890.

⁽⁵*⁾ El barón de Palmes, a quien algunos llaman también Palma, y cuyo verdadero nombre era von Palm, era un antiguo oficial bávaro que había sido expulsado del ejército por

no había dejado absolutamente nada⁽⁵⁾; sin embargo, Mme Blavatsky escribía en julio de 1876: "Ha dejado toda su propiedad a nuestra Sociedad", y el 5 de octubre siguiente: "La propiedad consiste en una buena cantidad de ricas minas de plata y diecisiete mil acres de tierra". Sin duda, no eran bienes desdeñables; pero, en todo caso, lo que parece mejor establecido, es que el contenido de la biblioteca fue ampliamente utilizado para la redacción de Isis Dévoilée, que debía aparecer al año siguiente. Las divulgaciones del Dr. Cowes tuvieron alguna resonancia en Norteamerica, sobre todo a causa de la personalidad de su autor; así pues, Judge creyó su deber emprender un proceso contra éste y contra el periódico donde había aparecido su artículo, por "calumnias contra el honor de los fundadores de la Sociedad"⁽⁶⁾; por lo demás, este proceso no tuvo continuidad, pues fue abandonado en el momento de la muerte de Mme Blavatsky, en cuyo nombre había sido emprendido. Ésta última había tomado como pretexto este asunto para dirigir a los miembros de la rama francesa, el 23 de septiembre de 1890, una larga carta en la que, quejándose de que "calumnias" semejantes se difundieron también en Londres, declaraba que sus "enemigos personales" eran ayudados por "un miembro de los más activos de la Sociedad francesa", el cual no era otro que Papus, que había "atravesado una o dos veces la Mancha con esta finalidad honorable"; agregaba que su paciencia había llegado al

---

deudas; tras una estancia en Suiza, donde cometió algunas estafas, se refugió en América; al parecer, las propiedades mencionadas en su testamento eran inexistentes, pero, a pesar de lo que puedan decir los teosofistas, ello no impide que Mme Blavatsky haya podido utilizar el contenido de su biblioteca, tal como afirma el Dr. Coues, y esto es lo único que aquí importa. Paul Bertrand declaró que "es inverosímil que este oficial alemán... haya sido capaz de escribir esa obra, ciertamente desigual, pero original y potente, que es *Isis Unveiled*; ahora bien, nosotros jamás hemos dicho nada semejante, siempre hemos dicho, por el contrario, que esta obra había sido escrita por Mme Blavatsky, con la colaboración de Olcott y sin duda de algunos otros, y solamente se cuestionaban las fuentes en que se había basado para redactarla; ¿nuestro contradictor nos ha leído tan mal, o acaso debemos sospechar de su buena fe?

⁽⁵⁾ Incidents in the Life of Mme Blavatsky, p. 204.
⁽⁶⁾ *New York Daily Tribune*, 10 de septiembre de 1890.

límite, y amenazaba con llevar ante los tribunales a todo el que se permitiera en adelante alzar contra ella tales acusaciones.

Mme Blavatsky murió en Londres el 8 de mayo de 1891; estaba enferma desde hacía mucho tiempo, y parece incluso que había sido desahuciada dos o tres veces por los médicos[7]; pero se pretendió que estaba mejor en el momento de su muerte, que se atribuyó a la intervención de una influencia oculta. Según Sinnett, Mme Blavatsky había pasado entonces inmediatamente a otro cuerpo, esta vez masculino, y ya en plena madurez; más recientemente, M. Leadbeater ha escrito igualmente sobre este tema: "Aquellos que estuvieron en la intimidad de nuestra gran fundadora, Mme Blavatsky, saben generalmente que, cuando abandonó el cuerpo en el que la conocimos, entró en otro cuerpo que en ese instante acababa de ser dejado por su primer ocupante. En cuanto a saber si ese cuerpo había sido preparado especialmente para su uso, no tengo ninguna información; pero hay otros ejemplos conocidos donde así se hizo"[8]. Tendremos que volver después sobre esta singular idea del reemplazo de una personalidad por otra, en que la primera habría estado encargada, simplemente, de preparar a la segunda un organismo apropiado que ésta debía venir a ocupar en el momento requerido. En mayo de 1897, o sea, justamente seis años después de la muerte de Mme Blavatsky, Mme Besant anunció la próxima manifestación de su reencarnación masculina; esta manifestación todavía no se ha producido, pero M. Leadbeater continúa repitiendo en toda ocasión que Mme Blavatsky ya está reencarnada, y que el coronel Olcott debe reencarnarse muy próximamente, él también, para trabajar de nuevo a su lado.[9][6*]

---

[7] Según Olcott, su enfermedad era el mal de Bright (*Le Lotus*, julio de 1888, p. 225.)

[8] *Adyar Bulletin*, octubre de 1913.

[9] L'Occultisme dans la nature, pp. 72 y 414.

[6*] Mme Bessant ha afirmado que la reencarnación del coronel Olcott, así como la de Mme Blavatsky, era un hecho cumplido: "H. S. Olcott... rechazó su cuerpo mortal, descansó durante algunos pocos años, y después apareció de nuevo entre nosotros como

Se trata de notables excepciones a la ley que había sido formulada por Mme Blavatsky misma y por Sinnett, y según la cual, entre dos vidas sucesivas, debe pasar normalmente un intervalo de mil doscientos o mil quinientos años; es verdad que, incluso para los casos ordinarios, se ha renunciado a esta pretendida ley, y ese es un ejemplo bastante curioso de la variación de las doctrinas teosofistas, y al mismo tiempo de la manera en que se esfuerzan en disimularlo. Mme Blavatsky había escrito esto en la Doctrine Secrèta: "Salvo en los casos de niños o de individuos cuya vida ha sido acortada por algún accidente, ninguna entidad espiritual puede reencarnarse antes de que haya transcurrido un período de varios siglos"[10]. Ahora bien, M. Leadbeater ha descubierto que "la expresión entidades espirituales parece significar que Mme Blavatsky no tenía en vista más que a los individuos altamente desarrollados"[11]. Y da una lista donde, según los "grados de evolución" de los individuos humanos, los intervalos van de dos mil años y más para "aquellos que han entrado en el Sendero", salvo excepciones, y de mil doscientos años para "aquellos que se acercan a él", hasta cuarenta o cincuenta años, que se reducen incluso a cinco años cuando se llega "a los bajos fondos de la humanidad"[12]. En lo que concierne al pasaje en que Sinnett decía claramente que "hablar de un renacimiento antes de al menos mil quinientos años es una cosa casi imposible"[13], he aquí la explicación que da de ello el mismo autor: "Tenemos fundamentos para creer que las cartas que sirvieron de base al Boudhisme Esotérique fueron escritas por diferentes discípulos de los Maestros bajo la dirección general de éstos últimos; por consiguiente, teniendo siempre en cuenta las inexactitudes que han podido introducirse (sabemos que algunas se han deslizado), es imposible suponer que los autores hayan ignorado hechos

---

un pequeño niño, ahora ya un joven lleno de promesas para el porvenir" ("Bulletin Théosophique", enero-febrero-marzo de 1918, según el "Adyar Bulletin", enero de 1918).

[10] *Secret Doctrine*, t. II, p. 317 de la edición inglesa.

[11] L'Occultisme dans la nature, p. 325.

[12] *Ibidem*, pp. 327-333.

[13] Le Bouddhisme Esotérique, p. 128; cf. Ibidem, p. 173.

muy fácilmente accesibles para cualquiera que puede observar el proceso de la reencarnación[14]. Recordemos que la carta de que se trata no fue escrita para el público, sino dirigida particularmente a M. Sinnett, sin duda a fin de que fuera comunicada a algunas personas que trabajaban con él. Un medio tal, establecido para ellos, sería exacto, pero no podemos admitirlo para toda la raza humana en el tiempo presente"[15]. Verdaderamente, es muy cómodo salir inmune de esa manera, y el mismo método podría servir para anular todas las contradicciones que M. Hume había constatado desde 1883; en cuanto a las "inexactitudes" achacadas a los discípulos torpes, ¿no fue Koot Hoomi mismo quien, a propósito del asunto Kiddle, había dado el ejemplo sobre este punto? Por otra parte, sabemos que Mavalankar, Subba Rao y otros, se hacían pasar por "chelas" o discípulos directos de los "Maestros"; así pues, según la cita que acabamos de hacer, nada se opondría a que fueran los autores de las cartas de que se trata, como lo fueron, en efecto, pero "bajo la dirección" de Mme Blavatsky. Desde que ya no se atribuye a los "Maestros", en la redacción de esos mensajes, más que un papel de "dirección general", pasando bajo silencio los procedimientos de la "precipitación", deviene ciertamente mucho más difícil denunciar un fraude manifiesto. Así pues, es menester convenir que esta táctica no carece de una cierta habilidad; más, para dejarse atrapar por ella, sería preciso ignorar, como lo ignoran quizás muchos de los teosofistas actuales, toda la historia del primer período de la Sociedad Teosófica; es verdaderamente lamentable para ésta que, contrariamente al uso de las antiguas sociedades secretas de las que se pretende la heredera, haya dejado tras de sí una abundancia tan grande de documentos escritos.

---

[14] Por medio de la "clarividencia", en la que se interesaba muy especialmente M. Leadbeater.
[15] L'Occultisme dans la nature, pp. 325-326.

CAPÍTULO IX

LAS FUENTES DE LAS OBRAS DE MME BLAVATSKY

Ahora que hemos hecho conocer suficientemente la vida y el carácter de Mme Blavatsky, debemos hablar un poco acerca de sus obras: si no se deben a las revelaciones de ningún "Mahâtmâ" auténtico, ¿de dónde provienen los conocimientos bastante variados que tienen? Esos conocimientos, los había adquirido de una manera natural en el curso de sus numerosos viajes, y también por lecturas diversas, aunque hechas sin método y bastante mal asimiladas. Ella poseía "una cultura vasta, aunque un poco salvaje"[1], ha dicho Sinnett mismo. Se cuenta que durante sus primeras peregrinaciones por el Levante en compañía de Metamon, había penetrado en algunos monasterios del monte Athos, y que es en sus bibliotecas donde descubrió, entre otras cosas, la teoría alejandrina del Logos[1*]. Durante su estancia en Nueva York, leyó las obras de Jacob Boehme, que fueron sin duda casi todo lo que conoció referente a la teosofía auténtica, y también las de Eliphas Lévi, a las que cita tan frecuentemente; probablemente leyó también la Kabbala Denudata de Knorr de Rosenroth, y varios otros tratados sobre Kábala y Hermetismo. En las cartas que Olcott dirigía en aquella época a Stainton Moses, se hace mención de algunas obras de carácter bastante variado; leemos por ejemplo esto: "Le remito a usted, para una interesante compilación de hechos mágicos, a los trabajos de (Gougenot) de Mousseaux, que, aunque es un católico ciego y creyente implícito en el diabolismo, ha

---

[1] Le Monde Oculte, p. 45.

[1*] Las mujeres no son admitidas en el monte Athos, aunque es posible que Mme Blavatsky, para penetrar allí, haya usado ropas masculinas, tal como hizo en otras ocasiones, especialmente cuando luchó en las filas de los garibaldinos (ver p. 16).

recogido una multitud de hechos preciosos, que el espíritu ilustrado y emancipado de usted estimará en su valor. También encontrará beneficioso leer los trabajos sobre las sectas orientales y las órdenes sacerdotales; y hay algunas particularidades interesantes en los Modern Egyptians de Lane"[2]. En otra carta posterior, además de mencionarse L'Etoile Flamboyante y la Magia Adamica, de las que ya hemos hablado, se trata acerca de un escrito hermético anónimo, titulado The Key to the conceiled Things since the beginning of the World[3]. En otra carta, Olcott recomienda a su corresponsal la lectura del Spiritisme dans le Monde de Jacolliot, y otros libros del mismo autor sobre la India, libros que, por lo demás, no contienen absolutamente nada serio[4]; y todas estas lecturas eran sin duda las que Olcott mismo leía entonces con Mme Blavatsky, de la que decía en esta misma carta, escrita en 1876: "Espere a que nosotros tengamos tiempo de acabar su libro, y entonces encontrará al ocultismo tratado en buen inglés; muchos misterios de Fludd y de Filaletes, de Paracelso y de Agripa, están interpretados de manera que cualquiera que lo desee puede leerlos".

Así pues, según esta última frase, Olcott y otros colaboraron en la redacción de Isis Dévoilée, del mismo modo que, más adelante, Subba Rao y otros colaboraron en la Doctrine Secrète; esa es una explicación muy simple de las variaciones de estilo que se observan en estas obras, y que los teosofistas atribuyen a pasajes dictados por "Maestros" diferentes. A este propósito, se ha contado incluso que Mme Blavatsky encontraba a veces, cuando se despertaba veinte o treinta páginas de una escritura diferente de la suya, que era la continuación de lo que había redactado en la víspera; por lo demás, no contestamos este hecho en sí

---

[2] Carta del 18 de mayo de 1875.
[3] Carta del 22 de junio de 1875.
[4] Leemos también en el *Lotus Bleu* del 7 de noviembre de 1890 que la "Logia *Blavatsky*", de Londres, recomendaba la lectura de traducciones inglesas de varias obras producidas de este autor; es verdad que, en el número subsiguiente, una "nota rectificativa" declaró que la publicación de estas traducciones simplemente había sido "anunciada" por el *Lucifer*.

mismo, pues es perfectamente posible que haya sido sonámbula y que escribiera realmente durante la noche lo que encontraba así por la mañana; los casos de este género son incluso bastante comunes como para que no haya lugar a maravillarse por ello. Por lo demás, el sonambulismo natural y la mediumnidad van bastante frecuentemente juntos, y ya hemos explicado que los fraudes debidamente constatados de Mme Blavatsky no obligaban a negarle forzosamente toda facultad mediúmnica. Así pues, podemos admitir que desempeñó a veces el papel de "médium escritor", pero, como ocurre muy frecuentemente en parecido caso, lo que ella escribía entonces no era en suma más que el reflejo de sus propios pensamientos y de los de su entorno.

En lo que concierne a la procedencia de los libros de los que Mme Blavatsky se sirvió en Nueva York, y de los que algunos podían ser bastante difíciles de encontrar, sabemos por Mme Emma Hardinge-Britten, antigua miembro de la primera Sociedad Teosófica, y miembro también de la H. B. of L.[5][2*], que, "con el dinero de la Sociedad, Mme Blavatsky compró y guardó, en su calidad de bibliotecaria, muchos libros raros cuyo contenido ha aparecido en Isis Dévoilée"[6]. Por otra parte, hemos visto que heredó la biblioteca del barón de Palmes, y que esta biblioteca contenía en particular manuscritos que tuvieron el mismo uso, como lo ha dicho el Dr. Cowes, y que compartieron con las cartas del Swâmî Dayânanda Saraswatî el honor de ser transformados ulteriormente en comunicaciones de los "Mahâtmâs". En fin, Mme Blavatsky había podido encontrar diversas reseñas en los papeles de Felt, y en los libros de los que éste se servía para preparar sus conferencias sobre la magia y la "kábala Egipcia", documentos que le dejó cuando desapareció; es a Felt a quien parece deberse la primer idea

---

[5] Algunos la consideran como la autora de obras anónimas tituladas *Art magic et Ghostland*, que se refieren a las teorías de esta escuela.

[2*] Sobre Mme Hardinge-Britten y las obras que le han sido atribuidas, ver *L'Erreur spirite*, pp. 20-21 y 27.

[6] Carta al periódico *Light* de Londres, 9 de diciembre de 1893.

de la teoría de los "elementales", que atribuía bastante gratuitamente a los antiguos egipcios[7].

En cuanto a las doctrinas propiamente orientales, Mme Blavatsky no ha conocido del Brâhmanismo e incluso del budismo más que lo que todo el mundo puede conocer, y no comprendió gran cosa, como lo prueban las teorías que les atribuye, y también los contrasentidos que comete a cada instante en el empleo de los términos sánscritos. Por lo demás, M. Leadbeater ha reconocido formalmente que "ella ignoraba el sánscrito", y que "el árabe parece ser la única lengua oriental que haya conocido" (sin duda la había aprendido durante su estancia en Egipto)[8]; y atribuye a esta ignorancia del sánscrito la mayoría de las dificultades de la terminología teosófica, dificultades tan notables que han determinado a Mme Besant a reemplazar por equivalentes ingleses la mayoría de los términos de origen oriental[9]. Éstos eran tomados muy frecuentemente en un sentido que no han tenido nunca en realidad; hemos visto un ejemplo de ello para la palabra "Mahâtmâ", que ha sido reemplazada por "Adepto", y encontraremos otro para la palabra "karma", que, no obstante, ha sido conservada. Algunas veces, Mme Blavatsky forjaba palabras que no pueden existir en sánscrito bajo la forma que ella les da, como "Fohat", que no parece ser más que una corrupción de "Mahat"; en otras ocasiones, las fabricaba con elementos tomados de lenguas orientales diferentes: se encuentran así compuestos mitad sánscritos y mitad tibetanos o mongoles, como "dêvachan", en lugar del sánscrito "dêva-loka", o también "Dhyan-Chohan", por "Dhyâni-Bouddha". Por lo demás, de una manera general, esos términos orientales, empleados un poco sin ton ni son, no sirven casi siempre más que para disfrazar concepciones puramente occidentales: en el fondo, no están ahí más que para desempeñar un papel análogo al de los "fenómenos", es decir, para atraer a una clientela que se deja

---

[7] Cf. *Old Diary Leaves*, por Olcott.
[8] *L'Occultisme dans la Nature*, p. 404.
[9] *Ibidem*, pp. 222 y 263.

impresionar fácilmente por las apariencias, y es por eso por lo que los teosofistas no podrán renunciar nunca completamente a ellos. En efecto, hay muchas gentes que son seducidas por el exotismo, incluso de la cualidad más mediocre, y que, por lo demás, son perfectamente incapaces de verificar su valor. Un "snobismo" de este género no es extraño al éxito del teosofismo en algunos medios.

Agregaremos aún una palabra más en lo que concierne especialmente al origen de los textos tibetanos supuestos muy secretos que Mme ha citado en sus obras, concretamente las famosas Stances de Dzyan[10], incorporadas a la Doctrine Secrète, y a la Voix du Silence. Estos textos contienen muchos pasajes que son manifiestamente "interpolados" o incluso inventados, y otros que han sido al menos "arreglados" para acomodarlos a las ideas teosofistas; en cuanto a sus partes auténticas, están tomadas simplemente de una traducción de fragmentos del Kandjur y del Tandjur, publicada en 1836, en el volumen XX de las Asiatic Researchs de Calcuta, por Alexandre Csoma de Körös[3*]. Éste,

---

[10] *Dzyan* debe ser una corrupción de una palabra sánscrita, ya sea *jnana*, conocimiento, o ya sea *dhyana*, contemplación; la misma Mme Blavatsky ha indicado estas dos derivaciones (la primera en *Lotus* de diciembre de 1887 y la segunda en la introducción de la *Doctrine Secrète*), sin que al parecer se percatara de su incompatibilidad.

[3*] "Del *Kandjur* y del *Tandjur*, Alexandre Csoma de Körös ha publicado un análisis y traducido algunos fragmentos en el volumen XX de los "Asiatic Researches", Calcuta, 1836, en 4ª, y de aquí la famosa Mme Blavatsky ha plagiado al azar una buena parte de esa "teosofía" que pretende haber recibido, por telepatía de estilitas ocultos en el corazón del Tíbet, sin duda no lejos del "Asgaard" de Renán (ver *Dialogues et Fragments*, París, 1876)" (Augustin Chaboseau, *Essai sur la Philosophie bouddhique*, p. 97). Citemos también este otro extracto de la misma obra, que define perfectamente el "sincretismo" teosofista: "Éstos (los fundadores de la Sociedad Teosófica), apelando a las reminiscencias de numerosas lecturas, pero apresuradas y mal entendidas, apropiándose de la substancia de tanto libro olvidado o poco conocido, plagiando a la buena de Dios los sistemas religiosos, las doctrinas filosóficas y las teorías científicas a medida que se ofrecían a su pensamiento, han elaborado compilaciones en las que se hallan retazos de Vedantismo, trozos de Taoísmo, fragmentos de Egipcianismo, muestras de Mazdeísmo, pedazos de Cristianismo, relieves de Brahmanismo, briznas de Gnosticismo, detritus de Kábala hebraica, naderías de Paracelso, de Darwin y de Platón, migajas de Swedemborg y de Hegel, de Schopenhauer

que era de origen húngaro, y que se hacía llamar Scander-Beg, era una persona original que había viajado durante mucho tiempo por el Asia Central a fin de descubrir, por la comparación de las lenguas, la tribu de la que había salido su nación[11].

De la amalgama de todos esos elementos heterogéneos que acabamos de indicar salieron las grandes obras de Mme Blavatsky, *Isis Dévoilée* y *Doctrine Secrète*; y estas obras fueron lo que debían ser normalmente en semejantes condiciones: compilaciones indigestas y sin orden, verdaderos caos donde algunos documentos interesantes están ahogados en medio de un cúmulo de aserciones sin ningún valor; ciertamente, sería perder el tiempo buscar ahí dentro lo que puede ser encontrar mucho más fácilmente en otras partes. Por lo demás, abundan los errores y las contradicciones, que son tales que las opiniones más opuestas podrían encontrar ahí su satisfacción: por ejemplo, se dice sucesivamente que hay un Dios, después que no lo hay; que el "Nirvana" es una aniquilación, y después que es todo lo contrario; que la metempsicosis es un hecho, después que es una ficción; que el vegetarianismo es indispensable para el "desarrollo psíquico", después que es simplemente útil, y así con todo lo demás[12]. Pero todo esto se comprende sin mucho esfuerzo, ya que, además de que las ideas de Mme Blavatsky han variado ciertamente en una medida muy amplia, escribía con una rapidez prodigiosa, sin referirse nunca a las fuentes, ni, probablemente, a lo que ella misma había escrito ya. Sin embargo, es esta obra tan defectuosa la que ha formado siempre el fondo de la enseñanza teosofista, y a pesar de todo lo que ha podido venir a

---

y de Spinoza, y han propagado esto por todos los continentes, afirmando que tal era el Esoterismo búdico... a la escuela teosofista, a pesar de sus perpetuas contradicciones, de sus fehacientes errores, de sus probadas desvergüenzas, le ha bastado un momento para erigirse en reveladora de toda cosa oculta, en dispensadora de todos los "poderes latentes", en constructora de la última síntesis" (Prólogo, pp. 9-10).

[11] Ver *Correspondance de Victor Jacquemont*, t. I, pp. 226-227, 255 y 337.

[12] Un buen número de estas contradicciones han sido puestas de relieve por Arthur Lillie en un libro titulado *Mme Blavatsky and her Theosophy*.

agregarse o a superponerse a ella después, e incluso de las correcciones que se le han podido hacer sufrir bajo la cubierta de la "interpretación", goza siempre, en la Sociedad, de una autoridad incontestada, y, si no contiene la doctrina toda entera, contiene al menos los principios fundamentales, si es que se puede hablar de doctrina y de principios cuando se está en presencia de un conjunto tan incoherente.

Cuando hablamos aquí de autoridad incontestada, eso se aplica sobre todo a la Doctrine Secrète, pues no parece ser lo mismo para Isis Dévoilée. Así, M. Leadbeater, al establecer una suerte de "plan de estudios" para el teosofismo, recomienda vivamente la primera, a la que llama "El mejor libro de todos", pero ni siquiera menciona a la segunda[13]. Vamos a indicar aquí una de las razones principales de esta reserva, que se explica fácilmente, ya que es sobre todo la comparación de estas dos obras lo que hace resaltar las variaciones y las contradicciones que señalamos hace un momento. Entre otras cosas, Mme Blavatsky ha escrito esto en Isis Dévoilée: "La reencarnación, es decir, la aparición del mismo individuo o más bien de su mónada astral dos veces en el mismo planeta, no es una regla en la naturaleza; es una excepción, como el fenómeno teratológico de un niño con dos cabezas. Es precedida por una violación de las leyes armónicas de la naturaleza y no ocurre más que cuando esta última, buscando restablecer su equilibrio trastornado, rechaza violentamente, a la vida terrestre, a la mónada astral tomada del círculo de necesidad por crimen o por accidente"[14]. Es fácil reconocer en ese pasaje la influencia de la H. B. of L; en efecto, la enseñanza de ésta, aunque es absolutamente "antirreencarnacionista" en tesis general, admite sin embargo, bien erróneamente, algunos casos de excepción, a saber, tres exactamente: el de los niños que nacen muertos o mueren con poca edad, el de los idiotas de nacimiento y, finalmente, el de las encarnaciones "mesiánicas" voluntarias, que se producirían aproximadamente cada seiscientos años

---

[13] L'Occultisme dans la Nature, pp. 415-419.
[14] Isis Dévoilée, t. I, p. 351 de la edición inglesa.

(al final de cada uno de los ciclos llamados Naros por los caldeos), pero sin que el mismo espíritu se encarne nunca más de una vez, y sin que haya consecutivamente dos encarnaciones similares en una misma raza; los dos primeros de estos tres casos son los que Mme Blavatsky ha podido comparar a "fenómenos teratológicos"[15]. Más adelante, cuando el teosofismo se tornó "reencarnacionista", estos dos mismos casos continuaron siendo casos de excepción, pero en el sentido de que se admite la posibilidad de una reencarnación inmediata[16], mientras que, para los casos normales, se suponía entonces, como ya lo hemos dicho, un intervalo de mil quinientos años. Por otra parte, Mme Blavatsky llegó a pretender que "son aquellos que no han comprendido los que acusan al autor de *Isis Dévoilée* de haber predicado contra la reencarnación; cuando se escribió esta obra, no se encontraba a nadie, entre los espiritistas ingleses y norteamericanos, que creyera en la reencarnación, y, lo que se dice en ella sobre este tema, estaba dirigido a los espiritistas franceses, "cuya teoría es absurda y carece de filosofía, y que creen en una reencarnación inmediata y arbitraria"[17]. Sin embargo, es a estos espiritistas de la escuela de Allan Kardec, a la que ella había pertenecido anteriormente, a quienes Mme Blavatsky había tomado la idea de la reencarnación, aunque haya podido introducir en ella algunas modificaciones, o algunos perfeccionamientos, si se quiere, para hacerla más "filosófica", cuando la retomó después de haberla abandonado temporariamente por estar bajo otra influencia. En cuanto al pasaje de *Isis Dévoilée* que hemos citado, es muy claro y no ofrece nada obscuro o difícil de comprender: no se trata en modo alguno de discutir las modalidades de la reencarnación, ni de saber si es inmediata o diferida; es la reencarnación misma la que, para la generalidad de los casos, se

---

[15] *Ibidem*, t. I, p. 352.

[16] Le Bouddhisme Esotérique, pp. 173-174.

[17] *La Clef de la Théosophie*, p. 267. Cf. *Theosophist*, agosto de 1882; *Le Lotus*, marzo de 1887. En este último artículo (p. 16), Mme Blavatsky confiesa no obstante una "falta de precisión", e invoca como excusa las "faltas importantes" que se deslizaron en la edición de *Isis Dévoilée*.

rechaza pura y simplemente. Así pues, aquí también, la mala fe de Mme Blavatsky es evidente; y se ve que fue ella la primera en sostener que se había comprendido mal su pensamiento cuando se descubría en sus escritos alguna aserción molesta, o incluso alguna contradicción formal; sus continuadores debían seguir este ejemplo con diligencia cada vez que les placía introducir en la enseñanza teosofista algún cambio más o menos importante.

CAPÍTULO X

El Budismo Esotérico

Hemos dicho desde el comienzo que, hablando propiamente, no hay doctrina teosofista, y ya es posible darse cuenta de ello por los diversos ejemplos de variaciones y de contradicciones que hemos dado, ya sea en Mme Blavatsky misma, o ya sea en sus sucesores; en parecido caso no puede aplicarse con propiedad la palabra doctrina. Sin embargo, la Sociedad Teosófica pretende tener una doctrina, o más bien pretende a la vez que no la tiene y que no obstante la tiene. He aquí, en efecto, lo que dice Mme Blavatsky misma: "Cuando decimos que la Sociedad no tiene ninguna doctrina particular, eso significa que ninguna creencia particular es *obligatoria*; pero eso no se aplica, naturalmente, más que a la generalidad de los miembros. Sabed que la Sociedad está dividida en círculos interior y exterior. Los miembros del círculo interior (es decir, de la "sección esotérica") tienen, en efecto, una filosofía, o, si se prefiere, un sistema religioso particular"[1]. Así pues, la creencia en esa doctrina es "obligatoria" al menos para los miembros que quieren ir más allá del "círculo exterior"; sin duda, en éste, se hace prueba, en principio, de la más amplia tolerancia, admitiendo en él a personas que profesan todas las opiniones; pero, incluso ahí, esa tolerancia desaparece rápidamente si esas personas se permiten discutir algunas "enseñanzas", y es bien sabido que, cuando ocurre tal cosa, se les hace comprender que su sitio no está en el seno de la Sociedad. En cuanto a la "sección esotérica", aquellos que hacen prueba del menor espíritu crítico pueden estar seguros de que no ingresarán nunca en ella; por lo demás, la solicitud

---

[1] La Clef de la Théosophie, p. 86.

de admisión que se hace firmar a los candidatos tiene una fórmula por la que deben afirmar expresamente la autenticidad de las enseñanzas de las que se supone que no conocen nada todavía[1*].

Este supuesto "sistema religioso particular", que constituye la doctrina oficial del teosofismo, y que se presenta simplemente como "la esencia misma de todas las religiones y de la verdad absoluta"[2], lleva la marca bien visible de las fuentes múltiples y discordantes de las que ha sido sacado: lejos de ser el "origen común" de todas las doctrinas, como se querría hacer creer, no es más que el resultado de plagios que se les han hecho sin gran discernimiento, y a los que se ha intentado dar artificialmente una apariencia de unidad que no resiste al examen. No es en suma más que una mezcla confusa de neoplatonismo, de gnosticismo, de kábala judaica, de hermetismo y de ocultismo, agrupado todo mal que bien, alrededor de dos o tres ideas que, quiérase o no, son

---

[1*] Hemos tenido en las manos un ejemplar de la declaración exigida a los candidatos a la "sección esotérica", hoy en día llamada "Escuela teosófica oriental"; se puede leer, bajo la firma de Mme Besant, el siguiente preámbulo: "Una inevitable decepción espera al alumno que entre en la Escuela sin admitir los hechos fundamentales de la naturaleza sobre los que se basan las enseñanzas de la Escuela, sin creencia en los Instructores y sin un ardiente deseo de aprender para ser más útil a sus compañeros. Por ello han sido planteadas las siguientes condiciones; ningún candidato puede ser admitido si no las satisface. Se deberá firmar entonces el texto que viene a continuación y devolverlo al Secretario correspondiente de la División". Viene después la propia declaración, concebida de este modo: "1º. Simpatizo con los tres objetivos de la S. T. - 2º. Estoy convencido de la verdad de las principales enseñanzas de la Filosofía Esotérica, a saber, la Existencia Una, de la que todo procede, la Ley de Periodicidad, la identidad entre el espíritu que está en el hombre y el Espíritu Universal, la Reencarnación, el Karma, la existencia de la Gran Fraternidad. - 3º. Deseo ser miembro de la E. E. T. para purificar y espiritualizar mi vida, haciéndome así un servidor más útil a la humanidad. - 4º. Estoy seguro de que H. P. B. estaba en posesión de un saber que atestiguó su misión como Mensajera de la Gran Fraternidad, y de que esta Escuela, fundada por ella, está por ello bajo la protección de la Gran Fraternidad. - 5º. Reconozco a Annie Besant como su sucesora, como Jefe de esta Escuela bajo la dirección de los Maestros y como Su Mensajera, designada por Ellos para dirigir esta labor".

[2] La Clef de la Théosophie, pp. 83-84.

de origen completamente moderno y puramente occidental. Es esta mezcla heteróclita lo que se presentó primero como "budismo esotérico", pero, como era muy fácil darse cuenta de que no presentaba con el verdadero budismo más que relaciones muy vagas, fue preciso intentar explicar cómo podía ser budismo sin serlo: "El error (que consiste en creer que somos todos discípulos de Gautama Buddha) ha venido de una falta de comprensión del sentido real del título de la excelente obra de M. A. P. Sinnett: *Esoteric Buddhism*; esta última palabra, *Buddhism*, habría debido ser escrita con una sola *d*, y entonces *Budhism* hubiera tenido el sentido real que debía tener, el de Religión de la Sabiduría (de *bodha, bodhi,* inteligencia, sabiduría), en lugar de Bouddhisme, la filosofía religiosa de Gautama"[3]. Para mostrar el poco valor de esta distinción sutil, basta decir que hay también en sánscrito, para designar la inteligencia, la palabra *buddhi,* que se escribe (o más bien se transcribe) con dos *d*; y señalamos de paso, a propósito de este último término, que Mme Besant ha decidido traducirlo por "razón pura", cuando lo que significa exactamente es "intuición intelectual"; ¡el cambio de terminología no basta para hacer desaparecer las confusiones! En todo rigor, el "Boudhisme" (con una sola *d*) no podría significar más que la "doctrina de Mercurio"; es decir, un equivalente "sanscritizado", si se puede expresar así, del "hermetismo" grecoegipcio, pero no parece que la idea de esta interpretación se les haya ocurrido nunca a los teosofistas, pues no pensamos que haya habido en eso una alusión voluntaria y directa a las enseñanzas de otro "Mercurio", que no era entonces conocido sino bajo el nombre de Koot Hoomi, y esto es verdaderamente lamentable, ya que una tal alusión no hubiera estado desprovista de una cierta ingeniosidad.

La declaración que acabamos de reproducir no impidió a Mme Blavatsky contribuir ella misma a mantener el equívoco, exponiendo inmediatamente después que el "bouddhisme" (con dos *d*)

---

[3] *La Clef de la Théosophie,* p. 20. Cf. *Le Lotus,* septiembre de 1887, p. 325.

conlleva a la vez enseñanzas exotéricas y enseñanzas esotéricas, de tal suerte que, naturalmente, uno se ve inducido a preguntarse hasta qué punto el "bouddhisme esotérico" y el "boudhisme esotérico" pueden ser verdaderamente distintos el uno del otro. Por lo demás, Sinnett había presentado la pretendida "doctrina esotérica", que estaba encargado de exponer, como procedente del budismo propiamente dicho, o de una de sus ramas, y al mismo tiempo como constituyendo un lazo de unión entre éste y el brâhmanismo; y establecía este lazo de la manera más extraordinaria, haciendo de Shankarâcharya, que fue uno de los más irreductibles adversarios del budismo en la India, una "segunda encarnación" de Buddha[4], y eso según las aserciones de un brâhman "iniciado" del Sur de la India, "sanscritista de los más distinguidos y ocultista de los más serios"[5], y que no era otro que Subba Rao. A pesar de todo, Sinnett no podía impedirse reconocer que "esta manera de ver no es aceptada de ninguna manera por las autoridades hindúes no iniciadas", es decir, en realidad, no teosofistas; ahora bien, todo hindú que tiene alguna autoridad no ha tenido nunca más que el más profundo desprecio por el teosofismo, y, además, no es ciertamente a Madrás a donde es menester ir si se quiere encontrar "sanscritistas distinguidos". Es verdaderamente muy fácil, para prevenir las objeciones de sus adversarios, proclamar que no son "iniciados", pero quizá lo sería un poco menos mostrar "iniciados" del tipo de que se trata que no tengan ningún lazo con los medios teosofistas.

En efecto, la verdad es que no ha habido nunca ningún "budismo esotérico" auténtico; si se quiere encontrar esoterismo, no es ahí donde es menester dirigirse, ya que el budismo fue esencialmente, en sus orígenes, una doctrina popular que servía de apoyo teórico a un movimiento social de tendencia igualitaria. En la India, no fue más que una simple herejía, que ningún lazo real pudo vincular nunca a la tradición brahmánica, con la que, al contrario, había roto abiertamente,

---

[4] Le Bouddhisme Esotérique, pp. 215-216.
[5] *Ibidem*, p. 221.

no sólo desde el punto de vista social, al rechazar la institución de las castas, sino también desde el punto de vista puramente doctrinal, al negar la autoridad del "Veda". Por lo demás, el budismo representaba algo tan contrario al espíritu hindú que, desde hace mucho tiempo, ha desaparecido completamente de la región donde había tenido nacimiento; tan sólo en Ceylán y en Birmania existe todavía en estado casi puro, y, en todos los demás países donde se extendió, se ha modificado hasta el punto de devenir completamente irreconocible. Generalmente, en Europa se tiene una tendencia a exagerar la importancia del budismo, que, con mucho, es ciertamente la menos interesante de todas las doctrinas orientales, pero que, precisamente porque constituye para el Oriente una desviación y una anomalía, puede parecer más accesible a la mentalidad occidental y menos alejada de las formas de pensamiento a las que está acostumbrada. Esa es probablemente la razón principal de la predilección de que ha sido objeto siempre el estudio del budismo por parte de la gran mayoría de los orientalistas, aunque, en algunos de entre ellos, se hayan mezclado intenciones de otro orden, que consisten en intentar hacer de él el instrumento de un anticristianismo, al que, evidentemente, en sí mismo, es completamente extraño. Emile Burnouf, en particular, no estuvo exento de estas últimas preocupaciones, y es eso lo que le llevó a aliarse con los teosofistas, animados del mismo espíritu de competencia religiosa. Hace algunos años, hubo también en Francia una tentativa, por lo demás sin mucho éxito, de propagar un cierto "budismo ecléctico", bastante fantasioso, inventado por León de Rosny, a quien, aunque no fue teosofista[6], Olcott prodigó elogios en la introducción que escribió especialmente para la traducción francesa de su *Catéchisme Bouddhique*[2*].

---

[6] En revancha, pertenecía a la Masonería. *Lanterne*, 18 de abril de 1894.

[2*] Actualmente existe en Londres una *Buddhist Lodge*, que tiene como órgano una revista titulada "Buddhism in England"; su Budismo, "que no pertenece a ninguna escuela, sino a

Por otro lado, no se puede negar que la Sociedad Teosófica no haya intentado anexarse el budismo, incluso simplemente "exotérico"; esta tentativa estuvo marcada en primer lugar por la publicación, en 1881, de este *Catéchisme Bouddhique* de Olcott que acabamos de mencionar. Este opúsculo estaba arropado con la aprobación del Rev. H. Sumangala, principal del *Vidyodaya Parivena* (Colegio) de Colombo, quien, para esa circunstancia, se titulaba "Gran Sacerdote de la Iglesia Búdica del Sur", dignidad cuya existencia nadie había sospechado hasta entonces. Algunos años más tarde, el mismo Olcott, después de un viaje al Japón y de un recorrido por Birmania, se jactó de haber operado la reconciliación de las Iglesias Búdicas del Norte y del Sur[7]. Sumangala escribía entonces: "Debemos al coronel Olcott el catecismo en el que nuestros hijos aprenden los primeros principios de nuestra religión, y nuestras relaciones fraternales de ahora con nuestros correligionarios del Japón y de otros países budistas"[8][3*]. Convendrá agregar que las escuelas donde se enseñaba el catecismo de Olcott no eran más que creaciones teosofistas; sobre este punto tenemos el testimonio de Mme Blavatsky, que escribía en 1890: "En Ceylán, hemos devuelto a la vida y comenzado a purificar el budismo; hemos establecido escuelas superiores, nos hemos hecho cargo de aproximadamente unas cincuenta escuelas de menos importancia, poniéndolas bajo nuestra supervisión"[9]. Además, hacia la misma época, Sir Edwin Arnold, autor de *Lumiére de l'Asie*, había ido a la India para trabajar, él también, en el acercamiento de las iglesias búdicas; ¿no es lícito encontrar muy sospechosas estas iniciativas occidentales en semejante materia? Fue

---

todas" (sic), y que por otra parte está demasiado visiblemente adaptado a la mentalidad europea, no deja de recordar un poco al "Budismo ecléctico" de Léon de Rosny.

[7] Ver los diversos informes publicados a este respecto en el *Lotus Bleu*, 27 de diciembre de 1891; 27 de abril, 27 de septiembre y 27 de diciembre de 1892.

[8] Mensaje dirigido al "Parlamento de las Religiones" en Chicago, en 1893.

[3*] El "*Catecismo Búdico*" de Olcott fue traducido al japonés por Midzutani Riozen; el "Lotus" de octubre de 1887, anunciado la noticia, añadía: "Es de esperar que Japón no se cristianice".

[9] *Lotus Bleu*, 7 de octubre de 1890.

quizá para legitimar el papel de Olcott por lo que M. Leadbeater ha contado que él había sido, en una de sus encarnaciones anteriores, el rey de Ashoka, gran protector del budismo, después de haber sido también, en otra, Gushtasp, rey de Persia y protector del zoroastrismo[10]; ¡así pues, los espiritistas no son los únicos en tener la manía de creerse reencarnaciones de personajes ilustres! Cuando murió Olcott, se colocó sobre su cuerpo, con la bandera norteamericana, "el estandarte budista que había imaginado él mismo y en el que estaban dispuestos, en su orden, los colores del aura del Señor Buddha[11]: fantasía de "clarividente" a la que los budistas auténticos no han podido acordar nunca la menor importancia. En el fondo, toda esta historia se relaciona sobre todo con el papel político de la Sociedad Teosófica, acerca del cual tendremos la ocasión de explicarnos más adelante; por lo demás, no parece haber tenido consecuencias en lo que concierne a la unión de las diferentes ramas del budismo, pero es menester creer que los teosofistas no han renunciado a utilizar el budismo del Sur, ya que uno de ellos, M. C. Jinarâjadâsa, anunciaba recientemente que había recibido del "Sumo Sacerdote de Colombo" el poder de admitir en la religión búdica a los europeos que lo desean[12][4*]. Eso redujo a la iglesia en cuestión, como a cierta iglesia cristiana de la que hablaremos, al rango de las múltiples organizaciones que la Sociedad Teosófica emplea como auxiliares para su propaganda y para la realización de sus designios especiales.

---

[10] L'Occultisme dans la Nature, p. 409.
[11] *Ibidem*, p. 413.
[12] Revue Théosophique française, septiembre de 1920.
[4*] Jinarâjadâsa es actualmente vicepresidente de la Sociedad Teosófica.

CAPÍTULO XI

PRINCIPALES PUNTOS DE LA ENSEÑANZA TEOSOFISTA

Si se considera en su conjunto la supuesta doctrina teosofista, se percibe inmediatamente que lo que constituye su punto central, es la idea de "evolución"[1]. Ahora bien, esta idea es absolutamente extraña para los Orientales, e, incluso en Occidente, es de fecha muy reciente. En efecto, la idea misma de "progreso", de la que la idea de "evolución" no es más que una forma más o menos complicada por consideraciones que se pretenden "científicas", no se remonta apenas más allá de la segunda mitad del siglo XVIII, habiendo sido sus verdaderos promotores Turgot y Condorcet; así pues, no hay necesidad de remontarse muy lejos para encontrar el origen histórico de esta idea, que, por efecto de sus hábitos mentales, tantas gentes han llegado a creer esencial al espíritu humano, mientras, sin embargo, la mayor parte de la humanidad continúa ignorándola o sin tenerla en cuenta[*]. De ahí resulta inmediatamente una conclusión muy clara: desde que los teosofistas son "evolucionistas" (y lo son hasta el punto de admitir incluso el transformismo, que es el aspecto más grosero del evolucionismo, aunque se aparten en algunos puntos de la teoría darwiniana)[2], no son lo que pretenden ser, y su sistema no puede "tener

---

[1] Un teosofista ha declarado expresamente que "la *Doctrine Secrète* no habría sido publicada si la teoría de la evolución no se hubiera hecho a la luz en el cerebro humano" (*Les Cycles*, por Amaravella: *Lotus Bleu*, 27 de abril de 1894, p. 78); diríamos más bien que, sin eso, no habría sido imaginada.

[*] Téngase en cuenta que este libro se publicó en 1921 (N. del T.)

[2] Ver *La Généalogie de l'Homme*, por Mme Besant.

por base la más antigua filosofía del mundo"⁽³⁾. Sin duda, los teosofistas están lejos de ser los únicos en tomar como una "ley" lo que no es más que una simple hipótesis, e incluso a nuestro juicio, una hipótesis muy banal; toda su originalidad consiste aquí en presentar esta pretendida ley como un dato tradicional, cuando sería más bien todo lo contrario. Por lo demás, no se ve muy bien cómo la creencia en el progreso puede conciliarse con la afiliación a una "doctrina arcaica" (la expresión es de Mme Blavatsky): para cualquiera que admita la evolución, la doctrina más moderna debería ser, lógicamente, la más perfecta; pero los teosofistas, que no ven en ello ninguna contradicción, ni siquiera parecen plantearse la cuestión⁽¹*⁾.

No nos detendremos mucho en la historia fantástica de la evolución de la humanidad, tal como la describen los teosofistas: siete "razas madres" se suceden en el curso de un "período mundial", es decir, mientras la "ola de vida" permanece en un mismo planeta; cada "raza" comprende siete "sub-razas", de las cuales cada una se divide a su vez en siete "ramas". Por otra parte, la "ola de vida" recorre sucesivamente siete globos en una "ronda", y esta "ronda" se repite siete veces en una misma "cadena planetaria", después de lo cual la "ola de vida" pasa a otra "cadena", compuesta igualmente de siete planetas, y que será recorrida a su vez siete veces; hay así siete "cadenas" en un "sistema planetario", llamado también "empresa de evolución", y, finalmente, nuestro sistema solar está formado por diez "sistemas planetarios"; por lo demás, hay alguna fluctuación sobre este último punto. Nosotros estamos, actualmente, en la quinta "raza" de nuestro "período mundial", y en la cuarta "ronda" de la "cadena" de la que forma parte la Tierra, y en la que ocupa el cuarto rango; esta "cadena" es igualmente la cuarta de nuestro "sistema planetario", y comprende, como ya lo

---

⁽³⁾ La Clef de la Théosophie, p. 86.
⁽¹*⁾ Antes del siglo XVIII, apenas es posible encontrar huellas de la idea de "progreso" más que en Bacon y en Pascal; más adelante veremos que los teosofistas consideran a Bacon como una "encarnación" de uno de sus "Maestros".

hemos indicado, otros dos planetas físicos, Marte y Mercurio, más cuatro globos que son invisibles y que pertenecen a "planos superiores"; la "cadena" precedente es llamada "cadena lunar", porque es representada en el "plano físico" sólo por la Luna. Por lo demás, algunos teosofistas interpretan estos datos de una manera bastante diferente, y pretenden que en todo esto no se trata más que de estados diversos y de "encarnaciones" sucesivas de la Tierra misma, y que los nombres de los otros planetas no son aquí más que designaciones puramente simbólicas; estas cosas son verdaderamente muy oscuras, y no acabaríamos con ellas si quisiéramos hacer notar todas las aserciones contradictorias a las que han dado lugar. Es menester agregar también que hay siete "reinos", que son tres reinos "elementales", más los reinos mineral, vegetal, animal y humano, y que, al pasar de una "cadena" a la siguiente, los seres de uno de estos reinos pasan en general al reino inmediatamente superior; en efecto, son siempre los mismos seres los que se supone que cumplen su evolución mediante múltiples encarnaciones en el curso de los diferentes períodos que acabamos de enumerar.

Las cifras que se indican para la duración de esos períodos no son menos inverosímiles que todo lo demás: así, según la *Doctrine Secrète*, la aparición del hombre sobre la Tierra en la cuarta "ronda", se remonta a dieciocho millones de años, y hace trescientos millones que la "ola de vida" alcanzó nuestro globo en la primera "ronda". Es cierto que es mucho menos afirmativo hoy a este respecto de lo que era al comienzo; M. Leadbeater ha llegado a declarar incluso que "ignoramos si todas las rondas y todos los períodos raciales tienen una longitud igual", y que, por lo demás "es inútil buscar valuar en años esos enormes períodos de tiempo"[4]. En lo que concierne a los períodos más restringidos, Sinnett ha afirmado que "la presente raza de la humanidad, la quinta raza de la cuarta ronda, ha comenzado a evolucionar hace un millón de años", y

---

[4] Le Occultisme dans la Nature, p. 235.

que éste es "un número verdadero, que se puede tomar *al pie de la letra*" (subrayado por él mismo)[5]; por otra parte, según los autores de las "Vides d'Alcyone", a las que ya hemos hecho alusión, "la fundación de la quinta raza se remonta al año 79997 antes de Jesucristo"[6]; esta última afirmación, que es de una precisión sorprendente, apenas parece poder conciliarse con la precedente, y, verdaderamente, no merece la pena mofarse de sabios que, sin duda, no se ponen más de acuerdo en la evaluación de la duración de los períodos geológicos, pero que, al menos, no presentan sus cálculos sino como puramente hipotéticos. Aquí, al contrario, estamos frente a gentes que pretenden estar en medida de verificar directamente sus aserciones, y tener a su disposición, para reconstituir la historia de las razas desaparecidas[7], los "archivos âkâshicos", es decir, las imágenes mismas de los acontecimientos pasados, registrados fielmente y de una manera indeleble en la "atmósfera invisible" de la tierra.

Las concepciones que acabamos de resumir no son, en el fondo, más que una absurda caricatura de la teoría hindú de los ciclos cósmicos; ésta es, en realidad, completamente diferente y, bien entendido, no tiene nada de evolucionista; además, los números que se refieren a ella son esencialmente simbólicos, y tomarlos literalmente por números de años no puede ser más que el efecto de una ignorancia grosera, de la que, por lo demás, los teosofistas no son los únicos en dar pruebas; podemos decir incluso, sin insistir más en ello, que esta teoría es una de aquellas cuya verdadera significación es más difícilmente accesible a los occidentales en general. Para volver a las concepciones teosofistas, si se entrara en el detalle se encontrarían otras muchas singularidades: la descripción de las primeras razas humanas y de su solidificación progresiva es un ejemplo de ellas; por otra parte, en la "ronda" actual, la separación de los sexos no se habría efectuado más que hacia el medio

---

[5] Le Bouddhisme Esotérique, p. 172.
[6] De l'an 25.000 avant Jésus-Christ à nos jours, p. 65.
[7] Ver por ejemplo la *Histoire de l'Atlantide*, por W. Scott Elliot.

de la tercera raza. Parece también que cada "ronda" está consagrada más especialmente al desarrollo de uno de los principios constitutivos del hombre; algunos agregan incluso que en la aparición de cada raza se desarrolla un sentido nuevo; ¿cómo se explica entonces, que los pueblos que se nos presentan como vestigios de razas anteriores, más precisamente de la tercera y de la cuarta, tengan no obstante cinco sentidos como nosotros? Pero esta dificultad no impide precisar que la "clarividencia", que se intenta lograr muy especialmente en la "sección esotérica", es el germen del sexto sentido, que devendrá normal en la sexta "raza-madre", la que debe suceder inmediatamente a la nuestra. Por lo demás, es naturalmente a las investigaciones de los "clarividentes" a las que se atribuye toda esta novela prehistórica, en la que lo que se refiere a las civilizaciones antiguas, se parece demasiado a las invenciones y a los descubrimientos de la ciencia moderna: encontramos ahí hasta la aviación y la radiactividad[8], lo cual muestra bien por cuáles preocupaciones están influenciados realmente los autores, y las consideraciones relativas a la organización social no son menos características bajo este aspecto[9]. Al mismo orden de preocupaciones muy modernas, es menester agregar también el papel que juega en las teorías teosofistas, así como en las teorías espiritistas, la "cuarta dimensión" del espacio; los teosofistas van incluso más lejos, a las "dimensiones superiores", y declaran categóricamente que "el espacio tiene siete dimensiones"[10], cosa que será considerada muy arbitraria por los matemáticos, que conciben geometrías con cualquier número de dimensiones, aunque, por lo demás, no las consideran sino como simples construcciones algebraicas, traducidas en términos espaciales por analogía con la geometría analítica ordinaria. También se puede catalogar en la categoría de fantasías pseudocientíficas la descripción

---

[8] De l'an 25.000 avant Jésus-Christ a nos jours, pp. 222-232.
[9] Ver especialmente *Le Péruo antique*, por C. W. Leadbeater: *Revue Théosophique française*, 1901.
[10] L'Occultisme dans la Nature, pp. 82-85.

detallada de los diferentes tipos de átomos[11], y es también por la "clarividencia" como se han observado supuestamente esos átomos, lo mismo que es también a esa facultad a la que se debe el hecho de conocer los colores de los elementos invisibles del hombre[12]: ¡es menester creer que estos organismos "hiperfísicos" están dotados de propiedades físicas! Por lo demás, agregaremos que no sólo hay "clarividentes" entre los teosofistas, y que no faltan tampoco entre los ocultistas y los espiritistas; lo lamentable es que los unos y los otros no se entienden entre sí, y que las visiones de cada uno son siempre conformes a las teorías profesadas por la escuela a la que pertenecen; en tales condiciones, es menester, ciertamente, mucha buena voluntad para conceder alguna importancia a todos esos delirios.

Acabamos de hacer alusión a los elementos o principios constitutivos del ser humano; esta cuestión de la constitución del hombre ocupa un gran lugar en las "enseñanzas" de los teosofistas, que le han consagrado un cierto número de tratados especiales[13]; por lo demás, en el fondo, está lejos de ser tan simple como se imagina frecuentemente. En efecto, no es con unas pocas líneas como se podría mostrar hasta qué punto los teosofistas han desnaturalizado, aquí como por todas partes, las concepciones orientales; nos proponemos publicar, cuando las circunstancias lo permitan, un trabajo en el que expondremos las verdaderas concepciones hindúes sobre esta cuestión, y entonces se podrá comprobar que los teosofistas no han hecho más que tomar una terminología, que se han apropiado sin comprenderla[2*]. Así pues, aquí nos limitaremos a decir que, para los teosofistas, hay en el hombre siete principios distintos. Por lo demás, no faltan divergencias, no sólo en

---

[11] *La Chimie Occulte*, por Mme Besant y C. W. Leadbeater.

[12] *L'HoMme visible et invisible*, por C. W. Leadbeater.

[13] Ver concretamente, además de la obra ya mencionada de M. Leadbeater, los diversos "manuales" de Mme Besant: *L'Home et ses corps, Les sept principes de l'homme*, etc.

[2*] La obra que anunciábamos relativa a las concepciones hindúes concernientes a la constitución del ser humano ha aparecido después con el título *L'HoMme et son devenir selon le Vêdânta*.

cuanto a su nomenclatura (ya hemos dicho que Mme Besant había concluido por abandonar los términos sánscritos), sino incluso, lo que es más grave, en cuanto al orden en el que deben ser clasificados. Sea como sea, esos principios son considerados como otros tantos "cuerpos", que estarían en cierto modo encajados los unos en los otros, o que al menos se interpenetrarían, no difiriendo en suma más que por su mayor o menor sutileza; ésta es una concepción que materializa singularmente las cosas, y, naturalmente, no existe nada de tal en las doctrinas hindúes. Por lo demás, los teosofistas califican gustosamente su doctrina como "materialmente trascendente"; para ellos, "todo es materia" en estados diferentes, y "materia, espacio, movimiento, duración, constituyen la misma y única substancia eterna del Universo"[14]. Puede ser que proposiciones como ésas tengan un sentido para algunos occidentales modernos; pero, lo que hay de cierto, es que están totalmente desprovistas de sentido para los orientales, que, hablando propiamente, ni siquiera tienen la noción de "materia" (en sánscrito no hay ninguna palabra que le corresponda, ni siquiera de una manera aproximativa); y, para nosotros, no pueden sino mostrar las estrechísimas limitaciones en que está encerrado el pensamiento teosofista. Lo que conviene retener, es que los teosofistas están todos de acuerdo en considerar la constitución del hombre como septenaria (lo que no hace ninguna escuela hindú); únicamente después, algunos ocultistas han buscado establecer una correspondencia entre esta concepción y su propia concepción ternaria, reuniendo en un mismo grupo elementos que se distinguen en el primero, y no han llegado siempre a ello de la manera más feliz; conviene notar esto para evitar toda confusión entre teorías que, aunque tienen evidentemente puntos de contacto, por ello no presentan menos divergencias importantes. Por lo demás, los teosofistas se esfuerzan de tal modo en encontrar por todas partes el septenario (ya hemos podido darnos cuenta de ello en la exposición de los períodos de la evolución) que, allí donde encuentran

---

[14] Le Bouddhisme Esotérique, p. 274.

clasificaciones que no comprenden más que cinco principios o cinco elementos, lo que ocurre frecuentemente en la India al igual que en China, pretenden que existen otros dos términos que se han mantenido ocultos; naturalmente, nadie puede dar la razón de una discreción tan singular.

Otra cuestión que se relaciona con la precedente es la de los estados que el hombre debe atravesar después de la muerte[15]; para comprender lo que se dice al respecto, es menester saber que el septenario humano es considerado como comprendiendo, por una parte, un cuaternario inferior, formado de elementos perecederos, y, por otra, un ternario superior, formado de elementos inmortales; agregamos a este propósito que los principios superiores no están plenamente constituidos más que en los hombres más "evolucionados", y que no lo estarán en todos sino al final de la "séptima ronda". El hombre debe despojarse sucesivamente de cada uno de sus "cuerpos" inferiores, después de una estancia más o menos larga en el "plano" correspondiente; después viene un período de reposo, llamado "estado devacánico", donde goza de lo que ha adquirido en el curso de su última existencia terrestre, y que concluye cuando debe revestirse de nuevos "vehículos" inferiores para "regresar encarnado". Es a este período "devacánico" al que se le había pretendido fijar primeramente la duración de una manera uniforme; ya hemos visto como después se volvieron atrás de esta primera opinión; lo que merece notarse, es que la duración de tal estado, calificado por lo demás como "subjetivo", ¡sea mensurable en unidades de tiempo terrestre! Es siempre la misma manera de materializar todas las cosas, y, en estas condiciones, se ha llegado a ridiculizar el "Summerland" de los espíritus anglosajones[16], que sólo es un poco más groseramente material; después de todo, entre estas dos concepciones no hay apenas más que una diferencia de grado, y, por una y otra parte, se podrían encontrar muchos ejemplos de las representaciones absurdas que la imaginación

---

[15] *La Mort et l'au-delà*, por Mme Besant; *L'autre côté de la mort*, por C. W. Leadbeater.
[16] La Clef de la Théosophie, pp. 209-210; La Mort et l'au-delà, p. 85, ed. francesa.

puede producir en este orden de ideas, transportando a otros estados lo que es esencialmente propio de la vida terrestre. Por lo demás, sería poco útil demorarse en discutir la teoría que acabamos de resumir muy brevemente, simplificándola lo más posible y prescindiendo de los casos excepcionales; para mostrar que carece absolutamente de base, bastará decir que supone ante todo la realidad de algo que es propiamente una absurdidad: queremos hablar de la reencarnación.

Ya hemos tenido más de una ocasión de mencionar esta concepción de la reencarnación, que es considerada como el medio por el que se cumple la evolución, primero para cada hombre en particular, y después, por vía de consecuencia, para la humanidad entera e incluso para el conjunto del universo. Algunos llegan a decir incluso que la reencarnación es "el corolario obligado de la ley de la evolución"[17], lo que debe ser exagerado, pues hay muchos evolucionistas que no la admiten; sería bastante curioso ver discutir esta cuestión entre evolucionistas de diferentes escuelas, aunque dudamos mucho de que de tal discusión pueda salir la más mínima luz. Sea como sea, esta idea de la reencarnación, lo mismo que la de la evolución, es una idea muy moderna; parece haber tomado cuerpo sobre todo, hacia 1830 o 1848, en algunos medios socialistas franceses: la mayoría de los revolucionarios de aquella época eran "místicos" en el peor sentido de la palabra, y ya se sabe a qué extravagancias dieron lugar entre ellos las teorías fourieristas, saint-simonistas y otras de este género. Para estos socialistas, la concepción de que se trata y cuyos primeros inventores fueron, quizá, Fourier y Pierre Leroux[18], tenía como única razón de ser

---

[17] *Essai sur l'évolution*, por el D^r Th. Pascal; *La Théosophie en quelques chapitres*, por el mismo autor, pp. 28 y 35.

[18] Al menos parecen haber sido los primeros en expresarla en Francia; no obstante, debemos agregar que la misma idea había sido formulada anteriormente en Alemania por Lessing, en la segunda mitad del siglo XVIII. No hemos podido encontrar ninguna otra fuente más antigua, ni saber si los socialistas franceses se habían inspirado en Lessing directa o indirectamente, o si, por el contrario, "reinventaron" por sí mismos la teoría

explicar la desigualdad de las condiciones sociales, o al menos quitarle lo que le encontraban de chocante, al atribuirla a las consecuencias de las acciones realizadas en alguna existencia anterior; ocurre también a veces que los teosofistas hacen prevalecer esta razón[19], aunque generalmente insisten menos en ella que los espiritistas. En el fondo, una teoría como ésa no explica nada y no hace otra cosa que retrotraer la dificultad, si es que hay dificultad, ya que, si en verdad hubiera habido igualdad al comienzo, esta igualdad jamás hubiera podido ser rota, a menos de que se discuta formalmente la validez del principio de razón suficiente; pero, en este último caso la cuestión ya no se plantea, y la idea misma de la ley natural que se quiere hacer intervenir en su solución, ya no significa nada. Por lo demás, aún hay mucho más que decir contra la reencarnación, ya que, colocándose en el punto de vista de la metafísica pura, se puede demostrar su imposibilidad absoluta, y eso sin ninguna excepción del género de aquellas que admitía la H. B. of L.; por otra parte, entendemos aquí la imposibilidad de la reencarnación, no sólo en la tierra, sino también en cualquier otro astro[20], así como la de algunas otras concepciones extravagantes como la de una multiplicidad de encarnaciones simultáneas en planetas diferentes[21][3*]. Como ya hemos visto, para los teosofistas hay tres largas series de encarnaciones en cada uno de los globos que forman parte de un mismo sistema. La misma demostración metafísica vale igualmente contra teorías tales como la del "eterno retorno" de Nietzsche; pero,

---

reencarnacionista, a la que, en todo caso, han dado una difusión que nunca había tenido antes de ellos.

[19] Le Bouddhisme Esotérique, p. 125; La Théosophie en quelques chapitres, p.40.

[20] Le Lendemain de la Mort ou la Vie future selon la Science, por Luis Figuier.

[21] L'Eternité par les Astres, por Blanqui.

[3*] Hemos dado la demostración metafísica de la imposibilidad de la reencarnación en *L'Erreur spirite*, pp. 197-225; igualmente, hemos indicado las diferencias capitales que existen entre esta concepción y las de la "metempsícosis" y la "transmigración". Se puede encontrar una exposición de conjunto de las ideas teosofistas sobre esta cuestión en un pequeño volumen titulado *La Réincarnation, une espérance pour le monde*, de Irving S. Cooper.

aunque sea muy simple en sí misma, su exposición nos llevaría demasiado lejos, a causa de todo lo que presupone para ser bien comprendida. Diremos tan sólo, para reducir a su justo valor las pretensiones de los teosofistas, que ninguna doctrina tradicional ha admitido nunca la reencarnación, y que esta idea fue completamente extraña a toda la antigüedad, aunque se la haya querido apoyar con una interpretación tendenciosa de algunos textos más o menos simbólicos; en el budismo mismo, se habla tan sólo de "cambios de estado", lo que, evidentemente, no es lo mismo que una pluralidad de vidas terrestres sucesivas, y, lo repetimos, es sólo simbólicamente como estados diferentes han podido describirse a veces como "vidas", por analogía con el estado actual del ser humano y con las condiciones de su existencia terrestre[22]. Así pues, la verdad es simplemente ésta: es en los medios socialistas de los que hemos hablado, a los que pertenecían los primeros espiritistas de la escuela de Allan Kardec, donde tomaron la idea de la reencarnación, igual que algunos escritores de la misma época, y es en la escuela espiritista francesa donde Mme Blavatsky, lo mismo que un poco más tarde los ocultistas de la escuela papusiana, encontró a su vez esta idea; lo que sabemos del primer período de su vida no deja lugar a dudas en lo que a esto se refiere. No obstante, también hemos visto que la fundadora de la Sociedad Teosófica había tenido a veces algunas vacilaciones, y que, durante un cierto tiempo, había abandonado incluso la teoría reencarnacionista, de la que sus discípulos, por el contrario, han hecho un artículo de fe, que se debe asentir sin intentar siquiera justificarlo; pero, de una manera general, y dejando a un lado el período en que estuvo bajo la influencia de la H. B. of L., hubiera podido conservar y hacer suya la divisa de Allan Kardec: "Nacer, morir, renacer y progresar sin cesar, tal es la ley". Si hubo divergencia de opiniones entre Mme Blavatsky y los espiritistas franceses, no fue sobre el principio mismo, sino sólo sobre las modalidades de la reencarnación, y este último punto es de una importancia muy secundaria en relación

---

[22] Terre et ciel, por Jean Reynaud; Pluralité des existences de l'âme, por Pezzani.

con el primero; por lo demás, ya hemos visto que los teosofistas actuales han introducido aún algunas modificaciones. Es curioso observar, por otra parte, que los espiritistas ingleses y los norteamericanos, contrariamente a los franceses, rechazan formalmente la reencarnación, o al menos la rechazaban todos los de la época de Mme Blavatsky, pero hoy hay algunos que la admiten, probablemente, aunque no se den cuenta de ello, bajo la influencia de las ideas teosofistas, que se han extendido tan prodigiosamente en los países anglosajones. Entiéndase bien, aquí ocurre exactamente como en los casos de las experiencias de los "clarividentes": las "comunicaciones" recibidas por los unos y los otros de estos espiritistas confirman a cada uno en su teoría, como si no fueran más que el simple reflejo de sus propias ideas; por lo demás, no pretendemos decir que no haya más que eso en todas las "comunicaciones" de este género, pero, ordinariamente, hay ciertamente mucho de eso.

A la pretendida ley de la reencarnación está ligada la llamada ley del "karma", según la cual las condiciones de cada existencia estarían determinadas por las acciones cumplidas en el curso de las existencias precedentes: es "esta ley invisible y desconocida[23] la que adapta con sabiduría, inteligencia y equidad cada efecto a cada causa, y la que, por esto último, llega hasta el que la ha producido"[24]. Mme Blavatsky la llama "ley de la retribución" y Sinnett "ley de la causalidad ética"; es, efectivamente, una causalidad de un género especial, cuya concepción está subordinada a preocupaciones de orden moral; es, si se quiere, una especie de "justicia inmanente". Una concepción semejante se encuentra igualmente, salvo la palabra que la designa aquí, en los ocultistas y en los espiritistas, muchos de los cuales llegan incluso hasta pretender determinar, con una extraordinaria precisión, y en los menores detalles, las relaciones entre lo que le ocurre a un individuo en su vida presente y lo que ha hecho en sus vidas anteriores; es sobre todo en las obras

---

[23] ¿Cómo, entonces, se puede hablar de ella?
[24] La Clef de la Théosophie, p. 282.

espiritistas donde abundan estas consideraciones, y donde llegan a veces hasta el colmo del ridículo. Se debe reconocer que los teosofistas, en general, no llegan hasta eso; pero no dejan de ocuparse, y con grandes desarrollos, de la teoría del "karma", cuyo carácter moral explica el lugar cada vez más amplio que ocupa en sus enseñanzas, ya que el teosofismo, entre las manos de los sucesores de Mme Blavatsky, tiende siempre a devenir cada vez más "moralista" y sentimental. Por otra parte, algunos han llegado a personificar el "karma", y este poder más o menos misterioso y vago ha llegado a ser para ellos una entidad verdadera, una suerte de agente encargado de aplicar la sanción de cada acto; Mme Blavatsky se había contentado con atribuir este papel a seres especiales a los que llamaba los "Señores del karma", y a los cuales daba también el nombre de "Lipikas", es decir, "los que escriben" o registran las acciones humanas[25]. En esta concepción teosofista del "karma", encontramos un excelente ejemplo del abuso de los términos sánscritos mal comprendidos, que ya hemos señalado: la palabra "karma", en efecto, significa simplemente "acción", nada más; no ha tenido nunca el sentido de "causalidad" (en sánscrito, causa se dice "karana"), y todavía menos el de esa causalidad especial cuya naturaleza acabamos de indicar. Así pues, Mme Blavatsky ha asignado de un modo completamente arbitrario este nombre oriental de "karma" a una concepción enteramente occidental, que no fue inventada por ella en todas sus partes, pero en la que es preciso ver una deformación de algunas ideas preexistentes, comenzando por la idea misma de causalidad; y esta deformación es, en parte al menos, un plagio tomado del espiritismo, puesto que es evidente que está estrechamente ligada al fondo de la teoría reencarnacionista misma[4*].

---

[25] La verdadera forma sánscrita de esta palabra es "lipikâra" y jamás ha significado, en realidad, otra cosa que "escribientes" o "escribas" en su sentido puramente humano.
[4*] Sobre la idea del "karma" y las extravagancias a las que ha dado lugar, ver *L'Erreur spirite*, pp. 235-238.

No insistiremos sobre las otras "enseñanzas", que tienen una importancia menor, y de las que indicaremos tan sólo algunos puntos cuando se presente la ocasión de hacerlo; por lo demás, hay algunas que no deben ser atribuidas a Mme Blavatsky misma, sino que pertenecen en propiedad a sus sucesores. En todo caso, la exposición que acabamos de dar, por sucinta que sea, nos parece suficiente para mostrar la poca seriedad de la supuesta doctrina teosofista, y sobre todo para establecer que, a pesar de sus pretensiones, no se apoya sobre ninguna base tradicional verdadera. Simplemente, se la debe colocar al lado del espiritismo y de las diversas escuelas de ocultismo, con las que tiene un evidente parentesco, en ese conjunto de producciones extravagantes de la mentalidad contemporánea, al que se puede dar la denominación general de "neo-espiritualismo". A la mayoría de los ocultistas les agrada adherirse también a una "tradición occidental", que es tan completamente fantasiosa como la "tradición oriental" de los teosofistas, y que está formada igualmente de una amalgama de elementos disparatados. Una cosa es buscar el fondo idéntico que, en muchos casos, puede disimularse muy realmente bajo la diversidad de forma de las tradiciones de pueblos diferentes, y otra es fabricar una pseudo-tradición tomando a unas y a otros jirones más o menos informes y juntándolos bien que mal, más mal que bien, sobre todo cuando no se comprenden verdaderamente ni su alcance ni su significación, lo que es el caso en todas estas escuelas. Éstas, además de las objeciones de orden teórico que se les puede dirigir, tienen todas en común un inconveniente cuya gravedad no se podría disimular: es que desequilibran y trastornan irremediablemente a los espíritus débiles que se sienten atraídos hacia esos medios; el número de los desventurados que estas cosas han conducido a la ruina, a la locura, e incluso a veces a la muerte, es mucho más considerable de lo que pueden imaginar las gentes insuficientemente informadas, y nosotros hemos conocido sus ejemplos más lamentables. Se puede decir, sin ninguna exageración, que la difusión del "neo-espiritualismo" bajo todas sus formas constituye un verdadero peligro público, al que nunca se podría denunciar con demasiada insistencia; los estragos causados, sobre todo por el espiritismo, que es su forma más extendida y más popular, son ya enormes, y lo más inquietante es que actualmente parecen aumentar de día en día.

Un inconveniente de otro orden, que es especial del teosofismo, en razón de las pretensiones particulares de que hace gala en este aspecto, es que, por la confusión que crea y que mantiene, desacredita el estudio de las doctrinas orientales y aleja de ellas a muchos espíritus serios; y también, por otra parte, da a los orientales la idea más odiosa de la intelectualidad occidental, de la que los teosofistas se les aparecen como tristes representantes, y no porque sean los únicos en dar prueba de una incomprehensión total al respecto de algunas cosas, sino porque las apariencias de "iniciados" que quieren darse hacen esa incomprehensión más chocante y más inexcusable. Nunca insistiremos demasiado sobre el punto de que el teosofismo no representa absolutamente nada en cuanto al pensamiento oriental auténtico, y es deplorable ver con cuanta facilidad los occidentales, debido a la ignorancia completa que tienen generalmente de éste, se dejan engañar por charlatanes audaces; esto les ocurre incluso a orientalistas profesionales, cuya competencia, es preciso decirlo, no rebasa apenas el dominio de la lingüística o de la arqueología. En cuanto a nosotros, si somos tan afirmativos sobre este tema, es porque el estudio directo que hemos hecho de las verdaderas doctrinas orientales, nos da el derecho a serlo; y, además, sabemos muy exactamente lo que se piensa del teosofismo en la India, donde no ha tenido nunca el menor éxito fuera de los medios ingleses o anglófilos; la mentalidad occidental actual es la única susceptible de acoger con favor producciones de este género. Ya hemos dicho que los verdaderos hindúes, cuando le conocen, tienen por el teosofismo un profundo desprecio; y los jefes de la Sociedad Teosófica lo saben tan bien que, en las oficinas que su organización posee en la India, no es posible obtener ninguno de sus tratados de inspiración supuestamente oriental, así como tampoco las ridículas traducciones que han hecho de algunos textos, sino sólo obras relativas al cristianismo[26]. Así pues, en la India, el teosofismo es considerado comúnmente como una secta protestante de carácter un poco particular, y es menester reconocer que, hoy día al menos, tiene todas sus apariencias: tendencias "moralizantes" cada vez mas acentuadas y exclusivas, hostilidad sistemática contra todas las instituciones tradicionales hindúes, propaganda británica ejercida bajo el disfraz de obras de caridad y de educación; pero los capítulos siguientes harán comprender esto mucho mejor[5*].

---

[26] Artículo publicado por M. Zeaeddin Akmal, de Lahore, en la revista *Zeit*, de Viena, en 1897. Estos informes nos han sido confirmados personalmente por varios hindúes en fechas más recientes.

[5*] Acerca de la manera en que el teosofismo, en sus inicios, fue acogido en la India, hemos encontrado esta pequeña nota muy significativa: "Los teosofistas de América acaban de enviar una carta colectiva a Mme Blavatsky, con objeto de rogarle que publique su *Doctrina Secreta*. Parece que esta obra estaba amenazada de no ver la luz, ya que los brahmanes se oponían con fuerza a su publicación" (*Le Lotus*, abril de 1888).

CAPÍTULO XII

EL TEOSOFISMO Y EL ESPIRITISMO

Acabamos de decir que el teosofismo debía ser clasificado en lo que llamamos, de una manera general, el "neo-espiritualismo", tanto para mostrar su carácter esencialmente moderno como para distinguirlo del "espiritualismo" entendido en su sentido ordinario y propiamente filosófico, clásico, si se quiere. Ahora debemos precisar que todas las cosas que reunimos bajo este nombre, porque poseen en efecto bastantes caracteres comunes como para ser consideradas especies de un mismo género, y sobre todo porque proceden en el fondo de una mentalidad común, por ello no son menos distintas a pesar de todo. Lo que nos obliga a insistir en ello es que, para quien no está habituado a tratarlos, estos extraños fondos del mundo contemporáneo, de los que no presentamos aquí más que una pequeña parte, causan el efecto de una verdadera fantasmagoría; es un caos en el que es ciertamente muy difícil reconocerse a primera vista, de donde resultan frecuentemente confusiones, sin duda excusables, pero que es bueno evitar tanto como sea posible. Ocultismo de diversas escuelas, teosofismo y espiritismo, todo esto se parece, ciertamente, bajo ciertos aspectos y hasta un cierto punto, pero difiere también bajo otros y debe ser cuidadosamente distinguido, cuando uno se preocupa de establecer sus relaciones[1*]. Por lo demás, ya hemos tenido la ocasión de ver que los jefes de estas escuelas están frecuentemente en lucha los unos contra los otros, y que a veces llegan hasta injuriarse públicamente; pero es menester agregar que eso no les impide aliarse cuando llega la ocasión

---

[1*] Acerca de las relaciones entre el ocultismo y el espiritismo, véase *L'Erreur spirite*, pp. 61-73.

y encontrarse reunidos en el seno de algunas agrupaciones, masónicas u otras. En estas condiciones, uno puede sentirse tentado a preguntar si sus querellas son serias, o si no están destinadas más bien a ocultar un acuerdo que la prudencia ordena hacer ignorar externamente; no pretendemos dar aquí una respuesta a esta cuestión, tanto más cuanto que probablemente sería desacertado generalizar lo que, en semejante materia, puede ser verdadero en algunos casos particulares: puede ocurrir que haya gentes que, sin dejar de ser adversarios o rivales, se entiendan no obstante para el logro de tal o cual tarea determinada; esas son cosas que se ven diariamente, en política por ejemplo. Para nosotros, lo más real que hay en las querellas a las que nos referimos, son las rivalidades de amor propio entre los jefes de escuelas, o entre aquellos que quieren serlo, y lo que ocurrió en el teosofismo después de la muerte de Mme Blavatsky nos proporcionará un ejemplo típico de ello. En suma, es a estas rivalidades a las que se trata de dar un pretexto confesable adelantando divergencias teóricas que, aunque son muy reales también, no tienen quizás más que una importancia bastante secundaria para gentes que aparecen totalmente desprovistas de principios estables y de una doctrina bien definida, y cuyas preocupaciones dominantes no pertenecen, ciertamente, al orden de la intelectualidad pura.

Sea como sea, en lo que concierne especialmente a las relaciones entre el teosofismo y el espiritismo, ya hemos mostrado en Mme Blavatsky, al menos desde la fundación de su Sociedad (pues es difícil saber cuál era precedentemente el fondo de su pensamiento), una oposición manifiesta contra las teorías espiritistas, "espiritualistas", como se dice en los países anglosajones. Sería fácil multiplicar los textos donde se afirma esta actitud; nos limitaremos a citar algunos fragmentos más: "Si se quiere hablar de la explicación dada por los espiritistas respecto de algunos fenómenos anormales, nosotros *no* creemos ciertamente en ella. Pues, según ellos, todas estas manifestaciones se deben a los "espíritus" de personas (lo más frecuentemente sus parientes) que han dejado este mundo y que vuelven a él para entrar en comunicación con aquellos a los que amaron, o a los que han permanecido atados; y esto es lo que negamos formalmente. Nosotros decimos que los espíritus de los muertos no pueden regresar a la tierra, salvo raras excepciones..., y que no tienen comunicación con los hombres sino por medios enteramente *subjetivos*"[1]. Y Mme Blavatsky explica seguidamente que los fenómenos espiritistas se deben, ya sea al "cuerpo astral" o al "doble" del médium o de una de las personas presentes, ya sea a "elementales", o ya sea finalmente a "cascarones, es decir, a los "despojos astrales" abandonados por los difuntos al dejar el "plano" correspondiente, y que, hasta que se descomponen, estarían dotados de un cierto automatismo que les permitiría responder con una apariencia de inteligencia. Un poco más adelante, dice: "Ciertamente, rechazamos en bloque la filosofía espiritista, si entendéis por "filosofía" las groseras teorías de los espiritistas; pero, francamente, no tienen filosofía, y, entre sus defensores, son los más celosos, los más serios y los más inteligentes los que lo dicen", y a este propósito reproduce "lo que dice M. A. Oxon (Stainton Moses), uno de los raros espiritistas filósofos, respecto de la santurronería (*sic*) y la falta de organización del espiritismo"[2]. En otra parte, declara "egoísta y cruel" a la doctrina del "retorno de los espíritus", porque, según ésta, "la desgraciada humanidad no es liberada, ni siquiera por la muerte, de los dolores de esta vida; ni una gota de las miserias y sufrimientos contenidos en la copa de la vida escapará a sus labios, y *nolens volens* (quiéralo o no), puesto que ahora lo ve todo (después de la muerte), le será preciso beber su amargura hasta la hez...¿Es posible la felicidad para quien posee este conocimiento (de los sufrimientos de aquellos que ha dejado en la tierra)? Entonces, verdaderamente, la felicidad es la mayor maldición que se pueda imaginar, y la condenación ortodoxa parece, en

---

[1] La Clef de la Théosophie, pp. 40-41.
[2] *Ibidem*, pp. 45-46.

comparación, un verdadero alivio"[3]. A esta doctrina espiritista, opone ella la concepción del "dêvacan", donde el hombre "goza de una felicidad perfecta, en un olvido *absoluto* de todo lo que, durante su última encarnación, le causó dolor o sufrimiento, e incluso en el olvido del hecho de que existen en el mundo cosas tales como el sufrimiento y el dolor"[4].

Mme Blavatsky sólo admitía la "posibilidad de comunicaciones entre los vivos y los espíritus desencarnados" en casos que ella consideraba enteramente excepcionales, y que eran los siguientes: "La primera excepción puede tener lugar durante los pocos días que siguen *inmediatamente* a la muerte de una persona, antes de que el *Ego* pase al estado dêvacánico. Lo que permanece dudoso, es la importancia de la ventaja que un mortal cualquiera pueda obtener del retorno de un espíritu al plano *objetivo*... La segunda excepción se relaciona a los *Nirmânakâyas*", es decir "a aquellos que, habiendo ganado el derecho de entrar en el Nirvâna y de obtener el reposo cíclico... han renunciado a este estado por piedad hacia la humanidad y hacia aquellos que han dejado en esta tierra"[5]. La primera de estas dos excepciones, por rara que se la suponga, por eso no deja de ser una concesión grave, que abría la puerta a toda suerte de compromisos: desde el momento en que se admite la menor posibilidad de comunicarse con los muertos por medios materiales, es difícil saber dónde se detendrá eso[6][2*]. De hecho, hay teosofistas que han adoptado una actitud mucho menos intransigente que la de Mme Blavatsky, y que, lo mismo que algunos ocultistas, han llegado a admitir que hay "espíritus" que se manifiestan realmente, y bastante frecuentemente, en las sesiones espiritistas; es

---

[3] *Ibidem*, pp. 206-207.

[4] *Ibidem*, pp. 208.

[5] *Ibidem*, pp. 211-212.

[6] En realidad, aquí se trata también, como para la reencarnación, de una imposibilidad metafísica, la cual no podría admitir la menor excepción.

[2*] La demostración de la imposibilidad de comunicar con los muertos por medios materiales ha sido ofrecida por nosotros en *L'Erreur spirite*, pp. 183-196.

cierto que agregan que eso "espíritus" son "elementales", es decir, seres humanos del orden más inferior, y con los cuales es más bien peligroso entrar en relaciones: por nuestra parte, dudamos que concesiones de este género sean susceptibles de conciliar a sus autores los favores de los espiritistas puros, que no se resolverán nunca a considerarlos como verdaderos "creyentes".

Por lo demás, en la práctica, los jefes del teosofismo no han dejado de desaconsejar nunca las experiencias espiritistas, y, frecuentemente, se han aplicado a hacer resaltar sus peligros. Mme Blavatsky misma, olvidando o fingiendo olvidar lo que había sido en sus comienzos, escribía hacia el final de su vida: "Precisamente porque creo en esos fenómenos... mi ser entero siente un profundo disgusto por ellos... Eso no hace más que abrir la puerta a un enjambre de "fantasmas" buenos, malos o indiferentes, de los que el médium deviene el esclavo por el resto de su vida. Así pues, protesto, no contra el misticismo espiritual, sino contra esa mediumnidad que os pone en relación con todos los trasgos que pueden estar esperándoos; lo primero es una cosa santa que eleva y ennoblece; lo segundo es un fenómeno del género de aquellos que, hace dos siglos, causaron la pérdida de tantos hechiceros y hechiceras... Digo que todas esas relaciones con los muertos son, consciente o inconscientemente, *necromancia*, y, por consiguiente, una práctica sumamente peligrosa... La prudencia colectiva de todos los siglos pasados ha protestado fuertemente contra las prácticas de ese género. Finalmente, digo lo que nunca he cesado de repetir de palabra y por escrito desde hace quince años, a saber, que, mientras algunos de los presuntos "espíritus" no saben lo que dicen y no hacen más que repetir, a modo de papagayos, lo que encuentran en el cerebro del médium o de otras personas, hay otros que son muy peligrosos y no pueden conducir más que hacia el mal". Como prueba del primer caso, cita el hecho de las "comunicaciones" rencarnacionistas en Francia, antireencarnacionistas en Inglaterra y en Norteamérica; en cuanto al segundo, afirma que "los mejores, los más poderosos médiums, todos han sufrido en su cuerpo y en su alma", y da ejemplos de ello: unos eran epilépticos, otros murieron de locura furiosa; y "he ahí, finalmente, a las hermanas Fox, las médiums más antiguas, las fundadoras del espiritismo moderno; después de cuarenta años de relaciones con los "Ángeles", han devenido, gracias a éstos, locas incurables, que declaran ahora, en sus conferencias públicas, que ¡la obra y la filosofía de su vida entera no han sido más que una mentira! Os pregunto qué clase de espíritus es la que les inspiraron una conducta semejante"[7]. Falta, no obstante, la conclusión a que hace llamada esta última frase, porque Mme Blavatsky hace profesión de no creer en el demonio; por eso no es menos cierto que hay en ello cosas muy justas, pero algunas bien podrían volverse contra aquella que las ha escrito: sus propios "fenómenos", si se admite su realidad, ¿diferían tanto de éstos a los que asimila pura y simplemente a la brujería? Parece también que ella misma se coloca ante el dilema: o no fue más que una falsa médium en la época de sus "clubes de milagros", o fue una enferma; ¿no llega a decir que la epilepsia "es el primero y el más seguro síntoma de la verdadera mediumnidad"? En todo caso, pensamos igualmente que un médium es siempre un ser más o menos anormal y desequilibrado (lo que explica algunos hechos de fraude inconsciente); es en suma lo que Sinnett, por su parte, ha expresado con estos términos: "Un médium es un enfermo cuyos principios no están estrechamente unidos; por consiguiente, estos principios pueden ceder a la atracción de seres que flotan en la atmósfera y que buscan constantemente vivir como parásitos del hombre lo bastante mal organizado como para no poder resistirles"[8], de donde procederían los numerosos casos de obsesión. Estos "seres que flotan en la atmósfera" son sobre todo, para el mencionado escritor "cascarones astrales", pero bien podrían ser algo completamente diferente en realidad: se debería saber cuál es la verdadera naturaleza de los "poderes del aire". Veamos ahora qué dice M. Leadbeater, uno de aquellos que,

---

[7] La Clef de la Théosophie, pp. 270-273.
[8] Le Bouddhisme Esotérique, p. 136.

no obstante, han entrado más en la vía de las concesiones al espiritismo: "La mediumnidad física (la de las sesiones de materialización) es la más grosera y la más nefasta para la salud. A mi juicio, el hecho de hablar y de dar comunicaciones en estado de trance no es tan perjudicial para el cuerpo físico, aunque, si se considera el poco valor de la mayoría de las comunicaciones, ¡se esté tentado a creer que debilitan la inteligencia!... De los médium con los que tuve sesiones hace ya treinta años, hoy uno está ciego, otro es un borracho inveterado, y un tercero, amenazado de apoplejía y de parálisis, no ha conservado su vida más que abandonando por completo el espiritismo"[9]. Ciertamente, los jefes del teosofismo tienen toda la razón al denunciar así los peligros de la mediumnidad, y nosotros no podemos más que aprobarlos; desgraciadamente, están muy poco cualificados para este papel, ya que esos peligros que señalan a sus discípulos no son apenas más temibles, después de todo que los "entrenamientos psíquicos" a los que les someten ellos mismos; por una parte y por otra, el resultado más claro es trastornar a buen número de espíritus débiles.

Es menester decir también que las advertencias del género de las que acabamos de reproducir no siempre son escuchadas, a pesar de toda la autoridad que los que las formulan ejercen habitualmente sobre sus adherentes; tanto en la masa de los teosofistas como en la de los ocultistas, se encuentran un gran número de personas que practican al mismo tiempo el espiritismo, sin preocuparse demasiado de la manera en que pueden ser conciliadas estas cosas, y quizá incluso sin preguntarse si pueden serlo. No hay que asombrarse de que ello sea así, si se piensa en todas las contradicciones contenidas en el teosofismo mismo, y que no detienen a esas mismas personas, a las que no parecen perturbar ni hacerles reflexionar: puesto que en el fondo son mucho más sentimentales que intelectuales, se dejan llevar indiferentemente hacia todo lo que les parecerá apto para satisfacer sus vagas aspiraciones

---

[9] L' Occultisme dans la Nature, pp. 121-123.

pseudomísticas. Ese es un efecto de esa religiosidad inquieta y desviada, que es uno de los rasgos más destacables del carácter de muchos de nuestros contemporáneos; es sobre todo en Norteamérica donde se pueden ver sus manifestaciones más variadas y más extraordinarias, pero también Europa está lejos de ser indemne a ella. Esta misma tendencia ha contribuido también en una gran medida al éxito de algunas doctrinas filosóficas tales como el bergsonismo, del que ya hemos señalado sus afinidades con el "neo-espiritualismo"; el pragmatismo de William James, con su teoría de la "experiencia religiosa" y su llamada al "subconsciente" como medio de comunicación del ser humano con el Ser Divino (lo que se nos presenta como un verdadero caso de satanismo inconsciente), procede también de la misma tendencia. Es bueno recordar, a este propósito, con qué celeridad teorías como éstas han sido adoptadas y aprovechadas por la mayoría de los modernistas, cuyo estado de espíritu es completamente análogo al de las gentes de las que hablamos en este momento; por lo demás, la mentalidad modernista y la mentalidad protestante no difieren en suma más que en matices, si es que no son idénticas en el fondo, y el "neo-espiritualismo", en general, está muy cerca del protestantismo; en lo que concierne especialmente al teosofismo, es sobre todo la segunda parte de su historia la que permitirá darse cuenta de ello.

A pesar de todas las aproximaciones que hay lugar a establecer, se puede destacar que, de una manera general, los teosofistas hablan de los espiritistas con un cierto desdén; esta actitud está motivada por sus pretensiones al esoterismo; no hay nada de tal en los espiritistas, que, al contrario, no admiten ni iniciación ni jerarquía de ningún tipo; éste es el motivo por el que se ha podido decir a veces que el teosofismo y el ocultismo, en relación al espiritismo, son un poco lo que es la aristocracia en relación a la democracia. Solamente, el esoterismo, que normalmente debería ser considerado como el patrimonio exclusivo de una "elite", parece conciliarse muy mal con la propaganda y la vulgarización, y sin embargo, cosa extraordinaria, los teosofistas son casi tan propagandistas como los espiritistas, aunque de una manera menos directa y más insinuante; esa es también una de las contradicciones que abundan en ellos, mientras que los espiritistas son perfectamente lógicos bajo este aspecto. Por lo demás, el desdén de los teosofistas respecto de los espiritistas está muy poco justificado, no sólo porque su supuesto esoterismo es de la cualidad más inferior, sino también porque muchas de sus ideas, lo quieran o no, han sido primitivamente tomadas al espiritismo: todas las modificaciones que han podido hacerles sufrir no llegan a disimular enteramente este origen. Además, sería menester no olvidar que los fundadores de la Sociedad Teosófica habían comenzado haciendo profesión de espiritismo (tenemos suficientes pruebas como para no tener en cuenta sus negaciones ulteriores), y que es también del espiritismo de donde procedieron más tarde otros teosofistas acreditados: tal es, concretamente, el caso de M. Leadbeater. Éste es un antiguo ministro anglicano que, según su propio testimonio, fue atraído al teosofismo por la lectura del *Monde Occulte* de Sinnett, lo que es muy característico de su mentalidad, ya que esta obra no trata más que de los "fenómenos"; y, en aquella época, asistía con asiduidad a las sesiones del médium Eglinton. Es menester decir que Eglinton, después de una estancia en la India en 1882, y durante la cual había frecuentado a diversos teosofistas, fue gratificado, en el navío en el que regresaba a Europa, con una aparición de Koot Homi, quien se presentó a él "por los signos de un Maestro Masón"; es verdad que, después de haber certificado primero la realidad de esta manifestación, más tarde se retractó y declaró que no había presenciado más que una simple "materialización" espiritista[10]. Sea como sea esta historia, en la que, verosímilmente, fue la autosugestión la que desempeñó el papel principal, Eglinton, en el tiempo en que trataba con M. Leadbeater, estaba controlado "por un espíritu" llamado Ernest, aquel de quien hemos visto que Mme Blavatsky le ponía en el mismo rango que su

---

[10] *Le Monde Occulte*, pp. 254-264; *Ibidem*, postfacio del traductor, pp. 319-326; carta de Eglinton a *Light*, enero de 1886.

antiguo "guía" John King. Como este Ernest se jactara cierto día de conocer a los "Maestros de Sabiduría", M. Leadbeater tuvo la idea de tomarle como intermediario para hacer llegar una carta a Koot Homi; sólo al cabo de varios meses recibió una respuesta, y "no por la mediación de Ernest"; en ella el "Maestro" le decía que "no había recibido su carta y no podía recibirla, a causa del carácter del mensajero", y le inducía a ir a pasar algún tiempo en Adyar. Con estas, M. Leadbeater fue a buscar a Mme Blavatsky, que entonces estaba en Londres, pero que debía regresar al día siguiente mismo hacia la India (esto sucedía a finales del año 1884); en el curso de una "soirée" en casa de Mme Oakley, Mme Blavatsky "materializó" otra nueva carta del "Maestro", y, siguiendo los consejos contenidos en ella, M. Leadbeater, abandonando bruscamente su ministerio, tomó el barco algunos días más tarde, y alcanzó a Mme Blavatsky en Egipto y la acompañó a Adyar; desde entonces devino uno de los miembros más celosos de la Sociedad Teosófica[11].

Para terminar este capítulo, debemos señalar también que hubo al menos una tentativa hecha por los teosofistas para aliarse con los espiritistas; tal vez deberíamos decir más bien para acaparar el movimiento espiritista en su provecho. Queremos hablar de un discurso que fue pronunciado por Mme Besant, el 7 de abril de 1898, en una reunión de la "Alliance Spiritualiste" de Londres, de la que Stainton Moses había sido antaño presidente; con esto, nos anticipamos un poco a la sucesión de los acontecimientos, a fin de no tener que volver sobre el tema que nos ocupa ahora. Este discurso, que contrasta extrañamente con todo lo que hemos visto hasta aquí, se nos presenta como una verdadera obra maestra de mala fe: Mme Besant, aun reconociendo que había habido "malentendidos", y que "se habían pronunciado por ambos lados palabras irreflexivas", proclamaba que, "en los numerosos ejemplares de la revista que ella edita con M. Mead, no se encontrará

---

[11] L'Occultisme dans la Nature, pp. 396-403.

una sola palabra áspera contra el movimiento espiritualista"; esto es posible, pero lo que no había escrito en dicha revista, lo había dicho en otras partes. En efecto, el 20 de abril de 1890, en el "Hall of Science" de Londres, había declarado textualmente que "la mediumnidad es peligrosa y conduce a la inmoralidad, a la insania y al vicio", lo que concordaba perfectamente con la opinión de todos los demás jefes del teosofismo. Pero citemos algunos de los pasajes más interesantes del discurso de 1898: "Comenzaré hablando del tema de las fuerzas que guían nuestros dos movimientos, espiritualista y teosófico. Considero a estos dos movimientos como una parte de la misma tentativa hecha para inducir al mundo a luchar contra el materialismo y para dirigir el pensamiento humano hacia una dirección espiritual. Es por eso por lo que los considero como procediendo, ambos, de aquellos que trabajan por la elevación moral y por el progreso de la humanidad. Creemos, en suma, que estos dos movimientos proceden de hombres muy desarrollados, que viven en el plano físico, pero que tienen el poder de pasar a voluntad al mundo invisible, y que, por eso, están en comunicación con los desencarnados… Nosotros no damos, como lo hacéis vosotros, una importancia excesiva al hecho de que aquellos que actúan en este movimiento no viven ya en cuerpos físicos; esta cuestión nos es indiferente. Nosotros no nos ocupamos de saber, cuando recibimos comunicaciones, si nos vienen de almas actualmente encarnadas o desencarnadas… Según nosotros, el movimiento espiritualista ha sido provocado por una Logia de Adeptos, para emplear el término habitual, o de ocultistas de una alta elevación, de hombres que viven en un cuerpo, pero cuyas almas se han desarrollado mucho más allá del estado presente de la evolución humana… Adoptaron un sistema de manifestaciones excepcionales, sirviéndose de las almas de los muertos y asociándolas a sus esfuerzos a fin de dar al mundo la plena seguridad de que la muerte no pone fin a la vida del hombre, y que el hombre no es cambiado por el paso de la vida a la muerte, salvo por la pérdida de su cuerpo físico". Es curioso ver a Mme Besant retomar aquí (aunque haya hecho intervenir las "almas de los muertos") la tesis de la

H. B. of L. sobre el origen del espiritismo, y más curioso aún que haya pensado en hacerla aceptar por los espiritistas; pero prosigamos. "Por nuestra parte, creemos que el movimiento teosófico actual debe su impulso a una Logia de grandes ocultistas... y que este segundo impulso ha sido hecho necesario por el hecho mismo de que la atención de los partidarios del primer movimiento estaba demasiado atraída por un número enorme de fenómenos de carácter trivial. Y agregamos que, cuando se proyectó la fundación de la Sociedad Teosófica, se sobreentendía que debía trabajar concertadamente con la Sociedad espiritista[12]. Los espiritistas comenzaron a separarse de Mme Blavatsky cuando ésta se alzó contra el abuso de los fenómenos. Ella aseguraba que no era necesario creer que las almas de los muertos fueran los únicos agentes de toda manifestación espiritista; que muchos otros agentes podían provocar esos fenómenos; que los más insignificantes de entre ellos eran producidos por elementales o espíritus de la naturaleza, entidades pertenecientes al mundo astral; que sólo algunas de las comunicaciones podían ser la obra de los desencarnados; que la mayoría de estos fenómenos podían ser causados por la voluntad de un hombre psíquicamente entrenado, con o sin la ayuda de las almas de los muertos o de los elementales. Pero cuando afirmó, además, que el alma humana, tanto en el cuerpo como fuera del cuerpo, tiene poder de provocar muchas de estas condiciones, que este poder le es inherente y que no tiene necesidad de ganarlo con la muerte, pudiendo ejercerlo en su cuerpo físico tanto como cuando ha sido separada de él, entonces un gran número de espiritistas protestaron y se negaron a mantener en adelante ninguna comunicación con ella". He aquí una manera singular de escribir la historia; para juzgarla, basta recordar, por una parte, las declaraciones antiespiritistas de Mme Blavatsky, y, por otra, la importancia preponderante concedida a los "fenómenos" en el origen de la Sociedad Teosófica. Ante todo, Mme Besant quería persuadir a los

---

[12] Conviene destacar que los espiritistas no han formado nunca una "Sociedad", sino que siempre han tenido una multitud de agrupaciones independientes las unas de las otras.

espiritistas de que "las fuerzas que guían a los dos movimientos" eran, en el fondo, las mismas; pero esto no bastaba, y entonces llegó a concederles, con ligeras reservas, la verdad misma de su hipótesis fundamental: "Es menester quitar a los espiritistas la idea de que nosotros negamos la realidad de sus fenómenos. En el pasado, se atribuyó una importancia exagerada a la teoría de los cascarones o cadáveres astrales. Encontraréis, es cierto, algunos escritores que declaran que casi todos los fenómenos espiritistas son debidos a la acción de los cascarones; pero permitidme deciros que ésta es la opinión de una reducidísima minoría de teósofos. M. Judge ha hecho una declaración de imposible aceptación para todo teósofo instruido, pues afirma que todas las comunicaciones espiritistas son obra de estos agentes. Esa no es la opinión de la mayoría de los teósofos; y, ciertamente, no es la de los teósofos instruidos, ni la de todos aquellos que, después de Mme Blavatsky, pretenden conocer el ocultismo. Hemos afirmado siempre, que, mientras algunas de estas comunicaciones podían ser de esta naturaleza, la mayor parte de ellas provenían de los desencarnados". Aquí, la mentira es flagrante: no hay más que comparar la última frase con los textos de Mme Blavatsky que hemos reproducido más atrás; pero, sin duda, se hizo gala de habilidad para hacer recaer sobre Judge, entonces disidente, la responsabilidad de ciertas afirmaciones molestas, que, sin embargo, no había sido el único en haberlas formulado. Y he aquí ahora la conclusión: "Desde hace algunos años hemos adoptado la política de no decir nunca una palabra hostil o desdeñosa a nuestros hermanos espiritistas. ¿Por qué, entonces, no habréis de adoptar vosotros la misma manera de actuar, saliendo así a nuestro encuentro a mitad de camino, sobre ese puente que queremos edificar concertadamente? ¿Por qué, en vuestros periódicos, no podríais tratarnos como os tratamos nosotros? ¿Por qué creros el hábito de decir siempre alguna palabra dura, hiriente o amarga, cuando hacéis alusión a nuestros libros y a nuestras revistas? Os pido que adoptéis nuestra política, ya que pienso que tengo el derecho de pedíroslo, al habérmela impuesto a mí misma desde hace ya tantos años… Os ruego que no nos consideréis en adelante como rivales y como enemigos, sino que nos tratéis como hermanos cuyos métodos son diferentes de vuestros métodos, pero cuya meta es idéntica a la vuestra… Esta noche he venido a vosotros con el objetivo de hacer posible nuestra unión para el futuro, y si la unión no es posible, con el de librarnos, al menos, de todos los sentimientos hostiles; espero que nuestra reunión no haya sido completamente inútil"[3*]. El empleo de la palabra "política", por parte

---

[3*] Puede ser interesante comparar las declaraciones de Mme Besant con este pasaje del discurso pronunciado por el coronel Olcott en la duodécima Convención anual de la Sociedad Teosófica, celebrada en Adyar del 27 al 29 de diciembre de 1887: "Debido a que muchos de los principales miembros de nuestra Sociedad, yo incluido, son antiguos espiritistas, muchos deducen que la Sociedad no es sino una rama del espiritismo. Ello no es cierto. Si la Teosofía fuera una escuela moderna en lugar de una escuela arcaica, se la podría quizás considerar como una evolución del espiritismo fenoménico sobre el plano superior de la filosofía pura. No obstante, no puede haber equívocos sobre la probabilidad del efecto altamente favorable que tendrá nuestro movimiento sobre el espiritismo. La filosofía antigua (sic) no niega ninguno de los hechos de la mediumnidad, sino al contrario, pues parece que ofrece una explicación verdaderamente científica y razonable, al mismo tiempo que da una idea mucho más noble de la evolución humana en los planos ascendentes. Se equivocaría quien quisiera prever el porvenir de la Teosofía sin tener en cuenta el hecho de que ella reclutará inevitablemente adherentes en las filas del espiritismo. Estos reclutamientos serán los espíritus más distinguidos de ese sistema que tantos adherentes cuenta. Pero, ante todo, debemos trabajar y demostrar que somos verdaderos teosofistas en palabras y acciones". Añadamos todavía este extracto de un artículo sacado de un órgano teosófico: "Sería malo… negar todo valor y toda seriedad al espiritismo en general.

Muchos teósofos, en efecto, han pasado por el espiritismo; estudiado con la más extrema prudencia y en las condiciones del control más riguroso, ofrece pruebas absolutamente irrefutables de la existencia del más allá, y, en consecuencia, de la verdad de una parte de las enseñanzas teosóficas. Es preciso confesar y reconocer que el charlatanismo bajo todas sus formas ha desempeñado aquí un gran papel, y que las ocasiones de error son inmensas. Y si la posibilidad de fraude, o simplemente de error con buena fe, es grande por parte de los médiums y de sus asistentes, todavía son mayores por parte de las entidades del mundo astral, pues éstas poseen un poder "ilusionista" infinitamente más grande de lo que se piensa de ordinario. Hechas estas reservas, es cierto, repito, que por el espiritismo se pueden obtener las famosas pruebas, tan a menudo reclamadas, de la existencia de un mundo hiperfísico, y que es precisamente la realidad innegable de tales pruebas lo que ha conducido a muchos teósofos -y no de los menores- allí donde están hoy en día. ¿significa

de Mme Besant misma, para calificar su actitud, es verdaderamente digno de notar; es la palabra que conviene en efecto, y esta política tenía a la vez una meta inmediata, que era hacer cesar los ataques de los espiritistas contra el teosofismo, y otra meta más lejana, que era preparar, bajo el pretexto de la unión, una verdadera manumisión del movimiento "espiritualista"; lo que ocurrió en otros medios, como lo veremos más adelante, no permite ninguna duda sobre este último punto. Por lo demás, no creemos que los espiritistas se hayan dejado convencer; las proposiciones de Mme Besant no podían hacerles olvidar tantas declaraciones contrarias, y los dos partidos permanecieron cada cual en sus posiciones; si nos hemos detenido en esto, es sobre todo porque hay en ello una excelente muestra de la mala fe teosofista.

---

ello que el espiritismo, tal como se practica normalmente, es recomendable para nosotros? No lo creo. Si me refiero a las palabras de nuestros instructores, sería más bien lo contrario... Luego guardémonos de criticar la obra, a veces muy útil, de nuestros hermanos espiritistas, pero abstengámonos también de participar en su trabajo, para no correr el riesgo de perjudicar o de retardar la evolución *post mortem* de nuestros amigos ya difuntos" (A. Janvier, *"Le Théosophe"*, 16 de mayo de 1914).

CAPÍTULO XIII

EL TEOSOFISMO Y LAS RELIGIONES

Antes de retomar la historia del teosofismo, hay todavía dos cuestiones que queremos tratar brevemente: la primera se refiere a la actitud del teosofismo respecto a las religiones; la segunda se refiere a la existencia del juramento en la Sociedad Teosófica. Acerca del primer tema, ya hemos visto que Mme Blavatsky presentaba su doctrina como "la esencia y el origen común de todas las religiones", sin duda porque había espigado algo de cada una de ellas. Hemos dicho también que, en la "sección exotérica", se admiten indistintamente a personas de todas las opiniones; se jactan de hacer prueba de tolerancia sin límites, y Mme Blavatsky, para mostrar bien que "ningún miembro de la Sociedad tiene el derecho de forzar a otro miembro a adoptar sus opiniones personales", cita este pasaje de los reglamentos: "Está prohibido a los agentes de la Sociedad madre dar testimonio en público, sea de palabra, sea de acción, de alguna preferencia o de alguna hostilidad por una u otra secta, religiosa o filosófica. Todos tienen por igual el derecho de ver los rasgos esenciales de su creencia religiosa expuestos ante el tribunal de un mundo imparcial. Y ningún agente de la Sociedad tiene derecho, en su calidad de agente, de predicar, en una reunión de miembros, sus puntos de vista y sus creencias sectarias, a menos que su auditorio esté compuesto por sus correligionarios. Quienquiera que, después de haber sido seriamente advertido, continuara quebrantando esta ley, será provisionalmente cesado o bien expulsado"[1]. Es precisamente este artículo el que algunos teosofistas reprocharían más adelante a Mme Besant haber violado, al

---

[1] La Clef de la Théosophie, pp. 72.

propagar una religión particular de su invención, por lo cual M. Leadbeater les hizo observar con una cierta acritud "que esta política es asunto de la presidenta y no de ellos, que ésta, en tanto presidenta, sabe mucho más que ellos respecto de todos los puntos de vista, y que sin duda tenía excelentes razones que esos miembros ignoraban completamente"[2]. Así pues, los dirigentes de la Sociedad están por encima de las leyes, que, sin duda, no fueron hechas más que para los simples miembros y los agentes subalternos; en estas condiciones, es muy dudoso que la tolerancia que se proclama tan sonoramente sea respetada siempre de una manera estricta.

Por lo demás, incluso si nos atenemos a lo que se encuentra en las obras que gozan de autoridad en la Sociedad Teosófica, se está bien forzado a constatar que la imparcialidad falta frecuentemente en ellas. Ya hemos señalado el anticristianismo confeso de Mme Blavatsky, que sin duda no era superado más que por su antijudaísmo; por lo demás, todo lo que le desagradaba en el cristianismo, es al judaísmo a quien atribuía su origen. Es así como escribía: "Toda la abnegación que es tema de las enseñanzas altruistas de Jesús se ha convertido en una teoría buena para ser tratada con la elocuencia del púlpito, mientras que los preceptos del egoísmo práctico de la Biblia mosaica, preceptos contra los cuales Cristo predicó en vano, se han enraizado en la vida misma de las naciones occidentales ... Los cristianos bíblicos prefieren la ley de Moisés a la ley de amor de Cristo; el Antiguo Testamento, que se presta a todas sus pasiones, sirve de base para sus leyes de conquista, de anexión y de tiranía"[3]. Y también: "Es menester convencer a los hombres de la idea de que, si la raíz de la humanidad es una, también debe haber una sola verdad que se encuentra en todas las diversas religiones; excepción, no obstante, en la religión judía, pues esta idea no está ni siquiera *expresada* en la Kabala"[4]. Es el odio hacia todo lo que

---

[2] L'Occultisme dans la Nature, p. 384.

[3] La Clef de la Théosophie, pp. 60 y 62.

[4] *Ibidem*, p. 66.

se puede calificar de "judeocristiano" el que llevó al entendimiento, al que hemos hecho alusión, entre Mme Blavatsky y el orientalista Burnouf[5]: para ambos, el cristianismo no valía nada porque había sido "judaizado" por San Pablo; y se complacían en oponer esta pretendida deformación a las enseñanzas de Cristo, que presentaban como una expresión de la "filosofía aria", supuestamente trasmitida por los budistas a los esenios. Es sin duda esta comunidad de puntos de vista la que hizo decir a los teosofistas que "la brillante inteligencia de M. Emile Burnouf se había elevado por su propio vuelo a alturas que tocan con las excelsas altitudes desde donde irradia la enseñanza de los Maestros del Himalaya"[6].

Pero eso no es todo; y vamos a ver ahora a Sinnett, que fue inspirado siempre directamente por Mme Blavatsky (bajo la máscara de los "Maestros"), atacar, no sólo a la religión judía, sino a todas las religiones en general, sin exceptuar siquiera al budismo "esotérico": "Las ideas religiosas, según los teólogos, y las facultades espirituales, según la ciencia esotérica, son cosas completamente opuestas..."[1*] Nada puede ser más desastroso, para los progresos humanos, en lo que se refiere al destino de los individuos, que esta noción, todavía tan extendida de que una religión, cualquiera que sea, seguida con espíritu piadoso y sincero, es una cosa buena para la moral, y que, si tal o cual punto de doctrina os parece absurdo, no por eso es menos útil conservar, para la gran

---

[5] Sobre este tema ver un artículo de Burnouf titulado *Le Bouddhisme en Occident*, en la *Revue des Deux Mondes*, 15 de julio de 1888, y un artículo de Mme Blavatsky titulado *Théosophie et Bouddhisme*, en *Lotus*, septiembre de 1888.

[6] *Lotus Bleu*, 27 de mayo de 1895.

[1*] Uno se pregunta cómo los ataques contra todas las religiones, consideradas como igualmente funestas para la humanidad, pueden conciliarse con la teoría según la cual el nacimiento de estas mismas religiones habría sido debido a la influencia directa de la "Gran Logia Blanca" (ver p. 146), y también con la afirmación, contenida en la carta de un "Maestro" (*Le Lotus*, septiembre de 1888), y más tarde reproducida por Mme Besant (ver p. 201), de que "la Sociedad Teosófica es la piedra angular de las futuras religiones de la humanidad".

mayoría de los pueblos, prácticas religiosas que, observadas devotamente, no pueden producir sino buenos resultados. Ciertamente, todas las religiones son equivalentes; todas son igualmente peligrosas para el *Ego*, cuya pérdida está bien asegurada tanto en una como en otra, por su incrustación completa en su práctica. Y aquí no se hace ninguna excepción, ni siquiera para las religiones que sólo tienen en su activo bondad, dulzura, mansedumbre, pureza de costumbres, y cuyo espíritu amplio y tolerante no ha permitido nunca que se vertiera una sola gota de sangre humana para la propagación de doctrinas que tan sólo son impuestas al mundo por la única fuerza de la atracción y la persuasión"[7]. "Lo que debe llamar la atención sobre todo, leemos más adelante, es hasta qué punto esta doctrina (esotérica) es opuesta a la idea de mantener a los hombres bajo el yugo de no importa cuál sistema clerical, cuyos dogmas y enseñanzas están hechos para abatir los caracteres y aterrorizar la imaginación. ¡Que hay más embrutecedor que el pensamiento de un Dios personal, de cuya omnipotencia y buena voluntad los seres humanos dependen enteramente, de un Dios que espera la hora de su muerte, y que los acecha, para precipitarlos, después de algunos años de una vida frecuentemente muy desgraciada, en un abismo de dolores eternos o de gozos sin fin!"[8]. Por lo demás, la idea de un Dios personal, tan odiosamente caricaturizada en este pasaje, es una de aquellas que han sido rechazadas más frecuente y más enérgicamente por los teósofos, al menos durante el primer período: "No creemos, dice Mme Blavatsky, en un Dios semejante al de los cristianos, de la Biblia y de Moisés. Rechazamos la idea de un Dios personal, o extracósmico y antropomorfo, que no es más que la sombra gigantesca del hombre, sin llegar a reproducir lo que hay de mejor en el hombre. Decimos y probamos que el Dios de la teología no es más que un montón de contradicciones, una imposibilidad lógica"[9].

---

[7] Le Bouddhisme Esotérique, pp. 243 y 246.
[8] *Ibidem*, p. 272.
[9] La Clef de la Théosophie, p. 88.

He aquí bastante como para comprender por qué se ha insistido en el valor de esta aserción tan frecuentemente repetida por los jefes de la Sociedad Teosófica, y según la cual los adherentes de todas las religiones no encontrarían en las enseñanzas de esta Sociedad nada que pudiera ofender a sus creencias: "Ella no busca alejar a los hombres de su propia religión, dice Mme Besant, sino que los empuja más bien a buscar el alimento espiritual que necesitan en las profundidades de su fe... La Sociedad no sólo ataca a los dos grandes enemigos del hombre, la superstición y el materialismo, sino que, por dondequiera que se extiende, propaga la paz y la benevolencia, estableciendo una fuerza pacificadora en los conflictos de la civilización moderna"[10]. Más adelante se verá lo que es el "Cristianismo esotérico" de los teosofistas actuales; pero, después de las citas que acabamos de hacer, es bueno leer esta página tomada de una obra de M. Leadbeater: "Para facilitar la vigilancia y la dirección del mundo, los Adeptos lo han dividido en distritos, de un modo parecido a como la Iglesia ha dividido su territorio en parroquias, con la diferencia de que los distritos tienen a veces las dimensiones de un continente. En cada distrito preside un Adepto, como un sacerdote dirige una parroquia. Cada cierto tiempo, la Iglesia realiza un esfuerzo especial que no está destinado al bien de una sola parroquia, sino al bien general; envía lo que se llama una "misión al interior", con el objetivo de reanimar la fe y de despertar el entusiasmo en un país entero. Los resultados obtenidos no reportan ningún beneficio a los misioneros, pero contribuyen a aumentar la eficacia del trabajo en cada parroquia. Desde ciertos puntos de vista, la Sociedad Teosófica se parece a dicha misión, y las divisiones naturales hechas en la tierra por las diversas religiones, corresponden a las diferentes parroquias. Nuestra Sociedad aparece en medio de cada una de ellas, sin hacer ningún esfuerzo para apartar a los pueblos de la religión que practican, sino, antes al contrario, procurando hacerles comprender mejor y, sobre todo, vivir mejor, dicha religión, y, frecuentemente,

---

[10] Introduction à la Théosophie, pp. 13-14.

reconduciéndolos a una religión que habían abandonado, presentándoles una concepción más elevada de ella. Otras veces sucede que, hombres poseedores de un temperamento religioso, pero que no pertenecen a ninguna religión, porque no pudieron contentarse con las vagas explicaciones de la doctrina ortodoxa, han encontrado en las enseñanzas teosóficas una exposición de la verdad que ha satisfecho a su razonamiento y a la que han podido suscribirse gracias a su amplia tolerancia[11]. Entre nuestros miembros tenemos a jainas, parsis, israelitas, mahometanos, cristianos, y nunca ninguno de ellos ha oído salir de la boca de uno de nuestros instructores una palabra de condena contra su religión; al contrario, en muchos casos, el trabajo de nuestra Sociedad ha producido un verdadero despertar religioso allí donde se ha establecido. Se comprenderá fácilmente la razón de esta actitud si se piensa que todas las religiones han tenido su origen en la Confraternidad de la Logia Blanca. Ignorado por la masa, en su seno existe el verdadero gobierno del mundo, y en este gobierno se encuentra el departamento de la Instrucción religiosa. El Jefe de este departamento (es decir, el "Bodhisattwa") "ha fundado todas las religiones, ya sea por sí mismo, ya sea por la intermediación de un discípulo, adaptando su enseñanza a la vez a la época y al pueblo al que la destinaba"[12]. Lo que hay aquí de nuevo, en relación a las teorías de Mme Blavatsky sobre el origen de las religiones, es tan sólo la intervención del "Bodhisattwa"; pero se puede constatar que las pretensiones extravagantes de la Sociedad Teosófica no han hecho más que ir en aumento a este propósito; mencionaremos también a título de curiosidad, siguiendo al mismo autor, las múltiples iniciativas de todo género que los teosofistas achacan indistintamente a sus "Adeptos": "Se nos dice que hace algunos centenares de años, los jefes de la Logia Blanca decidieron que una vez cada cien años, durante el último cuarto de cada siglo, se haría un esfuerzo especial para acudir

---

[11] El final de esta frase no está muy claro, a causa de las incorrecciones que contiene, al menos en la traducción.

[12] L'Ocultisme dans la Nature, pp. 378-379.

en ayuda del mundo de una u otra manera. Algunas de estas tentativas se pueden reconocer fácilmente. Tal es, por ejemplo, el movimiento causado por Christian Rosenkreutz[13][2*] durante el siglo XIV, al mismo tiempo que Tson-Khapa reformaba al budismo del Norte[14]; tales son también, en Europa, el Renacimiento en las artes y en las letras, en el siglo XV, y la invención de la imprenta. En el siglo XVI, tenemos las reformas de Akbar en la India; en Inglaterra y en otras partes, la publicación de las obras de Lord Bacon, junto con la floración espléndida del reinado de Isabel; en el siglo XVII, la fundación de la Sociedad Real de Ciencias en Inglaterra y las obras científicas de Robert Boyle[15] y de otros, después de la Restauración. En el siglo XVIII se intentó ejecutar un movimiento muy importante (cuya historia oculta en los planos superiores no es conocida más que por un pequeño número), que desgraciadamente escapó al control de sus jefes y desembocó en la Revolución francesa. Finalmente, llegamos, en el siglo

---

[13] Fundador legendario de los Rosa-Cruz, de quien todo lo que se cuenta, como su nombre mismo, es puramente simbólico; por lo demás, la fecha en que nació el Rosicrucianismo es extremadamente dudosa.

[2*] Los teosofistas consideran a Christian Rosenkreutz como un personaje histórico y hacen de él una "encarnación" de uno de sus "Maestros", que fue después sucesivamente, según dicen, el general transilvano Hunyadi Janos, luego Roberto el Monje, físico y alquimista del siglo XVI, y más tarde Francis Bacon (Annie Besant, "The Masters"). Incluso se añade que un cierto retrato de Jean-Valentin Andréae, el Rosacruciano alemán del siglo XVII, "parece ser un retrato de Lord Bacon a la edad de ochenta años" (E. F. Udny, *Le Christianisme primitif dans l'Evangile des Douze Saints*, pp. 135-136), lo que haría suponer que se trata del mismo personaje, que posteriormente fue el conde Rakoczi (ver la nota adicional de la p. 58, cap. IV). "Una de las principales tareas cumplidas por esta augusta Personalidad, tarea proseguida a través de todo el ciclo de su actividad, exceptuando quizá la vida de Hunyadi, era el plantear los fundamentos de la ciencia moderna. Fue en gran parte cumplida por mediación de Sociedades secretas y masónicas... El Maestro R. es el verdadero Jefe de la Masonería" (J. I. Wedwood, "Le Comte Ferdinand de Hompesch", en *Le Lotus Bleu*, noviembre de 1926).

[14] Los teosofistas reeditan aquí una confusión de los orientalistas "no iniciados": el lamaismo no ha sido nunca propiamente budismo.

[15] Sin duda, aquí se hace una alusión a las relaciones de este célebre químico con el rosacruciano Eirenaeus Philalethes.

XIX, a la fundación de la Sociedad Teosófica"[16]. He ahí, ciertamente, un hermoso "espécimen" de la historia acomodada a los conceptos especiales de los teosofistas. ¡Cuántas personas, sin percatarse lo más mínimo de ello, han debido ser agentes de la "Gran Logia Blanca"![3*] Si no se tratara más que de fantasías como éstas, bastaría contentarse con sonreír, pues están destinadas, a ojos vistas, a ser impuestas a los ingenuos, y, en definitiva, no tienen una gran importancia. Lo que importa mucho más, como lo veremos en lo que sigue, es la manera en que los teosofistas entienden dedicarse a su papel de "misioneros", especialmente en el "distrito" correspondiente al dominio del cristianismo.

---

[16] *Ibidem*, p. 380.

[3*] Actualmente, diversos personajes, incluso fuera del teosofismo propiamente dicho, se creen enviados de la "Gran Logia Blanca"; mencionaremos solamente a aquel que, en Alemania, se ha hecho conocer con el extraño nombre de Bô-Yin-Râ, y que ha fundado, en estos últimos años, una organización llamada "Gran Oriente de Pathmos", alusión apocalíptica que puede recordar a los "Hermanos Iniciados de Asia". Al parecer, esta organización ha tomado cierta extensión, no sólo en Alemania, sino también en Austria y en Polonia; algunos incluso han pretendido que su sede central se encuentra en Francia, probablemente en Saboya, pero esta información nos parece como mínimo dudosa. A este "Gran Oriente de Pathmos" está ligada una "Cofradía de los Ritos Antiguos del Santo Grial", cuyo Gran Maestre, que se hace llamar Majôtef es el Dr. E. Dreyfus, cirujano dentista de Sarreguemines.

CAPÍTULO XIV

EL JURAMENTO EN EL TEOSOFISMO

Una de las cosas que se reprocha más frecuentemente a las sociedades secretas, y particularmente a la Fracmasonería, es la obligación a la que se atienen sus miembros de prestar un juramento cuya naturaleza puede variar, así como la extensión de las obligaciones que impone: en la mayoría de los casos, es el juramento de silencio, al cual se une a veces un juramento de obediencia a las órdenes de jefes conocidos o desconocidos. El juramento del silencio mismo puede concernir, ya sea a los medios de reconocimiento y al ceremonial especial empleado en la asociación, ya sea a la existencia misma de ésta, o a su modo de organización, o a los nombres de sus miembros; lo más frecuentemente, se aplica de una manera general a lo que se hace y se dice en ella, a la acción que ejerce y a las enseñanzas que se reciben bajo una u otra forma. A veces, hay compromisos de otra índole, como el de conformarse a una cierta regla de conducta, que a buen derecho puede parecer abusivo desde que reviste la forma de un juramento solemne. No pretendemos entrar aquí en la más mínima discusión sobre lo que se puede decir, tanto en pro como en contra, referente al uso del juramento, sobre todo en lo que concierne al juramento de silencio; lo único que nos interesa actualmente, es que, si hay en ello un tema de reproche que es válido contra la Masonería y contra muchas otras sociedades más o menos secretas, si no contra todas las que tienen ese carácter, es igualmente válido contra la Sociedad Teosófica. Es cierto que ésta no es una sociedad secreta en el sentido completo de la palabra, ya que nunca ha hecho un misterio de su existencia, y la mayoría de sus miembros no buscan ocultar su cualidad de tales; pero esto no es más que un lado de la cuestión, y sería menester ante todo entenderse sobre las diferentes acepciones de que es susceptible la expresión "sociedad secreta", lo que no es fácil, si se juzga por todas las controversias que se han desarrollado en torno a esta simple cuestión de definición. Con muchísima frecuencia, se comete el error de atenerse a una visión demasiado sumaria de las cosas; se piensa exclusivamente en los caracteres de ciertas organizaciones, se aplica esto para establecer una definición, y después se quiere aplicar esta definición a otras organizaciones que tienen caracteres completamente diferentes. Sea como sea, admitiremos aquí, como suficiente al menos para el caso que nos ocupa, la opinión según la cual una sociedad secreta no es forzosamente una sociedad que oculta su existencia o sus miembros, sino que es ante todo la sociedad que tiene secretos, cualquiera que sea su naturaleza. Si ello es así, la Sociedad Teosófica puede ser considerada como una sociedad secreta, y sólo su división en "sección exotérica" y "sección esotérica" sería ya una prueba suficiente de ello; entiéndase bien, al hablar aquí de "secretos", no queremos designar con eso los signos de reconocimiento, hoy día suprimidos como ya lo hemos dicho, sino las enseñanzas reservadas estrictamente a los miembros, o incluso a algunos de entre ellos con exclusión de los demás, y para las que se exige el juramento de silencio; estas enseñanzas parecen ser sobre todo, en el teosofismo, las que se refieren al "desarrollo psíquico", puesto que ese es el objetivo esencial de la "sección esotérica".

Esta fuera de duda que, en la Sociedad Teosófica, existen juramentos de los diferentes géneros que hemos indicado, puesto que sobre esto tenemos el testimonio formal de Mme Blavatsky misma; he aquí en efecto lo que dice: "Francamente, no tenemos ningún derecho a rehusar la admisión en la Sociedad, y muy especialmente en la sección esotérica, de la que se dice que "el que entra en ella nace de nuevo". Pero, si un miembro, a pesar del juramento sagrado que ha prestado bajo su palabra de honor y en nombre de su *Yo* inmortal, se obstina, a pesar de este nuevo nacimiento, y con el hombre nuevo que debe resultar de él, en conservar los vicios o defectos de su antigua vida y en obedecerles en el seno mismo de la Sociedad, no es preciso decir que muy probablemente se le pedirá que renuncie a su título de miembro y que se retire; o, si se negara, será despedido"[1]. Se trata aquí del compromiso de adoptar una determinada regla de vida y sólo es en la "sección esotérica", exclusivamente, donde se exige dicho compromiso: "Hay también algunas ramas exotéricas (públicas) en las que los miembros prestan juramento bajo su "Yo superior" de llevar la *vida* prescrita por la teosofía"[2]. En estas condiciones, siempre será posible, cuando se desee desembarazarse de un miembro molesto, declarar que su conducta no es "teosófica"; por lo demás, se clasifica expresamente, entre las faltas de este orden, toda crítica que un miembro se permita hacer respecto de la sociedad y de sus dirigentes, y, además, parece que sus efectos deben ser particularmente terribles en las existencias futuras: "He observado, escribe M. Leadbeater, que algunas gentes que han dado testimonio en un momento dado de la mayor devoción a nuestra presidenta (Mme Besant), hoy día han cambiado completamente de actitud y se han dedicado a criticarla y a calumniarla. Eso es una acción malvada cuyo karma será mucho peor que si se tratara de una persona a la que no debieran nada. No quiero decir que no se tenga el derecho a cambiar de opinión... Pero, si después de separarse de nuestra presidenta, un hombre se dedica a atacarla, a difundir sobre ella calumnias escandalosas como lo han hecho tantos, comete entonces una falta gravísima cuyo karma será extremadamente pesado. Siempre es grave ser vengativo y mentiroso, pero cuando se es así hacia la persona que os ha tendido la copa de vida (*sic*), entonces estas faltas devienen un crimen cuyos efectos son espantosos"[3]. Para hacerse una idea de estos efectos, basta remitirse a dos páginas anteriores, donde se lee esto: "Hemos podido constatar que el populacho ignorante que torturó a Hipatea en Alejandría, se

---

[1] La Clef de la Théosophie, pp. 71-72.

[2] *Ibidem*, pp. 75-76.

[3] L'Occultisme dans la Nature, pp. 367-368.

reencarnó en gran parte en Armenia, donde los turcos les hicieron sufrir toda suerte de crueldades"[4]. Puesto que Mme Besant pretende ser, precisamente, Hipatea reencarnada, la alusión es evidente, y, dada la mentalidad de los teosofistas, se comprende sin esfuerzo que las amenazas de esta índole deben tener alguna eficacia. Pero, para llegar a eso, ¿valía la pena denunciar con vehemencia a las religiones que, "desde el punto de vista de sus intereses, no han encontrado nada más importante y más práctico que suponer un señor terrible, un juez inexorable, un Jehová personal y omnipotente, ante cuyo tribunal el alma debe presentarse, después de la muerte, para ser juzgada"?[5] ¡Si no es un "Dios personal", es el "karma" el que se encarga de salvaguardar los intereses de la Sociedad Teosófica, y de vengar las injurias que se hacen a sus jefes!

Volvamos a las declaraciones de Mme Blavatsky, y veamos ahora lo que concierne al juramento del silencio: "En cuanto a la sección interior, llamada actualmente sección *esotérica*, desde 1880, se ha resuelto y adoptado la regla siguiente: "Ningún miembro empleará para una finalidad egoísta lo que pueda serle comunicado por un miembro de la primera sección (que, hoy día, es un "grado" más elevado); la infracción a esta regla será castigada con la expulsión". Por lo demás, ahora, antes de recibir alguna comunicación de este género, el postulante debe prestar el juramento solemne de no emplear nunca para una finalidad egoísta, y de no revelar ninguna de las cosas que le son confiadas, más que cuando sea autorizado a hacerlo"[6]. En otra parte, se refiere a las enseñanzas que deben ser mantenidas en secreto: "Aunque revelemos todo lo que nos es posible decir, sin embargo estamos obligados a omitir muchos de los detalles importantes, que no son conocidos más que por aquellos que estudian la filosofía esotérica y que, habiendo prestado el juramento del silencio, son, por consiguiente, *los únicos autorizados a*

---

[4] *Ibidem*, pp, 365-366.
[5] *Le Bouddhisme Esotérique*, p. 264.
[6] *La Clef de la Théosophie*, p. 73.

saberlos"[7] (es Mme Blavatsky misma quien subraya las últimas palabras); y, en otro pasaje, se hace alusión a "un misterio, en relación directa con el poder de la proyección consciente y voluntaria del "doble" (o cuerpo astral), que nunca se confía a nadie, excepto a los "chelas" que han hecho un juramento irrevocable, es decir, a aquellos con los cuales se puede contar"[8]. Mme Blavatsky insiste sobre todo en la obligación de observar siempre ese juramento del silencio, obligación que subsiste incluso para las personas que, voluntariamente o no, hubieran cesado de formar parte de la Sociedad; ella plantea la cuestión en estos términos: "Un hombre despedido u obligado a retirarse de la sección ¿es libre de revelar las cosas que le han sido enseñadas o de quebrantar una u otra cláusula del juramento que ha prestado?". Y responde: "El hecho de retirarse o de ser despedido sólo le libera de la obligación de obedecer a su instructor, y de tomar una parte activa en la obra de la Sociedad, pero no le libera de ningún modo de la promesa sagrada de guardar los secretos que le han sido confiados... Todo hombre y toda mujer que posean el más pequeño sentimiento de honor comprenderán que un juramento de silencio prestado bajo su palabra de honor, más aún, prestado en el nombre de su "Yo superior", el Dios oculto en nosotros, debe ligarlos hasta la muerte, y que, aún cuando hayan abandonado la sección y la Sociedad, ningún hombre y ninguna mujer de honor pensarán en atacar a una asociación a la que él o ella se han ligado de ese modo"[9]. Concluye con esta cita de un órgano teosofista, donde se expresa también la amenaza de las venganzas del "karma": "Un juramento prestado es irrevocable, a la vez en el mundo moral y en el mundo oculto. Habiéndolo violado una vez y habiendo sido castigados, no obstante, no tenemos el derecho de violarlo de nuevo y durante todo

---

[7] *Ibidem*, p. 137.
[8] *Ibidem*, p. 169.
[9] *Ibidem*, pp. 73-74.

el tiempo en que lo hagamos, el poderoso brazo de la ley (del karma) recaerá sobre nosotros"[10].

Vemos también, por esos textos, que el juramento de silencio prestado en la "sección esotérica" se desdobla en un juramento de obediencia a los "instructores" teosofistas; es menester creer que esa obediencia puede llevar muy lejos, ya que ha habido ejemplos de miembros que, puestos ante la perspectiva de sacrificar una buena parte de su fortuna a favor de la Sociedad, la han sacrificado sin vacilar. Los compromisos de esta índole existen todavía, lo mismo que la "sección esotérica" misma que, como lo hemos dicho, ha tomado la denominación de "Escuela teosófica oriental", y que no podría subsistir en otras condiciones[1*]; parece incluso que se obliga a los miembros que quieren pasar a los grados superiores, a una suerte de confesión general, donde exponen por escrito el estado de su "karma", es decir, el balance de su existencia en lo que tiene de bueno y de malo; con esto se pretende tenerlos ligados, del mismo modo que procedía Mme Blavatsky con las firmas que hacía extender al pie de los procesos verbales referentes a sus "fenómenos". Por lo demás, el hábito de aceptar las órdenes de la

---

[10] *The Path* de Nueva York, julio de 1889.

[1*] En el último artículo de F.-K. Gaboriau, escrito tras su dimisión (ver p. 88), se lee lo que sigue al respecto de la "sección esotérica": "Antes de dejar a la Sociedad Teosófica, a la cual deseo una completa reorganización o su desaparición, estoy obligado a prevenir a los sedientos de "Fraternidad universal" que no encontrarán sino odios, ambiciones personales, calumnias, cotilleos femeninos (¡oh! ¡y qué cotilleos!, pues domina el elemento femenino), celos de nacionalidades (especialmente los ingleses se creen superiores al resto de los teósofos), etc., etc. Todos estos pequeños adornos provienen de la existencia de "secciones esotéricas" en donde se hace entrar al ingenuo que cree aprender algo distinto a lo que se lee en los libros de ciencia que pueden conseguirse en las calles y en ese otro libro que está en todas partes, la Naturaleza; estas "secciones esotéricas", cuyos miembros juran obediencia pasiva a la soberana, fomentan los malentendidos, los equívocos, lo cual permite jugar con lo oculto con éxito, pero, lo que es más molesto, manchan la reputación de una persona que, siendo perseguida por un enemigo invisible, ya no puede defenderse, especialmente si espera el gran día. He dicho ya bastante; espero que los miembros serios de la Sociedad Teosófica pongan orden" (*Le Lotus*, marzo de 1889, p. 711).

dirección sin discutirlas nunca, llega a producir resultados verdaderamente extraordinarios; he aquí un caso típico: en 1911, debía tener lugar un congreso en Génova, y allí acudieron un gran número de teosofistas, de los que algunos procedían de países muy lejanos; ahora bien, la víspera de la fecha que había sido fijada para la reunión todo fue disuelto sin que se juzgara oportuno dar la más mínima razón de ello, y cada uno de los concurrentes se volvió como había venido, sin protestar y sin pedir explicaciones; hasta tal punto es cierto que, en un medio como el de la Sociedad Teosófica, toda independencia está enteramente abolida.

CAPÍTULO XV

LOS ANTECEDENTES DE MME BESANT

Annie Wood nació en 1847, de una familia irlandesa protestante; en su juventud, se alimentó de literatura mística; vivió en París hacia la edad de quince años, y algunos han asegurado que en esta época se había convertido al catolicismo, lo que es muy poco verosímil. De vuelta a Inglaterra a los diecisiete años, se casó, cuatro años más tarde, con el Rev. Frank Besant, ministro anglicano, de quien tuvo un hijo y una hija; pero su temperamento exaltado no tardó en hacer insostenible la vida de hogar; su marido, que parece haber sido un hombre excelente, hizo prueba de mucha paciencia, y fue ella la que finalmente se fue llevando consigo a sus dos hijos. Esto sucedía en 1872, y es probable que desde entonces fuera a vivir con el libre pensador Charles Bradlaugh, quien hacía una violenta campaña antirreligiosa en el *National Reformer*, y que, de mística que había sido hasta entonces, la convirtió a sus ideas; no obstante, si es menester creer lo que ella misma cuenta, no habría conocido a este personaje sino algo más tarde, cuando se dedicaba a hacer copias en las bibliotecas para ganarse la vida; en todo caso, su marido nunca pudo hacerla condenar por adulterio. En la misma época, trabajó también con el Dr. Aveling, yerno de Carlos Marx; estudió anatomía y química y, después de tres fracasos, conquistó el diploma de bachiller en ciencias; en fin, llegó a ser directora del *National Reformer*, donde firmaba sus artículos con el seudónimo de *Ajax*. Fue entonces, hacia 1874, cuando comenzó a dar muchas conferencias, predicando el ateísmo y el malthusianismo, y asociando a sus teorías altruistas los nombres de los tres grandes benefactores de la humanidad, que para ella eran Jesús, Buda y Malthus[1*].

En 1876, un folleto malthusiano titulado *Les Fruits de la Philosophie*, por Knoulton, fue perseguido como publicación inmoral; un librero de Brístol fue condenado a dos años de prisión por haberlo puesto en venta, y el editor escapó con una fuerte multa. Inmediatamente, Bradlaugh y Mme Besant alquilaron un establecimiento de publicidad donde vendieron la obra incriminada, de la que tuvieron incluso la audacia de enviar ejemplares a las autoridades; en junio de 1877, fueron perseguidos a su vez. El jurado declaró que "el libro en cuestión tenía por finalidad depravar la moral pública", y, como los acusados manifestaban su intención de continuar su venta a pesar de todo, fueron condenados a una pena severa de prisión acompañada de multa; pero, como el juicio fue anulado por vicios de forma, fueron puestos en libertad poco tiempo después. Fundaron entonces una sociedad llamada "Ligue Malthusienne", que se proponía como finalidad "oponer una resistencia activa y pasiva a toda tentativa hecha para asfixiar la discusión de la cuestión de la población"; como otro librero fuera condenado por los mismos hechos, el 6 de junio de 1878, esta Liga realizó en Saint-James'Hall una asamblea de protesta, en la que Bradlaugh y Mme Besant pronunciaron vehementes discursos[1]. Sin duda, Papus se refería a la condena de Mme Besant cuando escribía a Olcott, el 23 de agosto de 1890, que "acababa de adquirir la prueba de que algunas elevadas funciones de la Sociedad Teosófica estaban confiadas a miembros que acababan de salir de prisión, después de haber

---

[1*] En "Vers l'Initiation" (pp. 22-23 de la traducción francesa), Mme Besant presenta a Charles Bradlaugh como un hombre que, aunque ateo militante, "daba sus primeros pasos en el Sendero". En la misma obra (pp. 29-30), decía también que "el asunto del Pamphlet Knowlton me condujo, en mi presente existencia, al umbral de la iniciación", ya que "mi móvil era aligerar los sufrimientos de la clase obrera".

[1] Tomamos estos detalles de un artículo publicado por el *Journal des Economistes*, agosto de 1880. — El papel de Mme Besant en la propaganda neomalthusiana se indica también, pero sin detalles, en *La Question de la Population*, por Paul Leroy-Beaulieu, p. 299.

sido condenados a varios años por ultraje a las costumbres"; desgraciadamente, bajo esta forma, la acusación contenía inexactitudes que permitieron declararla "falsa y difamatoria".

En cuanto a los hijos de Mme Besant, parece que primeramente se había hecho un arreglo entre ella y su marido; pero, a consecuencia de los hechos que acabamos de contar, éste inició un proceso para retirar la custodia de los mismos a su mujer. La causa fue juzgada y llevada a la Corte de apelaciones; el 9 de abril de 1879, ésta confirmó la sentencia del primer tribunal, y Mme Besant se vio privada de su hija; la sentencia se basaba en las opiniones subversivas de que ella hacía alarde y en el hecho de haber propagado "una obra considerada como inmoral por un jurado". En septiembre de 1894, durante una gira de conferencias en Australia, Mme Besant debía encontrar otra vez en Melbourne a su hija Mabel, convertida entonces en Mme Scott[2], a quien ya había logrado ganar para el teosofismo, pero que, en 1910 ó 1911, se separó de ella y se convirtió al catolicismo.

En septiembre de 1880 tuvo lugar en Bruselas un Congreso de los librepensadores, donde Mme Besant mostró que su partido, en Inglaterra, tenía como objetivo "la propagación del ateísmo, del republicanismo, del entierro civil, la abolición de la Cámara de los Lores y del sistema de propiedad todavía en vigor"[3]; fue ella quien pronunció el discurso de clausura, en el que hizo la violenta declaración antirreligiosa que hemos citado al comienzo. Durante el mismo período, publicó bastantes obras, entre otras un *Manuel du libre penseur* en dos volúmenes, y diversos "ensayos" cuyos títulos son claramente característicos de las tendencias y opiniones que entonces eran las suyas[4]. En noviembre de 1884, aplaudió la afiliación de Bradlaugh al

---

[2] *Lotus Bleu*, 27 de diciembre 1894.

[3] *Le Français*, 14 de septiembre de 1880.

[4] Un Mundo sin Dios; El Evangelio del Ateísmo; Por qué soy Socialista; El Ateísmo y su Alcance Moral, etc.

Grand-Orient de Francia[5]; pero las cosas iban a cambiar pronto de cara: Bradlaugh, entrado en el Parlamento, ya no pensó más que en desembarazarse de Mme Besant; la discordia surgió entre ellos, y él la retiró la dirección de su periódico. Tanta ingratitud hacia la que había sido "la amiga en los malos tiempos", como lo dijo ella misma, la sorprendió y la revolvió; sus convicciones se quebrantaron, lo que prueba que siempre habían sido en el fondo más sentimentales que verdaderamente reflexionadas. Más tarde, debía dar una singular explicación de sus actuaciones pasadas: pretendía haber recibido órdenes de los "Mahâtmâs" desde el tiempo (anterior a la fundación de la Sociedad Teosófica) en que era la mujer del Rev. Besant, y haber sido obligada por ellos a abandonar a éste para "vivir su vida"; excusa demasiado fácil, y con la que se podrían justificar los peores extravíos.

Fue entonces, cuando se encontraba como desamparada, sin saber muy bien hacia qué lado volverse, cuando Mme Besant leyó, en 1886, el *Monde Occulte* de Sinnett; inmediatamente, se puso a estudiar el hipnotismo y el espiritismo, y a cultivar, con Herbert Burrows, los fenómenos psíquicos. Enseguida, siguiendo el consejo de W. T. Stead, director entonces de la *Pall Mall Gazette*, en la que colaboraba, emprendió la lectura de la *Doctrine Secrète*, al mismo tiempo que abandonaba definitivamente las asociaciones de libre pensamiento; volvieron a reaparecer sus tendencias de antaño hacia un misticismo exagerado, comenzó a autosugestionarse y a tener visiones. Así preparada, fue a encontrarse con Mme Blavatsky, cuyo poder magnético hizo el resto, como ya lo hemos contado; como ya hemos dicho también, no tardó en devenir uno de los miembros dirigentes de la sección británica (era a fines de ese año, 1889, cuando se había adherido efectivamente al teosofismo), después de la sección europea autónoma

---

[5] Bradlaugh ya había solicitado, el 15 de mayo de 1862, su afiliación a la Logia *Persévérante Amitié*, pero le había sido denegada; fue afiliado a la Logia *Union et Persévérance* el 14 de noviembre de 1884.

que fue constituida en 1890 bajo la autoridad directa de Mme Blavatsky, con G. R. S. Mead como secretario general.

CAPÍTULO XVI

Los comienzos de la presidencia de Mme Besant

Inmediatamente después de la muerte de Mme Blavatsky, se suscitó un violento debate entre Olcott, Judge y Mme Besant, pues los tres pretendían su sucesión, y los tres se declaraban en comunicación directa con los "Mahâtmâs", acusando cada uno a los otros dos de impostura; por lo demás, estos tres personajes entendían explotar en su provecho la rivalidad entre las secciones asiática, norteamericana y europea, a cuya cabeza se encontraban respectivamente. Naturalmente, en un principio se esforzaron por ocultar estas disensiones; Mme Blavatsky había muerto el 8 de mayo de 1891, y el 19 de mayo se publicó en Londres una declaración en la que, después de una protesta contra las "calumnias" de que era objeto la memoria de la fundadora, se leía esto: "En cuanto a lo que concierne a la idea extravagante de que la muerte de Mme Blavatsky habría dado lugar a contestaciones "por su lugar devenido vacante", permitidnos deciros que la organización de la Sociedad Teosófica no ha sufrido ni sufrirá ningún cambio como consecuencia de esta muerte. Conjuntamente con el coronel Olcott, presidente de la Sociedad, y con M. William Q. Judge, abogado eminente de Nueva York, vicepresidente y jefe del movimiento teosófico en Norteamérica, Mme H. P. Blavatsky era fundadora de la Sociedad Teosófica; ésta es una situación que no puede tomarse por un "golpe de estado" ni de ninguna otra manera; Mme Blavatsky era, además, secretaria-corresponsal de la Sociedad, cargo absolutamente honorífico y que, según nuestros estatutos, no es obligatorio. Desde hace seis meses, gracias al crecimiento de nuestra

Sociedad, ella ejercía temporalmente la autoridad de presidenta para Europa, delegada por el coronel Olcott, con el fin de facilitar la buena administración de los asuntos, y con su muerte esta delegación queda vacante. La notable posición de Mme Blavatsky se debía a su saber, a su poder, a su firme lealtad, y no a las influencias del cargo oficial que desempeñaba. Por lo tanto, nuestra organización exterior permanecerá sin ningún cambio. La función principal de H. P. Blavatsky era enseñar; aquel o aquella que quieran ocupar su sucesión deberá poseer su sabiduría". Esta declaración llevaba las firmas de los dirigentes de la sección europea: Mme Annie Besant, C. Carter Blake, Herbert Burrows, Miss Laura, M. Cooper, Archibald Keightley, G. R. S. Mead, y las de Walter R. Old, secretario de la sección inglesa, de la condesa Wachtmeister y del Dr. Wynn Westcott, que, al año siguiente, debía suceder al Dr. Robert Voodman como "Supreme Magus" en la *Societas Rosicruciana in Anglia*.

Este desmentido a los rumores que comenzaban a circular no correspondía a la verdad; se pudo comprobar que así era cuando, el 1 de enero de 1892, Olcott abandonó la presidencia; comunicó su dimisión en una carta dirigida a Judge, en la que alegaba razones de salud, y pedía humildemente a sus colegas "que le consideraran, no como una persona digna de honor, sino sólo como un pecador que se ha equivocado frecuentemente, pero que siempre se ha esforzado por elevarse y ayudar a sus semejantes". Al hacer pública esta carta, el 1 de febrero siguiente, Olcott la acompañó con un comentario en el que traslucía su preocupación por tratar con igualdad a los dos concurrentes que habrían de permanecer en escena: "Mis visitas a Europa y a América, decía, me han probado que el estado actual del movimiento es muy satisfactorio. He podido comprobar igualmente, a mi regreso a las Indias, que la sección india formada recientemente está en buenas manos y sobre una base sólida. En Europa, Mme Annie Besant, casi de un solo impulso, se ha colocado en el primer rango. Por la integridad bien conocida de su carácter y de su conducta, por su abnegación, su entusiasmo y sus capacidades excepcionales, ha rebasado a todos sus colegas y removido profundamente el espíritu de las razas de lengua inglesa. La conozco personalmente, y sé que en las Indias será tan amable, tan fraternal con los asiáticos como lo hemos sido H. P. Blavatsky o yo… En Norteamérica, bajo la firme y capaz dirección de M. Judge, la Sociedad se ha extendido ampliamente en el país, y la organización ha crecido cada día en poder y en estabilidad. Así pues, las tres secciones de la Sociedad están en muy buenas manos, y mi dirección personal ya no es indispensable". Después anunciaba sus intenciones: "Me retiraré a mi pequeña casa de Otacamund, donde viviré de mi pluma y de una parte de mis ingresos por el *Theosophist*. Tengo la intención de completar una parte inacabada, pero esencial, de mi tarea, a saber, una compilación de la historia de la Sociedad, y algunos libros sobre la religión y las ciencias ocultas y psicológicas… Siempre estaré dispuesto a brindar a mi sucesor la ayuda de la que tenga necesidad, y a poner a disposición de su comité mis mejores consejos, basados en la experiencia de cuarenta años de vida pública y diecisiete años de presidencia de nuestra Sociedad". Como Olcott no había designado sucesor, se debía proceder por voto a la elección del nuevo presidente; entre tanto, el dimisionario, todavía en funciones, decidió que el 8 de mayo, aniversario de la muerte de Mme Blavatsky, sería llamado "día del Loto Blanco", y que debería celebrarse en todas las ramas del mundo "de una manera simple y digna, evitando todo sectarismo, toda adulación huera, toda alabanza vacía, y expresando el sentimiento general de reconocimiento amante hacia aquella que nos ha dado el mapa del sendero arduo que lleva a las cimas de la ciencia"; ya hemos contado precedentemente un hecho que muestra cómo observan los teosofistas la recomendación de "evitar toda adulación huera".

Los días 24 y 25 de abril de 1892 tuvo lugar, en Chicago, la Convención anual de la sección norteamericana; ella se mostró dispuesta a rechazar la dimisión del coronel Olcott y a rogarle que conservara sus funciones (sin duda se temía que fuera elegida Mme Besant), y emitió el voto de que Judge fuera elegido de antemano como presidente vitalicio para el día en que la presidencia quedara vacante. Inmediatamente después, se sabía que, "Cediendo a los votos de sus amigos de la Convención norteamericana, así como a la necesidad de terminar varios asuntos legales, el coronel Olcott había aplazado su dimisión para una fecha indefinida (*sic*)"[1]; el 21 de agosto siguiente, Olcott retiraba definitivamente esta dimisión, y designaba a Judge como su sucesor eventual.

Sin embargo, un poco después, a consecuencia de diversos incidentes desagradables, principalmente el suicidio del administrador de Adyar, S. E. Gopalacharlu, que había robado desde hacía varios años sumas importantes a la Sociedad sin que nadie se percatara de ello, hubo un acercamiento entre Olcott y Mme Besant. En enero de 1894, esta última marchó con la condesa Wachtmeister a hacer un viaje a la India, y Olcott las acompañó por todas partes; en marzo, cuando regresó a Europa, Olcott le había atribuido la dirección de la "sección esotérica", salvo la fracción norteamericana que se conservaba para Judge. En noviembre del mismo año, Judge quiso destituir a Mme Besant, pero tan sólo le secundó una parte de los miembros de la sección norteamericana; en revancha, fue acusado más que nunca de impostura por los partidarios de Mme Besant. En aquel momento, el órgano de la sección francesa, bajo las iniciales del comandante D. A. Cournes[1*], publicaba un artículo donde podía leerse lo que sigue: "Con razón o sin ella, una de las principales personalidades del movimiento teosofista actual, William Q. Judge, es acusado de haber hecho pasar como proyectadas directamente por un "Maestro" ciertas comunicaciones que quizás tenían mentalmente esa procedencia, pero que fueron llevadas al papel por la sola obra de W. Q. Judge... La neutralidad de la Sociedad Teosófica y el

---

[1] *Lotus Bleu*, 27 de junio de 1892.
[1*] El comandante D. A. Courmes, que dirigió durante mucho tiempo el *Lotus Bleu*, también era un antiguo espiritista; en 1878 publicó en la *Revue Spirite* un artículo que fue probablemente, en Francia, el primero en el que se trató la cuestión del teosofismo.

carácter oculto de las comunicaciones llamadas "precipitadas", habrían impedido a W. Q. Judge explicarse completamente sobre los hechos que se le reprochaban. Además, otras imprudencias, hijas de la imperfección humana, habrían agravado aun más el incidente,... y se puede decir que los teosofistas de lengua inglesa, por el momento, están divididos en dos campos, a saber, pro o contra W. Q. Judge"[2]. Algún tiempo después de eso, el *Path* advertía a los miembros de la Sociedad Teosófica de que "pérfidos graciosos y gentes malintencionadas enviaban a aquellos que creían ingenuos, presuntos mensajes ocultos"[3]; jamás se habían visto tantas supuestas comunicaciones de los "Maestros", ni siquiera en vida de Mme Blavatsky. Finalmente, el 27 de abril de 1895, los partidarios de Judge se separaron enteramente de la Sociedad de Adyar para constituir una organización independiente bajo el nombre de "Sociedad Teosófica de América". Esta organización, que existe todavía, fue presidida por Ernest T. Hargrove, después por Mme Catherine Tingley; con esta última, su sede central fue trasladada de Nueva York a Piont-Loma (California); cuenta con ramificaciones en Suecia y en Holanda[2*].

Al respecto de las acusaciones contra Judge, he aquí las precisiones instructivas que se dieron, poco después de la escisión, en un artículo que el Dr. Pascal publicó en el *Lotus Bleu*: "Casi inmediatamente después de la muerte de H. P. Blavatsky, numerosos mensajes fueron trasmitidos por M. W. Q. Judge, como procedentes de un Maestro hindú; se suponía que estos mensajes eran "precipitados" por los procedimientos ocultos, y tenían la marca del criptógrafo del mismo Maestro. Muy pronto se comprobó que dicha marca procedía de un facsímil del sello del Maestro, facsímil que el coronel Olcott había hecho

---

[2] *Lotus Bleu*, 27 de diciembre de 1894.
[3] Citado en el *Lotus Bleu*, 27 de marzo de 1895.
[2*] La denominación de "Fraternidad Universal", que debía, en un principio, ser otro título de la Sociedad Teosófica (artículo del *Path*, citado en *Le Lotus*, marzo de 1888) ha sido conservada por la organización de Mme Tingley, cuyo título completo es "*Universal Brotherhood and Theosophical Society of America*"; en 1900, la sede de esta organización se trasladó a Point-Loma.

grabar en Delhi, en el Punjab[4]. A causa de un error en el diseño, cometido por el coronel Olcott, ese facsímil era fácilmente reconocible; hacía una impresión semejante a una W, mientras que hubiera debido representar una M[5]. Este seudosello había sido entregado a H. P. Blavatsky por el coronel Olcott, y un cierto número de teósofos lo había visto durante su vida; a su muerte, el sello desapareció... Cuando el coronel Olcott vio por vez primera la marca que acompañaba a los mensajes de W. Q. Judge, hizo saber a éste que él había hecho acuñar un sello en el Punjab, y que ese sello había desaparecido; agregó que esperaba que quien lo hubiera robado no se sirviera de él para engañar a sus hermanos, pero que, en todo caso, podría reconocer ese sello entre mil. A partir de ese momento, los nuevos mensajes no llevaron ya la marca del criptógrafo, y los mensajes antiguos que llegaron a las manos de W. Q. Judge tenían el sello borrado con raspaduras"[6]. Conviene agregar que un teosofista belga partidario de Judge, M. Oppermann, envió una replica a ese artículo, pero la dirección del *Lotus Bleu*, después de haber anunciado su publicación, cambió de opinión y se negó formalmente a insertarla, bajo pretexto de que "la cuestión había sido zanjada", en el mes de julio, por la Convención de Londres[7]. En esta Convención, Olcott había tomado acta simplemente de la "secesión" y anulado los títulos de las ramas norteamericanas disidentes, y después reorganizando, con los elementos que no habían seguido a Judge, una nueva sección norteamericana, que tenía como secretario general a Alexander Fullerton (por otra parte, una sección australiana había sido fundada recientemente por el Dr. A. Carol como secretario general); después Sinnett había sido nombrado vicepresidente de la Sociedad en sustitución de Judge. Algunos miembros de la sección europea, después de haber intentado vanamente hacer oír su protesta a favor de Judge, se

---

[4] ¿Con qué intención? Hubiera sido interesante saberlo.
[5] Inicial de Morya; pero ¿por qué el sello de este "Maestro Hindú" llevaba un carácter europeo?
[6] *Lotus Bleu*, 27 de junio de 1895.
[7] *Idem*, 27 de septiembre de 1895.

separaron oficialmente para constituirse a su vez en un cuerpo distinto, bajo el título de "Sociedad Teosófica de Europa", bajo la presidencia honoraria de Judge; entre ellos estaba el Dr. Archibald Keightley, cuyo hermano Bertram, por el contrario, continuó siendo secretario general de la sección hindú; el Dr. Franz Hertmann se unió también a los disidentes.

Como se pensará acertadamente, los sucesos que hemos contado salieron necesariamente a la luz pública en el momento mismo en el que se habían producido; al comienzo, se pretendió, en los medios teosofistas, que los ecos provocados en la prensa de Londres debían constituir un excelente reclamo para la Sociedad. "Los periódicos, se decía en septiembre de 1891, han hecho mucho ruido a propósito de las cartas que Annie Besant declara haber recibido de los Mahâtmâs después de la muerte de H. P. Blavatsky. El *Daily Chronicle* ha abierto sus columnas a la discusión, y nuestros hermanos se han aprovechado de esta buena publicidad para exponer nuestras doctrinas: más de seis columnas diarias estaban llenas de cartas teosóficas y antiteosóficas, sin olvidar a los "clergymen" y a los miembros de la Sociedad de las investigaciones psíquicas"[8]. Pero las cosas cambiaron de aspecto cuando, al mes siguiente, se vio aparecer, precisamente en el diario que acababa de ser mencionado, esta severa apreciación: "Los teosofistas están engañados y muchos descubrirán su decepción; tememos que hayan abierto las puertas a un verdadero carnaval de engaño e impostura"[9]. Esta vez, los señalados guardaron un prudente silencio acerca de aquella "buena publicidad", máxime cuando la *Westminster Gazette*, por su parte, comenzó pronto a publicar, bajo la firma de F. Edmund Garrett, toda una serie de artículos muy documentados, de los que se decía incluso que estaban inspirados por miembros de la "sección esotérica", y que aparecieron reunidos en un volumen, en 1895, bajo

---

[8] *Lotus Bleu*, 27 de septiembre de 1891.
[9] *Daily Chronicle*, 1 de octubre de 1891.

este título significativo: *Isis very much Unveiled*⁽¹⁰⁾. Por otra parte, un famoso "lector de pensamientos", Stuart Cumberland, ofreció una prima de mil libras esterlinas a cualquiera que quisiera producir en su presencia uno sólo de los fenómenos atribuidos a los "Mahâtmâs"; este desafío, bien entendido, nunca fue aceptado. En 1893, M. Nagarkar, miembro del *Brahma Samaj*, y por consiguiente poco sospechoso de hostilidad partidaria, declaraba en Londres que el teosofismo no era considerado en la India más que como "una vulgar inepcia", y replicó a sus contradictores: "Supongo que no tienen la pretensión, ustedes, que apenas conocen las cosas de su propio país, de enseñarme las cosas de mi país y de mi competencia; sus Mahâtmâs no han existido nunca y son simplemente una guasa (*joke*) de Mme Blavatsky, que quiso saber cuántos necios podrían creer en eso; querer hacer pasar esa guasa por una verdad, es hacerse cómplice de la falsaria"⁽¹¹⁾. Finalmente, el 2 de octubre de 1895, Herbert Burrows, el mismo que había introducido a Mme Besant en la Sociedad Teosófica, escribió a W. T. Stead, entonces director del *Borderland*: "Los recientes descubrimientos de fraudes que han dividido a la Sociedad me han llevado a nuevas investigaciones, que me han probado enteramente que, durante años, el engaño ha reinado en la Sociedad... El coronel Olcott, presidente de la Sociedad, y M. Sinnett, el vicepresidente, creen que Mme Blavatsky actuó parcialmente de mala fe. A las acusaciones de fraude lanzadas por Mme Besant contra M. Judge, el antiguo vicepresidente, se pueden agregar las acusaciones contra el coronel Olcott, que han sido hechas a la vez por Mme Besant y M. Judge... No puedo conceder por más tiempo mi reconocimiento y mi apoyo a una organización donde acontecen estas cosas sospechosas y otras más; y, sin abandonar no obstante las ideas esenciales de la teosofía, dejo la Sociedad, por la razón de que, tal como existe en la actualidad, creo que es un peligro permanente para la honestidad y la verdad, y una puerta perpetua abierta a la superstición, a la decepción y

---

⁽¹⁰⁾ Isis sumamente Develada.
⁽¹¹⁾ *The Echo* de Londres, 4 de julio de 1893.

a la impostura". Y, en diciembre de 1895, se leía en el *English Theosophist*, órgano de los disidentes: "El mismo M. Sinnett ha declarado que M. Judge fue adiestrado en todos estos fraudes por Mme Blavatsky... Mme Besant *sabe* que M. Olcott y M. Sinnett creen que Mme Blavatsky actuó de mala fe; pero aun no ha tenido ni el valor moral ni *la honestidad* de decirlo".

Se ve en qué condiciones Mme Besant tomó la dirección de la Sociedad Teosófica; de hecho, la ejerció sin contestación a partir de 1895, aún cuando Olcott abandonó la presidencia oficialmente a favor de ella mucho tiempo después (no hemos podido encontrar la fecha exacta de su dimisión definitiva); por lo demás, parece que no se resignó sino de muy mal talante a renunciar a su título de presidente, aún cuando se había convertido en puramente honorífico. Murió el 17 de febrero de 1907, después de realizar su proyecto de escribir, a su manera, la historia de la Sociedad, obra que apareció bajo el título de *Old Diary Leaves*; pero su mal humor por haber sido despojado de su cargo se manifestó en su obra visiblemente, y algunos pasajes parecían tan comprometedores, que la *Theosophical Publishing Company* dudó algún tiempo antes de editar esta obra[3*].

[3*] En 1922 se creó, a propuesta de Mme de Manziarly, una conmemoración especial llamada "Día de Adyar", que debía ser celebrada el 17 de febrero; esta fecha es a la vez el aniversario de la muerte de Olcott (17 de febrero de 1907), de la de Giordano Bruno (17 de febrero de 1600), de quien Mme Besant se consideraba como la reencarnación (ver p. 205), y del nacimiento de Leadbeater (17 de febrero de 1847).

CAPÍTULO XVII

EN EL PARLAMENTO DE LAS RELIGIONES

En septiembre de 1893, con motivo de la Exposición de Chicago, tuvo lugar en esa ciudad, entre otros congresos de todo tipo, el famoso "Parlamento de las Religiones"; se pidió a todas las organizaciones religiosas, o símil-religiosas del mundo, que enviaran allí a sus representantes más autorizados a fin de exponer sus creencias y sus opiniones. Esta idea, muy norteamericana, había sido lanzada varios años antes; en Francia, el propagandista más ardiente de este proyecto había sido el abate Victor Charbonnel, que frecuentaba entonces el salón de la duquesa de Pomar, y que, después, debía dejar la Iglesia por la Masonería, donde, por lo demás, tuvo varias desventuras. Si los católicos de Europa se abstuvieron prudentemente de figurar en este Congreso, no sucedió lo mismo con los de Norteamérica; pero la gran mayoría estuvo formada, como era natural, por los representantes de las innumerables sectas protestantes, a los que vinieron a juntarse otros elementos bastante heterogéneos. Fue así como se vio aparecer en este "Parlamento" al Swâmî Vivekânanda, quien desnaturalizó completamente la doctrina hindú del "Vêdânta" con el pretexto de adaptarla a la mentalidad occidental; si lo mencionamos aquí, es porque los teosofistas le consideraron siempre como uno de sus aliados, llamándole incluso "uno de sus Hermanos de la raza precursora" (designación que aplican también a sus "Mahâtmâs"), y "un príncipe entre los hombres"[1]. La seudorreligión inventada por Vivekânanda tuvo un cierto éxito en Norteamérica, donde, al igual que en Australia, posee todavía actualmente un cierto número de "misiones" y de

---

[1] *Lotus Bleu*, 27 de enero de 1895.

"templos"; bien entendido, no tiene del "Vêdânta" más que el nombre, ya que no podría haber la menor relación entre una doctrina puramente metafísica y un "moralismo" sentimental y "consolante", que no se diferencia de las prédicas protestantes más que por el empleo de una terminología un poco especial.

Mme Besant apareció también en el "Parlamento de las Religiones" para representar a la Sociedad Teosófica, que, de los diecisiete días que debía durar el congreso, había obtenido que dos días enteros fuesen consagrados a la exposición de sus teorías: es menester creer que los organizadores, para concederle un espacio tan amplio, le eran singularmente favorables. Naturalmente, los teosofistas se aprovecharon de ello para hacer oír a un gran número de sus oradores: Judge y Mme Besant figuraron juntos, ya que, en tanto que la escisión entre ellos no fuera un hecho consumado, se esforzaban en ocultar lo más posible al público las disensiones interiores de la Sociedad; ya hemos visto más atrás que esto no se lograba siempre. Mme Besant estaba acompañada por dos personajes bastante singulares, Chakravarti y Dharmapâla, con los que había hecho la travesía de Inglaterra a Norteamérica, y sobre los cuales es bueno decir aquí algunas palabras.

Gyanendra Nath Chakravarti (el "Babu Chuckerbuthy" de Rudyard Kipling)[2], fundador y secretario del *Yoga Samaj* y profesor de matemáticas en el Colegio de Alhahabad, pronunció un discurso en la sesión oficial de apertura del "Parlamento"; a pesar de su nombre y de sus cualidades, y aunque pretendía ser brahmán, no era un hindú de origen, sino un mongol más o menos "hinduizado". En diciembre de 1892 había buscado entrar en relaciones con los espiritistas ingleses, alegando que existían relaciones entre el "Yoga" hindú y los fenómenos "espiritualistas"; no queremos decidir si esto era, de su parte, ignorancia o mala fe, y quizás era a la vez ambas cosas; en todo caso, no hay que decir que las relaciones en cuestión son puramente imaginarias. Lo que

---

[2] Poema masónico titulado *The Mother Lodge*.

interesa notar, es la analogía de esta tentativa con aquella a la que debía librarse, en 1898, Mme Besant, respecto de la "Alianza Espiritualista" de Londres; y lo que da mayor interés a este paralelismo, es que Chakravarti, que era al menos un hipnotizador notable, aunque no tenía nada de verdadero "Yogî", había encontrado un excelente "sujeto" en Mme Besant, y que parece bien establecido que la tuvo durante mucho tiempo bajo su influencia[3]. Es a este hecho al que alude Judge cuando, en la circular que remitió el 3 de noviembre de 1894 a las "secciones esotéricas" de la Sociedad Teosófica ("por orden del Maestro", decía) para destituir a Mme Besant, acusó a ésta de haber "entrado inconscientemente en el complot formado por los magos negros que luchan siempre contra los magos blancos", denunciando al mismo tiempo a Chakravarti como "un agente menor de los magos negros". Sin duda, no se podría conceder gran importancia a estas historias de "magia negra", y es menester acordarse aquí de lo que hemos dicho precedentemente; pero por eso no es menos cierto que fue este Chakravarti, personaje muy sospechoso desde muchos puntos de vista, el que, durante un cierto tiempo, inspiró directamente los hechos y los gestos de Mme Besant.

El "Angarika" H. Dharmapâla (o Dhammapâla)[4], un budista de Ceylán, fue delegado al "Parlamento de las Religiones" con el título de "misionero laico", por el "Sumo Sacerdote" Sumangala, como representante del *Mahâ-Bodhi Samâj* (Sociedad de la Gran Sabiduría) de Colombo[1*]. Se cuenta que, durante su estancia en Norteamérica,

---

[3] Carta de M. Thomas Green, miembro de la "sección esotérica" de Londres, publicada por el periódico *Light*, el 12 de octubre de 1895, p. 499; *The Path*, de Nueva York, junio de 1895, p. 99.

[4] La primera forma es la del sánscrito, la segunda la del pâli.

[1*] *La Mahâ-Bodhi Samâj* tiene singulares relaciones, como se puede ver en un artículo de Alexandra David titulado "La Libre Pensée dans l'Inde et le mouvement bouddhiste contemporain" y aparecido en "Les Documents du Progrès" (enero y febrero de 1914). En efecto, se puede leer allí: "La Sociedad *Mahâ-Bodhi* posee dos sedes principales en Colombo (en la isla de Ceilán) y en Calcuta, una oficina central cerca de Benarés, en el

habría "oficiado" en una iglesia católica; pero pensamos que esto debe ser una simple leyenda, tanto más cuanto que él mismo se declaraba "laico"; quizás dio una conferencia, lo que no asombrará nada a aquellos que conocen las costumbres norteamericanas. Sea como sea, por espacio de varios años estuvo recorriendo Norteamérica y Europa, pronunciando por doquiera conferencias sobre el budismo; en 1897, estaba en París, donde habló en el Museo Guimet y tomó parte en el Congreso de los orientalistas. La última manifestación de que tenemos conocimiento de este personaje es una carta que escribió desde Calcuta, el 13 de octubre de 1910, al jefe (designado sólo por las iniciales T. K.) de una sociedad secreta norteamericana llamada "Orden de Luz" (*Order of Light*), que se califica también de "Escuela Superior" (*Great School*), y que recluta a sus adherentes, sobre todo entre los altos grados de la Masonería. Uno de los miembros más activos de esta organización es un teosofista conocido, el Dr. J. D. Buck, que es al mismo tiempo un dignatario de la Masonería escocesa, y que fue, él también, uno de los oradores en el "Parlamento de las Religiones"; Mme Blavatsky testimoniaba una estima especial a este Dr. Buck, a quien llamaba "Un

---

lugar en que, según la tradición, el Buda pronunció su primer discurso, y numerosas ramas en diversas partes de la India. Esta Sociedad me delegó en agosto de 1910 para representarla en el Congreso del Libre Pensamiento celebrado en Bruselas. A propósito de ello, el secretario general, Sr. Dharmapâla, me dirigió un escrito para que fuera leído en la sesión". He aquí un extracto característico de este informe: "Tenemos la profunda convicción de que los maravillosos progresos realizados por la ciencia en occidente permitirán alejar a las masas ignorantes de todos los estados del ritualismo y de la superstición, creación de un clero despótico... El Buda fue el primero en proclamar la ciencia de la superación humana y, en este 2499 aniversario de su predicación, quienes seguimos su doctrina nos regocijamos de ver a los promotores del pensamiento científico en occidente trabajar, de acuerdo con el mismo principio, para la emancipación y la instrucción de la raza humana al completo, sin distinción de nacionalidad o de color". Mme Alexandra David-Neel, que es una teosofista notoria, declaraba en el mismo artículo que "el Buda debe ser considerado como el padre del librepensamiento". Mme Alexandra David-Neel, autora de un libro sobre *Le Modernisme Bouddhiste*, publicó en 1927 el relato de una exploración al Tíbet con el título de *Voyage d'une Parisienne à Lhassa* (*Viaje a Lhassa*, Ediciones Indigo, Barcelona).

verdadero Philaletiano"[5], y a quien, al citar un pasaje de una conferencia pronunciada por él en abril del año 1889 ante la Convención teosófica de Chicago, tributó este elogio: "No hay teosofista que haya comprendido mejor y expresado mejor la esencia real de la teosofía que nuestro honorable amigo el Dr. Buck"[6]. Es menester decir también que la "Orden de Luz" se distingue por una tendencia anticatólica de las más acentuadas; ahora bien, en su carta, Dharmapâla felicitaba vivamente a los masones norteamericanos por sus esfuerzos para "preservar al pueblo de la servidumbre del diabolismo papal" (*sic*), y les deseaba el más completo éxito en esa lucha, agregando que "el clero, en todos los países y en todas las edades, no ha mostrado más que un objeto cuyo cumplimiento parece ser su único deseo, y que es reducir al pueblo a la esclavitud y mantenerle en la ignorancia". Nos preguntamos si un lenguaje como éste ha recibido la aprobación del "Sumo Sacerdote de la Iglesia Búdica del Sur", que tiene la pretensión de estar a la cabeza de un "clero", aunque nunca haya existido nada de tal en la concepción y organización del budismo primitivo.

Los teosofistas se mostraron muy satisfechos de la excelente ocasión de propaganda que se les había proporcionado en Chicago, y llegaron incluso a proclamar que "el verdadero Parlamento de las Religiones había sido, en realidad, el Congreso teosófico"[7]. De modo que muy pronto se habló, en los medios "neoespiritualistas", de preparar un segundo congreso del mismo género, que debería reunirse en París en 1900; una idea más ambiciosa aún fue emitida por un ingeniero lionés, P. Vitte, que firmaba con el seudónimo de *Amo*, y que quiso trasformar el "Congreso de las Religiones" en un "Congreso de la Humanidad", "que junte a todas las religiones, a los espiritualistas, a los humanitarios, a los investigadores y pensadores de todos los órdenes, que tengan como meta común el progreso de la Humanidad hacia un ideal mejor y la fe

---

[5] La Clef de la Théosophie, p. 76.
[6] *Ibidem*, p. 24.
[7] *Lotus Bleu*, 27 de octubre de 1893 y 27 de marzo de 1894.

en su realización"[8]. Todas las religiones del mundo, e incluso todas las doctrinas, cualquiera que fuera su carácter, debían ser "llamadas a una fusión simpatética sobre los grandes principios comunes capaces de asegurar la salvación de la Humanidad y de preparar la Unidad y la paz futura sobre la tierra"[9]. Los teosofistas, lo mismo que los espiritistas y ocultistas de diversas escuelas, se adhirieron a este proyecto, cuyo promotor creyó haber operado la reconciliación de estos hermanos enemigos, como preludio a la "fusión simpatética" que soñaba: "Los números de mayo de 1896 de *Lotus Bleu* y de *Initiation*, órganos respectivos de los Teósofos y de los Martinistas franceses, escribía entonces, renuevan en términos calurosos y firmes su adhesión al Congreso de la Humanidad. El concurso de estos dos grandes movimientos espiritualistas que irradian sobre la tierra entera bastaría ya para comunicar una vitalidad intensa al Congreso"[10]. Sin embargo, eso no bastaba, y era hacerse muchas ilusiones: los "neoespiritualistas", entre quienes habrían de continuar las querellas lo mismo que en el pasado, no podían tener la pretensión de constituir ellos solos "los cimientos solemnes de la Humanidad"; y como no fueron apenas más que ellos los que se interesaron, el Congreso no se celebró en 1900. A propósito de M. Vitte, señalaremos también un rasgo curioso: habiéndole dicho Saint-Yves d'Alveydre que "el espíritu céltico está hoy en las Indias", quiso ir allí para comprobarlo y se embarcó en septiembre de 1895; pero, apenas hubo llegado, fue presa de una suerte de miedo irracional y se apresuró a regresar a Francia, donde estaba de regreso en menos de tres meses después de su partida; era al menos un espíritu sincero, pero este simple hecho muestra cuan poco equilibrado estaba. Por lo demás, los ocultistas no se dejaron desanimar por el fracaso de su "Congreso de la Humanidad"; a la espera de un momento más favorable, se constituyo una suerte de oficina permanente, que de tarde

---

[8] *La Paix Universelle*, 15 de septiembre de 1894.

[9] *Idem*, 30 de noviembre de 1894.

[10] *La Paix Universelle*, 30 de junio de 1896.

en tarde celebró algunas sesiones con asistencia casi nula, en las que se profirieron vagas declaraciones pacifistas y humanitarias. Los feministas también tuvieron un cierto lugar en esta organización, a cuya cabeza estaban, en último lugar, MM. Albert Jounet y Julien Hersent; éste, que había sido designado por sus amigos para ocupar la presidencia de los futuros "Estados Unidos del Mundo" cuando éstos se hubieran constituido, para comenzar, en 1913, presentó su candidatura a la presidencia de la República francesa; estas gentes, en verdad, no tienen sentido del ridículo.

No obstante, hubo en París una continuación del "Parlamento de las Religiones" de Chicago; tuvo lugar en 1913, bajo el nombre de "Congreso del Progreso religioso", y bajo la presidencia de M. Boutroux, cuyas ideas filosóficas tienen también algún parentesco con las tendencias "neoespiritualistas", aunque de una manera mucho menos marcada que las de M. Bergson. Este Congreso fue casi enteramente protestante, y sobre todo "protestante liberal"; pero la influencia germánica logró preponderar allí sobre la influencia anglosajona; los teosofistas fieles a la dirección de Mme Besant no fueron invitados, mientras que se escuchó a M. Edouard Schuré, representante de la organización disidente del Dr. Rudolf Steiner, de quien tendremos que hablar a continuación[2*].

[2*] Debemos señalar la presencia, en el "Congreso del Progreso religioso" de París, de D. B. Jayatilaka, presidente de la "Asociación de los jóvenes budistas" ("Association bouddhiste des jeunes gens") de Colombo, que ya había tomado parte en el "Congreso de los libres cristianos" celebrado en Berlín en agosto de 1910, y que había leído un informe en el que decía que "entre todos los fundadores de religiones, fue el Buda quien promulgó la primera carta de la libertad de conciencia"; es preciso creer que estos "modernistas budistas" tienden particularmente a ser considerados como "librepensadores".

CAPÍTULO XVIII

El Cristianismo esotérico

Es tiempo de volver ahora a lo que constituye quizás el rasgo más característico de la nueva orientación (nueva por lo menos en apariencia) dada a la Sociedad Teosófica bajo el impulso de Mme Besant, y que los antecedentes de ésta apenas podían hacer prever: queremos hablar del "Cristianismo esotérico"[1]. No obstante, es menester decir que, anteriormente, la corriente cristiana o supuesta tal, a pesar de lo que parecía tener de incompatible con las ideas de Mme Blavatsky, ya estaba representada en este medio por algunos elementos de importancia más o menos secundaria, que, entiéndase bien, no expresaban lo que se podría llamar la doctrina oficial del teosofismo. Estaba primero el "Rosacrucianismo" del Dr. Frank Hartmann, del que ya hemos hablado más atrás; un Rosacrucianismo cualquiera, por desviado que esté en relación al Rosacrucianismo original, hace uso al menos de un simbolismo cristiano; pero es menester no olvidar que el Dr. Hartmann, en uno de sus libros, ha presentado a Cristo como un "Iniciado", opinión que es también, por otra parte, la de M. Edouard Schuré[2], inventor de un pretendido "esoterismo helenocristiano" cuyo carácter es sumamente sospechoso, puesto que, si se juzga por los títulos de las obras donde se expone, debe conducir "De la Esfinge a Cristo", y después... "de Cristo a Lucifer"[1*]. En segundo lugar, mencionaremos los trabajos más o menos serios de George R.S. Mead, secretario general de la sección europea, sobre el

---

[1] Es el título mismo de una de las obras de Mme Besant: *Esoteric Christianity*.
[2] Ver el libro de este autor titulado *Les Grands Initiés*.
[1*] Las obras de Edouard Schuré son, al parecer, junto con las de Maeterlinck, las que, en el dominio literario, han contribuido más al aumento de adherentes al teosofismo.

gnosticismo y los "misterios cristianos"; veremos más adelante que la restauración de esos "misterios cristianos" es uno de los objetivos declarados de los teosofistas actuales. Además de estas obras, ampliamente inspiradas en los estudios de los especialistas "no iniciados", el mismo autor ha dado también traducciones muy aproximativas, por no decir más, de algunos textos sánscritos, extraídos de las *Upanishads*; se pueden encontrar en ellas ejemplos típicos de la manera en que estos textos son "arreglados" por los teosofistas, a fin de hacerlos servir a las necesidades de su interpretación particular[3]. Finalmente, había habido un "Cristianismo esotérico" propiamente dicho en conexión con el teosofismo; más exactamente, había habido incluso dos, que, por lo demás, no dejaban de tener algunas relaciones entre sí: uno era el de la doctora Anna Kingsford y de Edward Maitland; el otro era el de la duquesa de Pomar.

La primera de estas dos teorías fue expuesta en un libro titulado la *Voie Parfaite*, que apareció en el año 1882; los nombres de los autores fueron tenidos en secreto en un principio, "a fin de que su obra fuera juzgada tan sólo por sus méritos y no por los de ellos"[4], pero después figuraron en las ediciones ulteriores[5]; agregaremos que hubo después una traducción francesa, para la que M. Edouard Schuré escribió un prefacio, y que fue editada a expensas de la duquesa de Pomar[6]. El conde Mac-Gregor Mathers, al dedicar su *Kabbale Dévoilée* a los autores de la *Voie Parfaite*, declaraba a este libro "una de las obras más

---

[3] He aquí los títulos de las principales obras de Mead: Fragments d'une Foi oubliée (el gnosticismo); Pistis Sophia, Evangile gnostique (según la traducción francesa de Amélineau); Essai sur Simon le Mage; Apollonius de Tyane, le philosophe—réformateur du Ier siècle de l'ére chrétienne; L'Evangile et les évangiles; Le Mystère du Monte, quatre essais; La Théosophie des Grecs, Plotin, Orphée; La Théosophie des Védas, les Upanishads.
[4] Prefacio de la primera edición, p. VII.
[5] 1886 y 1890. Nuestras citas corresponderán a la tercera edición.
[6] Separadamente o en colaboración, los mismos autores también han publicado otras obras menos importantes: La *"Vierge du Monde" et autres livres hermétiques*; La *"Astrologie Théologisée" de Weigelius*; *"Vétue du Soleil"* (alusión al Apocalipsis).

profundamente ocultas que hayan sido escritas desde hace siglos". En el momento de la publicación de la *Voie Parfaite*, Anna Kingsford y Edward Maitland eran ambos miembros de la Sociedad Teosófica; es cierto que se retiraron poco después, en la época en que el "affaire" Kiddle provocó en la rama inglesa numerosas dimisiones, como lo hemos expuesto precedentemente. No obstante, el 9 de mayo de 1884, fundaron en Londres una "Sociedad Hermética", de la que Anna Kingsford fue presidenta hasta su muerte, sobrevenida en 1888, y cuyos estatutos estaban en tres artículos, calcados de los de la declaración de principios de la Sociedad Teosófica y que hemos reproducido precedentemente; cosa extraña, Olcott asistió a la inauguración de esta Sociedad y pronunció un discurso, lo que parece dar razón a aquellos que la consideraron una simple "sección esotérica" de la Sociedad Teosófica; así pues, hay lugar a preguntarse si la dimisión de los fundadores había sido sincera, y encontraremos algo análogo en lo que concierne a la duquesa de Pomar[2*].

¿Hasta qué punto había oposición entre las teorías de Anna Kingsford y las de Mme Blavatsky? Las primeras tienen en efecto una etiqueta cristiana, pero, sin hablar de su espíritu anticlerical muy pronunciado (y, aquí también, es San Pablo el que es acusado de haber "introducido la influencia sacerdotal en la Iglesia")[7], la manera en que son interpretados los dogmas del cristianismo es muy particular: se quiere, sobre todo, hacer al cristianismo independiente de toda consideración histórica[8], de suerte que, cuando se habla de Cristo, se hace en un sentido "místico", y por esto es menester entender que se trata siempre únicamente de un principio interior que cada uno debe esforzarse por descubrir y desarrollar en sí mismo. Ahora bien, Mme Blavatsky da también a veces el nombre de *Christos*, ya sea a uno

---

[2*] Anna Kingsford, antes de fundar la "Sociedad Hermética", había sido no solamente miembro de la Sociedad Teosófica, sino presidenta de la *"London Lodge"*.
[7] The Perfect Way, p. 270.
[8] *Idem*, pp. 25-26 y 223.

de los principios superiores del hombre, acerca de cuyo rango varía diversamente, ya sea a la "reunión de los tres principios superiores en una Trinidad que representa al Espíritu Santo, al Padre y al Hijo, puesto que es la expresión del espíritu abstracto, del espíritu diferenciado y del espíritu encarnado"[9]. Estamos aquí en plena confusión, pero lo que es menester retener es que, tanto para Mme Blavatsky como para Anna Kingsford, los "Cristos" son seres que han llegado a desarrollar en ellos ciertos principios superiores, que existen en todo hombre en estado latente; y Anna Kingsford agrega incluso que no se distinguen de otros "Adeptos" sino en que, al conocimiento y a los poderes que tienen éstos, agregan un profundo amor a la humanidad[10]. Mme Blavatsky dice casi la misma cosa, en suma, cuando enseña que "el *Christos* es el estado de Buddha"[11]; pero en esto no hay un perfecto acuerdo entre los teosofistas, y los de hoy en día piensan, como veremos, que es el estado inmediatamente inferior, el del "Bodhisattwa". El anticristianismo de Mme Blavatsky, que concernía sobre todo al cristianismo "ortodoxo" y supuestamente judaizado, no debía, pues, repugnar mucho a la concepción de un "Cristianismo esotérico" como éste, donde, por lo demás, se encuentra un "sincretismo" bastante parecido al suyo y casi tan incoherente, aunque la confusión sea quizá menos inextricable. Resumiendo, la principal diferencia consiste en que una terminología cristiana reemplaza aquí a la terminología oriental, y en que el budismo se encuentra relegado aquí al segundo plano, aunque se considera como el complemento o más bien como la preparación indispensable del cristianismo; acerca de este tema hay un pasaje demasiado curioso, que no dejaremos de citar aquí: "Buddha y Jesús son necesarios el uno al otro; y, en el conjunto del sistema así completado, Buddha es la mente, y Jesús es el corazón; Buddha es lo general, Jesús es lo particular; Buddha es el hermano del universo, Jesús es el hermano de los hombres; Buddha

---

[9] La Clef de la Théosophie, pp. 96-97.
[10] The Perfect Way, p. 216.
[11] La Clef de la Théosophie, p. 218.

es la filosofía, Jesús es la religión; Buddha es la circunferencia, Jesús es el centro; Buddha es el sistema, Jesús es el punto de radiación; Buddha es la manifestación, Jesús es el espíritu; en una palabra, Buddha es el "Hombre" (la inteligencia), Jesús es la "Mujer" (la intuición)… Nadie puede ser propiamente cristiano si no es también, y primero, budista. Así, las dos religiones constituyen, respectivamente, el exterior y el interior del mismo Evangelio, puesto que el fundamento está en el budismo (este término comprende también al Pitagorismo)[12], y la iluminación en el cristianismo. Y, del mismo modo que el budismo es incompleto sin el cristianismo, así el cristianismo es ininteligible sin el budismo"[13]. Anna Kingsford asegura incluso que el Evangelio afirma esta relación en el relato de la Transfiguración, donde Moisés y Elías representarían a Buddha y a Pitágoras, en tanto que sus "correspondientes hebraicos"[14]: singular interpretación, pero no más sorprendente que la que se encuentra algunas páginas más adelante, donde la autora, en base a etimologías fantasiosas, pretende que Abraham representa los "misterios hindúes", Isaac los "misterios egipcios" y Jacob los "misterios griegos"[15]. A pesar de todo, para Anna Kingsford, el cristianismo es superior al budismo, como la intuición es superior a la inteligencia, o como la mujer es superior al hombre, puesto que es una feminista convencida, y considera a la mujer como "la más elevada manifestación de la humanidad"[16]; para completar su fisonomía, agregamos a todo esto que fue una apóstol del vegetarianismo[17] y una adversaria encarnizada de las teorías de Pasteur.

Sobre diversas cuestiones, Anna Kingsford tiene concepciones que le son particulares: así, por ejemplo, considera la naturaleza del hombre

---

[12] Se puede dudar que esta asimilación esté bien justificada.
[13] *The Perfect Way*, pp. 248-249.
[14] *Ibidem*, p. 247.
[15] *Ibidem*, pp. 251-252.
[16] *Ibidem*, p. 23.
[17] Ella dedicó a este tema una obra especial, titulada *The Perfect Way in Diet*.

como cuaternaria, y atribuye una importancia especialísima al número trece, en el que ve "el número de la mujer" y el "símbolo de la perfección"[18]; pero, sobre la mayoría de los puntos importantes, cualesquiera que sean las apariencias, está de acuerdo en el fondo con las enseñanzas teosofistas. Admite concretamente la "evolución espiritual", el "karma" y la reencarnación; a propósito de ésta, llega a pretender incluso que "la doctrina de la progresión y de la migración de las almas constituía el fundamento de todas las religiones antiguas", y que "uno de los objetos especiales de los misterios antiguos era hacer capaz al iniciado de recobrar la memoria de sus encarnaciones anteriores"[19]. Estas reseñas y muchas otras del mismo valor, parecen deberse a la misma "fuente de información" que el conjunto de la doctrina, es decir, al ejercicio de la intuición, "por la que el espíritu se vuelve hacia su centro" y "alcanza a la región interior y permanente de nuestra naturaleza", mientras que "el intelecto es dirigido hacia el exterior para obtener el conocimiento de los fenómenos"[20]. En verdad, aquí se creería estar escuchando a M. Bergson mismo; no sabemos si éste conoció a Anna Kingsford, pero, en todo caso, ella puede ser colocada, bajo algunos aspectos, entre los precursores del intuicionismo contemporáneo. Lo que también merece señalarse en ella, son las relaciones del intuicionismo y del feminismo, y, por lo demás, no creemos que éste sea un caso aislado; entre el movimiento feminista y otras diversas corrientes de la mentalidad actual, hay relaciones cuyo estudio no estaría desprovisto de interés. Por lo demás, tendremos que volver a hablar del feminismo a propósito del papel masónico de Mme Besant.

A pesar de la afirmación de Anna Kingsford, no creemos que la intuición, y diríamos más bien la imaginación, haya sido su única "fuente de información", aunque, ciertamente, se deban al ejercicio de

---

[18] *Ibidem*, p. 244.
[19] *The Perfect Way*, p. 21.
[20] *Ibidem*, p. 3.

esta facultad las aserciones fantasiosas de las que hemos dado algunos ejemplos. Hay al menos, en el punto de partida, elementos tomados a diferentes doctrinas, sobre todo a la kabbala y al hermetismo, y las reseñas que se indican acá y allá dan testimonio a este respecto de conocimientos que, aunque sean superficiales, no obstante existen. Además, Anna Kingsford había estudiado ciertamente a los teósofos en el sentido propio de la palabra, concretamente a Boehme y a Swedenborg; es eso sobre todo lo que tenía en común con la duquesa de Pomar, y había más teosofía en ellas, aunque estuviera bastante entremezclada, que en Mme Blavatsky y sus sucesores. En lo que se refiere a la duquesa de Pomar, como quiera que fue principalmente en Francia donde desarrolló su "Cristianismo esotérico", y como su personalidad así lo merece, le dedicaremos un capítulo especial.

René Guénon

CAPÍTULO XIX

LA DUESQUA DE POMAR

Era una figura singular ésta de Lady Caithness, duquesa de Pomar, que se decía católica y que parecía serlo sinceramente, pero en quien el catolicismo se aliaba a una "teosofía cristiana" inspirada principalmente, como lo hemos dicho, en Boehme y en Swedenborg, y también en algunas concepciones particulares, más extrañas todavía. Para exponer sus ideas, escribió numerosas obras[1]; dirigía también, en París, una revista titulada *L'Aurore du Jour Nouveau*[1*], "órgano del Cristianismo esotérico". Esta revista estaba consagrada a la "La Logosofía", que se definía así: "La Logosofía es la ciencia del Logos o Cristo, tal como nos ha sido trasmitida en las doctrinas esotéricas de los sabios de la India y de los filósofos griegos y alejandrinos... El Cristo, o Logos, que forma la base

---

[1] He aquí los títulos de algunas de ellas: Une visite nocturne à Holyrood; Fragments de Théosophie occulte d'Orient; La théosophie chrétienne; La Théosophie bouddhiste; La Théosophie sémitique; Le Spiritualisme dans la Bible; Interprétation ésotérique des Livres sacrés; Révélations d'en haut sur la science de la vie; Vieilles vérités sous un nouveau jour; Le Mystère des Siècles; L'Ouverture des Sceaux; Le Secret du Nouveau Testament.

[1*] Acerca de las tendencias de la revista "teosófico-católica" de la duquesa de Pomar, se lee lo siguiente en *Le Lotus* (junio de 1887): "El catolicismo de la *Aurore* es un catolicismo perfectamente ecléctico y tolerante, muy mezclado con el espiritismo. Este último punto se desprende de las comunicaciones que la duquesa de Pomar dice tener con los "espíritus"... Además, podríamos decir que este catolicismo es socialista, pues la *Aurore* ha sido administrada, y en consecuencia inspirada, por el Sr. Limousin, director de la *Revue du Mouvement social*, y en el número de mayo se encuentra una comunicación del abate Roca, cuyas avanzadas opiniones socialistas son conocidas por todo el mundo, y el cual ha recibido grandes halagos por parte del *Intransigeant* del Sr. Rochefort". Conviene añadir que el Sr. Limousin, administrador de la *L'Aurore*, no era otro que el H. Ch.-M. Limousin, quien, más tarde, fundó y dirigió la revista masónica *L'Acacia*.

de nuestras enseñanzas, no es precisamente Jesús en su calidad de personaje histórico (el hijo del hombre), sino más bien Jesús bajo su aspecto divino de Hijo de Dios, o Cristo. Esta divinidad en la que creemos debe ser la meta de nuestras aspiraciones. Tenemos el derecho de pretender a ella, puesto que todos somos hijos del mismo Dios, y por consiguiente de esencia divina; ¿y no nos ha sido ordenado que devengamos perfectos como nuestro Padre que está en los Cielos es perfecto? Así pues, la Logosofía es la ciencia de la divinidad en el hombre. Nos enseña el modo de avivar en nosotros el destello divino que todo hombre trae consigo al venir a este mundo. Es por su desarrollo como podremos ejercer, ya en esta Tierra, poderes psíquicos que parecen sobrehumanos, y como, después de nuestra muerte física, nuestro espíritu se reunirá con el de su divino Creador y poseerá la inmortalidad en los Cielos". Aquí también, es la concepción del cristianismo "interno" la que predomina, aunque sea afirmada de una manera menos exclusiva que en Anna Kingsford; en cuanto al "desarrollo de los poderes psíquicos" al que se hace alusión, no es otra cosa que el tercero de los objetivos de la Sociedad Teosófica, cuya realización está reservada a la "sección esotérica".

Desde 1882, Mme de Pomar se titulaba: "presidenta de la Sociedad Teosófica de Oriente y de Occidente"; contrariamente a lo que se podría creer, su Sociedad no estaba de ninguna manera en competencia con la de Mme Blavatsky, de la que, al contrario, constituía en realidad una verdadera "sección esotérica", lo que explica las aproximaciones que acabamos de señalar. En mayo de 1884, Mme Blavatsky escribía a Solovioff: "Desde dos años, algunas personas se reúnen en la casa de una cierta duquesa *plus* lady, que gusta llamarse presidenta de la Sociedad Teosófica de Oriente y de Occidente. ¡Dios la bendiga! Dejémosla llamarse como quiera. Es rica y posee un soberbio hotel en París. Eso no es una objeción; ella puede ser útil"[2]. Así pues, Mme Blavatsky tenía

---

[2] A modern priestess of Isis, p. 25.

contemplaciones con la duquesa de Pomar a causa de su fortuna, y, cuando quiso fundar una rama en París bajo el nombre de Isis[2*], la duquesa de Pomar, por su parte, pensó que podría servirse de ella como de un centro de reclutamiento para su propia organización, a la que quería conservar un carácter más cerrado. Por lo demás, lo que prueba bien que no había entre ellas ninguna rivalidad, es que la duquesa, respondiendo a las esperanzas de Mme Blavatsky, le proporcionaba efectivamente fondos para permitirle extender su doctrina en Francia; se asegura concretamente que le había dado a este efecto, en 1884, una suma de veinticinco mil francos[3].

No obstante, Mme de Pomar dimitió de la Sociedad Teosófica en septiembre de 1884, quejándose de que Olcott había "carecido de tacto" con ella[4]; por lo demás, esta dimisión debió ser retirada, puesto que la presentó de nuevo en 1886, esta vez en compañía de Mme de Morsier y de varios otros miembros de la rama parisiense, a consecuencia de las revelaciones de Solovioff. A pesar de eso, en el momento del "Congreso espiritista y espiritualista" de septiembre de 1889[5], del que se le ofreció la presidencia honoraria[6], y donde Papus declaró, en su informe general, que ella "era emérita de la causa espiritualista", Mme de Pomar todavía no había dejado de ser "presidenta de la Sociedad Teosófica de Oriente y occidente"; por consiguiente, se encontraba entonces en una situación análoga a la de Anna Kingsford con su "Sociedad Hermética"; pero, un poco después de esa fecha, exactamente en marzo de 1890, Mme Blavatsky fundó en París una "sección esotérica" independiente, sobre cuyos estatutos y reglamentos no se dio ninguna reseña públicamente, y cuyos miembros debieron comprometerse por

---

[2*] En la primera línea, suprimir "con el nombre de *Isis*", ya que la rama parisina no adoptó este nombre hasta 1887 (ver la nota adicional de un capítulo anterior).

[3] *Daily News*, 5 de noviembre de 1895.

[4] Carta de Solovioff a Mme Blavatsky, del 26 de septiembre de 1884.

[5] Aquí "espiritualista" quiere decir ocultista.

[6] Este Congreso fue presidido por Jules Lermina; sus otros presidentes de honor eran Charles Fauvety y Eugène Nus.

juramento a obedecer de una manera pasiva las órdenes de la dirección. Por eso no es menos cierto que hasta el fin de su vida, la duquesa conservó relaciones más bien amistosas con la Sociedad Teosófica; así, en julio de 1893, escribió al secretario de la rama parisiense una carta que publicó el *Lotus Bleu*, y en la que se lee esto: "Cualesquiera que sean las diferencias de puntos de vista que existen entre mí y la Sociedad Teosófica, deseo mucho verla desarrollarse en Francia, sabiendo que no puede menos que contribuir al progreso de las ideas a las que yo misma estoy dedicada. Pero la misión que me ha sido confiada por Aquel al que yo llamo mi Maestro, el Señor Jesucristo, absorbe todos los recursos de que puedo disponer". No obstante, estaba inscrita a una subscripción anual de doscientos francos, y continuaba en estos términos: "Deseo que los M.S.T. (miembros de la Sociedad Teosófica) tengan conocimiento de los sentimientos completamente fraternales que siento a su respecto. Si a veces seguimos caminos diferentes, la meta que perseguimos es la misma, y hago los votos más sinceros votos por el éxito de vuestros esfuerzos". Destacaremos también que, el 13 de junio de 1894, Mme de Pomar recibió en su casa a Mme Besant, que dio allí una conferencia sobre la "peregrinación del alma", y que esta reunión fue presidida por el coronel Olcott. El 11 de junio, Mme Besant había pronunciado otra conferencia en el Instituto Rudy; entonces, aún no se había juzgado bueno poner la Sorbonne a su disposición, como debía hacerse en 1911, y como se acababa de hacer de nuevo este año mismo.

La duquesa de Pomar murió el 3 de noviembre de 1895; extraemos las líneas siguientes del artículo necrológico que el Comandante Courmes le consagró en el *Lotus Bleu*, y cuyo estilo respetamos escrupulosamente: "Es una existencia grande y verdaderamente noble la que acaba de extinguirse, porque, si la duquesa no se negaba a gozar de la fortuna que Karma le había dispensado, hacía uso de ella más aún, ciertamente, en caridades de todo género, cuyo número y detalles serían innumerables, y actuando también eminentemente en el terreno de la alta beneficencia intelectual, al difundir, sobre todo en Francia, su patria de adopción, oleadas de "Conocimiento"... Espiritualista de la primera hora, la duquesa de Pomar había entrado en la Sociedad Teosófica desde su advenimiento, en 1876, y estaba íntimamente relacionada con Mme Blavatsky. Era presidenta de la rama francesa "Oriente y Occidente", cuyo espíritu teosófico, aunque independiente, había guardado un carácter más especialmente cristiano, e incluso un poco espiritista. Ciertamente, hubiéramos preferido que permaneciera en la doctrina oriental, que nos parece más próxima a las fuentes primeras; pero se sabe que es derecho de los teosofistas, en sus búsquedas de la verdad, seguir los caminos que más convengan a sus disposiciones naturales"[7].

Son hechos verdaderamente extraños la alianza de Mme de Pomar con Mme Blavatsky y su escuela, así como la afirmación de una meta común entre los movimientos dirigidos por la una y por la otra; lo que no es menos curioso, quizá, es el carácter extremadamente secreto que la duquesa había dado a su organización. He aquí, efectivamente, lo que escribía a Arthur Arnould, en una carta que éste publicó en 1890 con ocasión de la querella con Papus, o que, más exactamente, insertó en un documento que calificó de "estrictamente privado", pero que, no obstante, fue enviado a personas extrañas a la Sociedad Teosófica: "Puesto que la Sociedad Teosófica de Oriente y Occidente, que tengo el honor de presidir, es una de las más esotéricas y por consiguiente de las más secretas, no comprendo que el coronel Olcott haya cometido la imprudencia de hablar de ella, pues yo le había rogado que guardara *nuestro* secreto. Nuestras reuniones son completamente secretas, y nos está prohibido hablar de ellas a nadie, fuera de nuestro círculo ahora bastante numeroso y que cuenta entre sus miembros a algunos de los más grandes espíritus de Francia, pero al que se es admitido sólo después de la más alta de las iniciaciones y de las pruebas más serias. Cuando le digo que recibimos nuestras instrucciones *directamente* de las más altas

---

[7] *Lotus Bleu*, 27 de diciembre de 1895.

esferas, comprenderá que deseemos conservar el más estricto secreto...". Así pues, ¿cuáles eran esas instrucciones y esas comunicaciones misteriosas, cuyos medios, probablemente, no eran muy diferentes de los utilizados por los espiritistas comunes, y cuál era la misión que Mme de Pomar pretendía haber recibido? En una carta fechada el 2 de febrero de 1892, cuyo original obra en nuestras manos, decía a este respecto: "... el culto que profeso por María Estuardo se refiere menos a los recuerdos de su personalidad terrestre que a su individualidad celeste[8], todavía viva, y que desde hace más de treinta años me ha dado numerosas pruebas de su presencia espiritual (*sic*) junto a mí. Este ser, ya tan grande y tan noble en la tierra, ha continuado desarrollándose según la ley eterna de la vida del Espíritu, y hoy día ha llegado a poseer la verdad que libera, ha rebasado con mucho sus convicciones religiosas de antaño[9]. Su misión es la de dar hoy al mundo, y especialmente a Francia, las Verdades del Día Nuevo que deben traer la evolución de la raza en el sentido de una espiritualidad más alta, y yo he tenido el privilegio de ser elegida por ella como intermediaria terrestre para trabajar en su obra". Y más adelante, agrega también que "... esta Reina es hoy un Ángel de las más altas esferas celestes", esferas a las que llama en otra parte el "Círculo de Cristo" y el "Círculo de la Estrella".

Este "Día Nuevo" del que la duquesa de Pomar estaba así encargada de anunciar y de preparar su advenimiento, era una nueva revelación, una era que debía suceder al cristianismo como el cristianismo mismo había sucedido a la antigua Ley; era, en una palabra, la "venida del Espíritu Santo", concebido gnósticamente como lo "divino femenino"[10]. Era, también, "la manifestación de los hijos y de las hijas de Dios, no ya en tanto que un ser único, sino como varios: esta raza

---

[8] Las palabras "personalidad" e "individualidad" están tomadas ahí en su sentido teosofista, donde su relación es exactamente la inversa de la que deben tener normalmente.
[9] Con esto, ¿en qué queda el catolicismo?
[10] Ver *Le Secret du Nouveau Testament*, pp. 396-505: "Comunicación de lo alto, recibida en el Santuario de la Reina, en Holyrood" y firmado "un enviado de la Reina María".

más perfecta humanizará la tierra, que sabemos que ya ha pasado por los períodos del desarrollo mineral, vegetal y animal, y vemos que esta última etapa de desarrollo está ya cerca de completarse"; y la duquesa llega inclusive a esta precisión: "Podemos decir verdaderamente que el antiguo mundo ha acabado en 1881 y que el Señor ha creado nuevamente un cielo nuevo y una nueva tierra y que vamos a entrar en el nuevo *año de Nuestra Señora, 1882*"[11]. Estas citas están tomadas de una curioso folleto, lleno de cálculos kabalísticos, que como título lleva sólo las dos fechas: *1881-1882*, y en cuyo final se lee esto: "Mientras escribo estas líneas, las horas de 1881, *el último año de la Antigua Revelación*, van rápidamente hacia el final, y se acerca la primera hora de la Esposa celeste"[12]. Es permisible encontrar que la idea de un Mesías colectivo, tal como se expresa aquí, tiene algo bastante extravagante; no obstante, no es enteramente nueva, y, bajo este aspecto, señalaremos que en el judaísmo se encuentran concepciones que tienden a identificar al Mesías con el pueblo de Israel mismo. Sea como sea, es precisamente el mesianismo, bajo una u otra forma, el que parece proporcionar la clave de esta "comunidad de objetivo" que afirmaba Mme de Pomar respecto de la Sociedad Teosófica, así como también es un mesianismo más o menos confesado el que está en la raíz de muchos otros movimientos "neoespiritualistas".

Si no hace apenas más que una decena de años que se ha visto formular claramente, en los teosofistas, la concepción de un "Mesías futuro", por eso no es menos cierto que éste ya había sido anunciado en estos términos por Mme Blavatsky misma: "El próximo esfuerzo encontrará un cuerpo, que contará con un gran número de miembros *unidos* entre sí y dispuestos a acoger al nuevo *Portador* de la llama de la Verdad. Los corazones estarán preparados para recibir su mensaje; el lenguaje que necesitará para dar las nuevas verdades que traerá, habrá sido encontrado; una organización completa esperará su llegada, y se

---

[11] *1881-1882*, pp. 49-50.
[12] *Ibidem*, p. 85.

apresurará a quitar de su camino los obstáculos y dificultades de naturaleza puramente mecánica y material. Reflexionad un instante, y comprenderéis lo que será capaz de realizar Aquel en quien tales circunstancias recaerán en herencia..."[13]. He ahí, pues, el "objetivo común" de las empresas de Mme Pomar y Mme Blavatsky; pero la segunda, que se cuidaba muy bien de adelantar detalles precisos, profetizaba probablemente sobre seguro, ya que cabe suponer que había dado como misión secreta a su Sociedad, no sólo preparar la vía a "Aquel que debe venir", sino también suscitar su aparición misma en el momento que pareciera propicio. Esta misión debía realizarla Mme Besant, antigua secretaria de Mme Blavatsky y su última confidente, con la ayuda de su asociado, el antiguo ministro anglicano Charles W. Leadbeater, que parece desempeñar junto a ella un papel bastante análogo al de Olcott junto a la fundadora de la Sociedad; únicamente, el cariz "cristiano" que se ha dado al movimiento mesiánico en vías de realización, no corresponde quizá enteramente a los puntos de vista de Mme Blavatsky, y también, si se tiene en cuenta lo que hemos dicho en el capítulo precedente, se puede ver que, incluso sobre este punto, el desacuerdo es más aparente que real. Por lo demás, el carácter inestable y huidizo de la seudodoctrina teosofista tiene la ventaja de permitir las transformaciones más imprevistas; a aquellos que ven en ella contradicciones, se les responde que no han comprendido bien, como suelen responder también, en casos similares, los defensores del intuicionismo bergsoniano.

---

[13] La Clef de la Théosophie, p. 406.

CAPÍTULO XX

EL MESÍAS FUTURO

Para comprender la extraña mascarada mesiánica que causó algún alboroto en estos últimos años, es menester conocer la concepción muy particular que los teosofistas se hacen de Cristo, o, más generalmente, de lo que llaman un "Gran Instructor" o "Instructor del Mundo". Estas dos expresiones son la traducción de los términos sánscritos *Mahâguru* y *Jagadguru* que, en realidad, sirven simplemente para designar a los jefes de algunas escuelas brâhmánicas: así, el *Jagadguru* auténtico es el jefe de la escuela vêdantina de Shankarâchârya. A este propósito, digamos de paso, y para poner en guardia contra posibles confusiones, que el personaje al que corresponde legítimamente este título en la época actual, no es aquel que se hace pasar por tal en publicaciones en las que la exposición del "Vêdânta" está notablemente deformada para uso de los occidentales (aunque esa desnaturalización sea menos completa, es menester reconocerlo, que en Vivekânanda y sus discípulos); esta historia tiene trasfondos políticos bastante curiosos, pero que nos llevarían muy lejos de nuestro tema. Cuando los teosofistas hablan en sus obras de *Mahâguru*, el personaje del que se trata no es ninguno de aquellos a los que se reconoce esta cualidad en la India, sino que es idéntico al *Bodhisattwa*, del que han hecho, como ya lo hemos visto, el "jefe del departamento de la Instrucción religiosa" en el "gobierno oculto del mundo". Según el concepto búdico, un Bodhisattwa es, en cierto modo, un Buddha "en devenir": es un ser que está a punto de alcanzar el estado de Buddha o la posesión de la sabiduría suprema, y que actualmente se encuentra en un grado inmediatamente inferior a ése. Los teosofistas admiten esta concepción, pero le agregan muchas fantasías que les pertenecen en propiedad; así, para ellos hay dos funciones que son en cierto modo complementarias, la de Manú y la de Bodhisattwa; además, hay un Manú y un Bodhisattwa que están encargados especialmente de cada una de las siete "razas-madres". Cuando un Bodhisattwa ha terminado su papel, deviene Buddha y es reemplazado por otro "Adepto"; el Manú, cuando se acaba el período en el que debía ejercer sus funciones, pasa igualmente a un rango superior, pero que no está precisado. En fin, la era del Manú y la del Bodhisattwa no coinciden: "Un Manú comienza siempre con la primera subraza de la raza-madre, mientras que el Bodhisattwa ejerce siempre su obra a caballo sobre dos grandes razas"[1].

Dicho esto, podemos volver a la concepción del "Cristo histórico", que los teosofistas se cuidan de distinguir del "Cristo místico", es decir, del principio superior del hombre, del que ya hemos hablado más atrás, y también del "Cristo mitológico" o "dios solar", ya que admiten las conclusiones de la pretendida "ciencia de las religiones" sobre los "mitos" y su interpretación astronómica. Mme Blavatsky hacía una distinción, que se parece a un juego de palabras, entre *Christos* y *Chrestos*: reservaba el primero de esos dos términos al "Cristo místico", mientras que consideraba al segundo como designando un cierto grado de iniciación en los misterios antiguos; por consiguiente, todo hombre que hubiera alcanzado ese grado no era *Christos*, sino *Chrestos*, y tal pudo ser el caso de Jesús de Nazaret, si es que se admite su existencia histórica, de la que, por su parte, Mme Blavatsky dudaba mucho. He aquí, en efecto, uno de los pasajes donde se explica más claramente sobre este punto: "Para mí, Jesucristo, es decir, el Hombre Dios de los cristianos, copia de los Avatares de todos los países, del Chrishna hindú[2] así como el Horus egipcio, jamás ha sido un personaje *histórico*. Es una personificación glorificada del tipo deificado de los grandes Hierofantes de los Templos, y su historia contada en el Nuevo

---

[1] De l'an 25.000 avant Jésus-Christ à nos jours, p. 60-61.
[2] Evidentemente, es con toda intención como Mme Blavatsky escribe *Chrishna* y no *Krishna*; pero, no obstante, no se atreve a llegar a escribir *Christna*, como lo hacía Jacolliot.

Testamento es una alegoría que contiene, ciertamente, profundas verdades esotéricas, pero es una alegoría". Esa alegoría, bien entendido, no es otra cosa que el famoso "mito solar"; pero prosigamos: "La leyenda de la que hablo se funda, así como lo he demostrado en diversas ocasiones en mis escritos y en mis notas, sobre la existencia de un personaje llamado Jehoshua (de donde se ha hecho Jesús), nacido en Lud o Lydda hacia el año 120 antes de la era moderna. Y si se contradice ese hecho, cosa a la que apenas me opongo, entonces será preciso adoptar una determinación y considerar al héroe del drama del Calvario como un mito puro y simple"[3]. No obstante, un poco antes, Mme Blavatsky se había expresado de una manera muy diferente y mucho más afirmativa sobre el "hecho" de que se trata: "Jesús fue un *Chretos*... que vivió realmente durante la era cristiana, o un siglo antes, bajo el reinado de Alejandro Jannés y de su mujer Salomé, en Lud, como lo indica el *Sepher Toldoth Jehoshua*". La fuente que cita aquí es un libro rabínico compuesto con un evidente partidismo de polémica anticristiana, y acerca del cual se está de acuerdo en considerar su valor histórico completamente nulo; eso no impide que, al responder a "algunos sabios según los cuales esta aserción sería errónea", y entre los cuales es menester colocar a Renan mismo, Mme Blavatsky agregue en nota: "Digo que los sabios mienten o desbarran. Son nuestros *Maestros* quienes lo afirman. Si la historia de Jehoshua o Jesús Ben Pandira es falsa, entonces todo el Talmud, todo el canon judío, es también falso. Fue el discípulo de Jehoshua Ben Parachia, el quinto presidente del Sanhedrin desde Ezra, quien *reescribió* la Biblia. Comprometido en la rebelión de los fariseos contra Jannaeus, en el año 105 antes de la era cristiana, huyó a Egipto, llevando consigo al joven Jesús. Este relato es mucho más verdadero que el del Nuevo Testamento, del que la historia no dice palabra"[4]. Así pues, he aquí hechos cuya realidad le había sido garantizada, si la creemos, por sus "Maestros" mismos, y, algunos meses

---

[3] *Le Lotus*, abril de 1888 (controversia con el abate Roca).
[4] *Le Lotus*, diciembre de 1887.

más tarde, ella ya no se opone a que se les trate de simple leyenda; ¿cómo explicar semejantes contradicciones, sino por ese "caso patológico" que debía denunciar después el director de la revista misma que había publicado todas estas elucubraciones?

La actitud de Mme Besant es muy diferente, ya que afirma, al contrario, la existencia histórica de Jesús, trasladándola, ella también, a un siglo antes de la era cristiana; vamos a resumir el relato singular que hace de este tema en su *Christianisme Esotérique*[5]. El niño judío, cuyo nombre fue traducido por el de Jesús, nació en Palestina en el año 105 antes de nuestra era; sus padres le instruyeron en las letras hebraicas; a los doce años, visitó Jerusalén, y después fue confiado a una comunidad esenia de la Judea meridional. Digamos seguidamente que la historia de las relaciones de Jesús con los esenios no ha sido inventada en todas sus partes por los teosofistas, y que, ya antes de éstos, muchas otras organizaciones ocultas han querido sacar provecho de eso; por lo demás, es un hábito bastante corriente, en esos medios, darse como herederos de los esenios, a quienes algunos pretenden vincular con los budistas, no se sabe bien por qué, y en quienes se ha querido encontrar uno de los orígenes de la masonería[1*]. Hubo incluso en Francia, hace una treintena de años, una secta espiritista que se llamaba "esenia", y para la cual había dos Mesías, Jesús y Juana de Arco; en ella se atribuía una gran importancia a un manuscrito relativo a la muerte de Jesús, supuestamente hallado en Alejandría, y publicado en Leipzig en 1849 por un cierto Daniel Ramée; una traducción inglesa de este escrito, cuyo objetivo manifiesto es negar la resurrección, ha aparecido recientemente en Norteamérica bajo los auspicios de la "Gran Escuela" u "Orden de la Luz" de la que hemos hablado precedentemente. Pero volvamos al relato

---

[5] Ver igualmente la obra de Mead titulada: ¿*Did Jesus live 100 B. C.*?

[1*] Sobre los supuestos "Esenios" modernos, véase *L'Erreur spirite*, p. 235; las fantasías pseudo-históricas de Jacolliot eran muy estimadas en esta secta, y, por una coincidencia que sin duda no tiene nada de fortuito, *La Bible dans l'Inde* de este autor figura también entre las obras recomendadas oficialmente por la "*Order of Light*".

de Mme Besant: a los diecinueve años, Jesús entró en el monasterio del monte Serbal, donde había una biblioteca ocultista considerable, de la que muchos libros "provenían de la India transhimalayana"; recorrió después Egipto, donde devino "un iniciado de la Logia esotérica de la que todas las grandes religiones reciben su fundador", es decir, de la "Gran Logia Blanca", que, en aquella época, todavía no estaba centralizada en el Tíbet, aunque otro escritor, de quien se afirma que no es teosofista, y a cuyo respecto los teosofistas demuestran incluso cierta desconfianza, pretende haber encontrado rastros de la estancia de Jesús en esta última región, donde habría sido conocido bajo el nombre de Issa[6].

Lo que sigue requiere algunas explicaciones, pues es aquí donde llegamos a la manera en que se produce, según los teosofistas, la manifestación de un "Gran Instructor", o incluso a veces la de un "Maestro" de menor importancia: para ahorrar a un ser tan "evolucionado" el trabajo de prepararse él mismo un "vehículo", pasando por todas las fases del desarrollo físico ordinario, es menester que un "iniciado" o un "discípulo" le preste su cuerpo, cuando, después de haber sido especialmente preparado mediante ciertas pruebas, se haya hecho digno de este honor. A partir de ese momento, será el "Maestro" quien, sirviéndose de ese cuerpo como si fuera el suyo propio, hablará por su boca para enseñar la "religión de la sabiduría"; en esto hay algo bastante análogo al fenómeno que los espiritistas llaman "encarnación", pero con la diferencia de que en este caso se trataría de una "encarnación" permanente. Es menester agregar que "Maestros" vivos podrían servirse ocasionalmente, de una manera semejante, del cuerpo de un discípulo, lo que habrían hecho frecuentemente con Mme Blavatsky; se dice también que los "Maestros" no se reservan exclusivamente para sí el privilegio de la reencarnación por sustitución, y que a veces hacen que se beneficien de ella sus discípulos más

---

[6] *La Vie inconnue de Jésus-Christ*, por Nicolás Notovich; ver *Lotus Bleu*, 27 de julio de 1894.

avanzados: sobre este último punto, ya hemos contado más atrás las afirmaciones de Sinnett y de M. Leadbeater, según las cuales Mme Blavatsky habría pasado así a otro cuerpo inmediatamente después de su muerte. Pero el caso que nos interesa más particularmente aquí es el de la manifestación de los "Maestros"; parece admitirse, sin afirmarlo siempre de un modo absoluto, que el Buddha se sirvió del medio que acabamos de indicar; he aquí lo que dice al respecto M. Leadbeater: "Puede ser que el cuerpo de niño nacido del rey Souddhodana y de la reina Maya no haya sido habitado, en los primeros años, por el Señor Buddha mismo, que, como Cristo, habría pedido a uno de sus discípulos que cuidara de ese vehículo, y no habría entrado en él más que en el momento en que este cuerpo se encontraba debilitado por las largas austeridades que se infligió durante seis años para encontrar la verdad. Si ello es así, no es sorprendente que el príncipe Siddhartha no haya conservado la memoria de todos los conocimientos adquiridos anteriormente por el Señor Buddha, puesto que no era la misma persona"[7]. Así pues, Siddhartha habría sido, lo mismo que Jesús, el discípulo elegido por el "Maestro" para preparar un cuerpo adulto y cedérselo después, "sacrificio que sus discípulos estarán siempre felices de hacerle"[8]; y lo que no se da más que como una simple hipótesis en el pasaje que acabamos de citar, es presentado en otra parte por el mismo autor como un hecho cierto y de carácter muy general: "La idea de tomar un cuerpo apropiado es adoptada siempre por los Grandes Seres cuando piensan que es bueno descender entre los hombres en las condiciones actuales. El Señor Gautama actuó así cuando vino a la tierra para alcanzar la dignidad de Buddha. El Señor Maitreya hizo lo mismo cuando vino a Palestina hace dos mil años"[9]. En todo caso, en lo que concierne a la manifestación de Cristo, de la que se trata en esta última frase, los teosofistas actuales son siempre muy

---

[7] L'Occultisme dans la Nature, p. 322.
[8] *Ibidem*, p. 319.
[9] *Adyar Bulletin*, octubre de 1913.

afirmativos: Mme Besant dice que el "discípulo" Jesús, llegado a la edad de veintinueve años, había devenido "apto para servir de tabernáculo y de órgano a un poderoso Hijo de Dios, Señor de compasión y de sabiduría"; así pues, este "Maestro" descendió en Jesús, y, durante los tres años de su vida pública: "era él el que vivía y se movía en la forma del hombre Jesús, predicando, curando las enfermedades y agrupando alrededor de él a algunas almas más avanzadas"[10]. Al cabo de tres años, "el cuerpo humano de Jesús sufrió la pena de haber albergado la presencia gloriosa de un Maestro más que humano"[11]; pero los discípulos que había formado permanecieron bajo su influencia, y, durante más de cincuenta años, continuó visitándolos por medio de su "cuerpo espiritual" e iniciándolos en los misterios esotéricos. Subsiguientemente, alrededor de los relatos de la vida histórica de Jesús, se cristalizaron los "mitos" que caracterizan a un "dios solar", y que, una vez que se dejó de comprender su significado simbólico, dieron nacimiento a los dogmas del cristianismo; en toda esta historia, este último punto es casi el único donde se encuentran las ideas de Mme Blavatsky.

El "Señor de compasión", del que acabamos de hablar es el Bodhisattwa Maitreya; este nombre y este título, que se refieren a la concepción del "Buddha futuro", existen efectivamente en el budismo auténtico; pero se puede encontrar bastante desafortunado este intento de fusión entre el budismo y el cristianismo, que constituye el carácter especial del mesianismo de los teosofistas. Esto es también un ejemplo de la manera eminentemente fantasiosa con que éstos pretenden hacer concordar las diversas tradiciones que saquean; ya hemos encontrado otro en la asociación del Manú y del Bodhisattwa. Señalemos también, y desde el mismo punto de vista, que, siempre según los teosofistas actuales, Maitreya, mucho tiempo antes de manifestarse como Cristo, había aparecido en la India bajo la figura de Krishna; pero se debe de

---

[10] *Esoteric Christianity*, p. 134 de la edición inglesa.
[11] *Ibidem*, p. 136.

admitir que, en esa época, todavía no era Bodhisattwa, sino un "Adepto" de un rango un poco inferior (lo que es hoy día Koot Hoomi, su sucesor designado), puesto que Krishna es muy anterior al momento en que Gautama, el precedente Bodhisattwa, devino Buddha. Sin embargo, no estamos muy seguros de que algunos teosofistas no cometan un anacronismo a este respecto y crean a Krishna posterior a Buddha; en efecto, M. Leadbeater, después de haber dado como regla general la apropiación hecha por los "Grandes Seres" del cuerpo de un discípulo, agrega: "La única excepción que nos es conocida es la siguiente: cuando un nuevo Bodhisattwa asume la función de Instructor del Mundo después que su predecesor ha devenido Buddha, nace como un niño pequeño ordinario en el momento de su primera aparición en el mundo en calidad de Instructor. Nuestro Señor, el presente Bodhisattwa, hizo así cuando nació como Srî Krishna en las llanuras doradas de la India para ser amado y honrado con una pasión de devoción que no ha podido ser igualada nunca en ninguna otra parte"[12]. Sea como sea, es el mismo Bodhisattwa Maitreya el que debe manifestarse de nuevo en nuestros días, en condiciones análogas a las que acabamos de describir en lo que concierne a Cristo: "El Gran Jefe del Departamento de la Instrucción Religiosa, dice Leadbeater, el Señor Maitreya, que ya ha enseñado bajo el nombre de Krishna a los hindúes, y bajo el de Cristo a los cristianos, ha declarado que pronto volverá al mundo para traer la curación y la ayuda a las naciones, y para revivificar la espiritualidad que la tierra ha perdido casi enteramente. Una de las grandes obras de la Sociedad Teosófica es hacer cuanto le sea posible para preparar a los hombres para su venida, de manera que un mayor número de ellos pueda aprovechar la ocasión única que se les ofrece con su presencia entre ellos. La religión que fundó cuando vino a Judea, hace dos mil años, está extendida ahora por toda la tierra, pero, cuando dejó su cuerpo físico, se dice que los discípulos reunidos para considerar la nueva situación no eran más que ciento veinte. Un solo precursor anunció su venida la

---

[12] *Adyar Bulletin*, octubre de 1913.

última vez; ¡ahora es a una Sociedad de veinte mil miembros, repartidos por el mundo entero, a la que se ha dado esta tarea! Esperamos que los resultados serán mejores esta vez que la última, y que podremos guardar al Señor entre nosotros más de tres años, antes de que la maldad humana le obligue a retirarse; ¡ojalá que podamos reunir a su alrededor un número de discípulos mayor que antaño!"[13]. Así pues, tal es la meta que se asigna hoy a la Sociedad Teosófica, que Mme Besant declaraba, hace ya veinte años, "que había sido elegida como la piedra angular de las futuras religiones de la humanidad, el eslabón puro y bendito entre los de lo alto y los de abajo"[14]. Ahora bien, el éxito completo que se desea para la nueva manifestación del Bodhisattwa, ¿debe ser interpretado en el sentido de que, esta vez, llegará al estado de Buddha perfecto? Según Sinnett: "El Buddha Maitreya no vendrá sino después de la desaparición completa de la quinta raza y cuando el establecimiento de la sexta sobre la tierra date ya en varias centenas de miles de años"[15]; pero Sinnett no tenía ningún conocimiento de las apariciones previas de Maitreya como Bodhisattwa, que constituyen una innovación en el teosofismo. Por lo demás, si se recuerda cuanto ha sido reducido el intervalo que nos separa del comienzo de la quinta raza, ya no habrá motivo para sorprenderse de que su fin estuviera mucho más próximo de lo que se había dicho en un comienzo; en todo caso, se nos anuncia para muy pronto el nacimiento del núcleo de la sexta raza, "bajo la dirección de un Manú bien conocido por los teósofos", que es el "Maestro" Morya[16][2*].

---

[13] L'Occultisme dans la Nature, p. 382.
[14] Introduction a la Théosophie, p. 12.
[15] Le Bouddhisme Esotérique, p. 210.
[16] *L'Occultisme dans la Nature*, p. 261. Ver el libro de Mme Besant titulado: *Man whence, how and whither.*
[2*] La sexta raza debe, al parecer, tomar nacimiento en California; por ello, una multitud de sociedades pseudo-iniciáticas, más o menos emparentadas con el teosofismo, han establecido su sede en esta región (ver p. 242, nota 8).

El papel que la Sociedad Teosófica se atribuye no se limita a anunciar la venida del "Gran Instructor"; consiste también en encontrar y preparar, como lo habrían hecho antaño los esenios, al "discípulo" de elección en el que se encarnará, cuando haya llegado el momento, "Aquel que debe venir". A decir verdad, el cumplimiento de esta misión no ha dejado de tener algunos tanteos; hubo al menos una primera tentativa que fracasó lastimosamente, y que se remonta a un período en el que aún no se había decidido con exactitud acerca de la personalidad del futuro "Portador de la llama de la Verdad", como lo designó Mme Blavatsky. Sucedió en Londres, donde existía entonces una suerte de comunidad de teosofistas en el barrio de Saint-John's Wood; allí se enseñaba a un joven, de aspecto enclenque y poco inteligente, pero cuyas palabras, hasta las más insignificantes, eran escuchadas con respeto y admiración, pues parece que era nada menos que "Pitágoras reencarnado". Por lo demás, es probable que no se tratara de una reencarnación propiamente dicha, sino más bien de una manifestación del género de esas de las que acabamos de hablar, puesto que los teosofistas admiten que Pitágoras está ya reencarnado en Koot Hoomi, y que éste, a su vez, no había dejado de vivir. No obstante, hay otros casos donde una semejante interpretación no parece ni siquiera posible, y los teosofistas apenas se arredran ante las peores dificultades; así, mientras algunos de ellos llamaban a Mme Blavatsky "el Saint-Germain del siglo XIX"[17], hubo otros que, tomando las cosas al pie de la letra, creyeron que ella había sido efectivamente la reencarnación del conde de Saint-Germain[3*], al mismo tiempo que, éste, por otra parte, después de haber sido considerado como un simple enviado de la "Gran Logia Blanca", se encontraba elevado al rango de un "Maestro" que vive todavía; a este propósito, señalaremos que una biografía teosofista de este personaje, verdaderamente enigmático por lo demás, ha sido escrita

---

[17] *Lotus Bleu*, 27 de mayo y 27 de septiembre de 1895.
[3*] Acerca de Christian Rosenkreutz y el conde de Saint-Germain, considerados como un mismo personaje e identificados con el "Maestro R.", ver notas adicionales anteriores.

por Mme Isabel Cooper-Oakley, que fue uno de los primeros discípulos de Mme Blavatsky[18]. Sin duda, en todo esto hay misterios que vale más no profundizar, pues probablemente nos daríamos cuenta de que las ideas teosofistas, en esto como en otras cosas, son extremadamente flotantes e indecisas, y nos encontraríamos incluso en presencia de las afirmaciones más inconciliables; en todo caso, según lo dice Sinnett, Mme Blavatsky misma pretendía haber estado encarnada precedentemente en un miembro de su propia familia, una tía que había muerto joven, y haber sido antes una mujer hindú que tenía conocimientos considerables en ocultismo; pero aquí no se trataba del conde de Saint-Germain.

Pero volvamos a Pitágoras, o más bien al jovencito a quien se destinaba para que le proporcionara un nuevo "vehículo": al cabo de algún tiempo, el padre de este jovencito, un capitán retirado del ejercito británico, retiró bruscamente a su hijo de las manos de M. Leadbeater, que había sido especialmente encargado de su educación[19]. Debió haber incluso alguna amenaza de escándalo, porque, en 1906, M. Leadbeater fue excluido de la Sociedad Teosófica, por motivos sobre los que se guardó prudentemente silencio; sólo más adelante se tuvo conocimiento de una carta escrita entonces por Mme Besant, y en la que hablaba de métodos "dignos de la más severa reprobación"[20]. Reintegrado no obstante en 1908, después de haber "prometido no repetir los consejos peligrosos" dados antaño por él a jóvenes[21], y reconciliado con

---

[18] Por otra parte, tampoco faltan quienes pretenden que el conde de Saint-Germain fue, él mismo, una reencarnación de Christian Rosenkreutz, el fundador simbólico de la Rosa-Cruz (*The Rosicrucian Cosmo-Conception*, por Max Heindel, p. 433), y que este último era ya anteriormente un iniciado de alto grado, que habría vivido en la época de Cristo.

[19] Estos hechos han sido contados en un artículo firmado por J. Stonet, aparecido en el *Soléil* del 1º de agosto de 1913.

[20] *Theosophical Voice*, de Chicago, mayo de 1908.

[21] *Theosophist*, febrero de 1908. Esta reintegración provocó en Inglaterra un cierto número de dimisiones, concretamente las de MM. Sinnett y Mead (*The Hindu*, de Madrás,

Mme Besant, de la que devino incluso el colaborador constante en Adyar, M. Leadbeater debía desempeñar aún el papel principal en un segundo "affaire", mucho más conocido, y que iba a concluir en un desenlace casi similar.

---

28 de enero de 1911); el primero fue reemplazado, como vicepresidente de la Sociedad Teosófica, por Sir S. Subramanya Iyer, antiguo primer juez del Alto Tribunal de Madrás.

CAPÍTULO XXI

LAS TRIBULACIONES DE ALCIÓN

En el asunto del que vamos a hablar ahora, ya no es Pitágoras o Koot Hoomi a quien se trataba de manifestar, sin duda a título de "precursor", sino al Bodhisattwa Maitreya mismo; y el joven a quien se enseñaba con este propósito ya no era un inglés, sino un hindú, Krishnamurti, del que Mme Besant se había instituido como tutora, así como de su hermano Nityananda, que debía tener que desempeñar también alguna misión accesoria[1*]; se les designaba habitualmente por los seudónimos astronómicos de *Alción* y de *Mizar*. Ambos acompañaron a Mme Besant en el viaje que ésta hizo a París en 1911, y aparecieron a su lado en la conferencia que dio en la Sorbona, el quince de junio, bajo la presidencia de M. Liard, el vicerrector de entonces (y que, conviene hacerlo notar, era protestante), y cuyo tema era "el mensaje de Giordano Bruno al mundo actual"[1]. Para comprender este título, es menester saber que Mme Besant pretende ser la reencarnación de Giordano Bruno, del mismo modo que pretende haber sido precedentemente la filósofa Hipatia, hija del matemático Teón de Alejandría; en oportunidades anteriores, había dado sobre este tema una versión completamente diferente, ya que ha afirmado

---

[1*] Nityânanda murió muy joven, hace ya algunos años, sin haber podido desempeñar ningún papel activo en las empresas "mesiánicas" del teosofismo.

[1] Muy recientemente, el 26 de julio de 1921, habiendo llegado Mme Besant a París para presidir el Congreso teosófico, dio de nuevo una conferencia en el gran anfiteatro de la Sorbona; el vicerrector actual, M. Appell, que ha debido dar esta vez la autorización necesaria a este efecto, y que figuraba también en primera fila de la asistencia, ¿no es igualmente protestante? Ver sobre este tema un artículo de M. Eugène Tavernier, en *Libre Parole* del 25 de julio de 1921.

expresamente, como Mme Blavatsky, "que había sido hindú en su vida anterior"[2]. En realidad, tales variaciones no son nada indicadas para inspirar confianza, y eso es también una contradicción más que se puede agregar a todas las que ya hemos tenido la ocasión de señalar hasta aquí.

En la época en que vino a París por primera vez (puesto que, en 1914, habría de volver)[2*], Alción contaba ya dieciséis años; había escrito, o al menos se había publicado con su nombre, un librito titulado *Aux pieds du Maître*, por el que los teosofistas mostraron la más viva admiración, aunque no fueran apenas más que una colección de preceptos morales sin gran originalidad[3]. Gaston Revel terminaba un artículo consagrado a este libro con estas palabras significativas: "Mañana, el Anunciador será Dispensador de nuevos beneficios; ¡que sean numerosísimos, que sean multitud los corazones que seguirán su Estrella!"[4]. Precedentemente, había aparecido una obra muy extravagante, que tenía por título *Déchirures dans le voile du temps*, "por los principales instructores teósofos: Mme Anie Besant, M. C. W. Leadbeater, en colaboración con varias otras personas": era una suerte de novela, digna de la historia de las antiguas razas humanas y procedente de la misma fuente, donde se contaban las treinta encarnaciones sucesivas de Alción, al menos las treinta últimas, ya que se aseguraba que había tenido muchas otras antes de esas[5]. Como regla general, se debe admitir naturalmente que el hombre no guarda ningún recuerdo de sus vidas anteriores; pero parece que "los principales instructores teósofos" son una excepción, gracias a su "clarividencia" que les permite hacer investigaciones en el pasado; pero ya acabamos de ver hasta qué punto

---

[2] *The Two Worlds*, 20 de abril de 1894.

[2*] Tras haber estado en París en 1911 y 1914, Krishnamurti volvió en 1921, y desde entonces ha estado en diferentes ocasiones.

[3] En 1913 apareció otro folleto atribuido a Alción y titulado: *Le Service dans l'Education*.

[4] *Le Théosophe*, 16 de junio de 1911.

[5] En la obra *Man: whence, how and whither*, que apareció en 1913, se dan indicaciones sobre las encarnaciones más antiguas, e incluso sobre las existencias "prehumanas" de Alción y de los jefes de la Sociedad Teosófica en el curso de la "cadena lunar".

es posible fiarse de eso. Una suerte de adaptación francesa de esta obra, o más bien un resumen de ella acompañado de comentarios, fue publicado por M. Gastón Revel, en 1913, bajo este título: *De l'an 25000 avant Jésus-Christ à nos jours*. Conviene destacar el cuidado con que han sido escogidos los episodios contados, a fin de proporcionar la ocasión de recordar las diversas enseñanzas teosofistas; otro tanto para las predicciones que se han introducido en ella más o menos hábilmente, en fechas diversas, respecto al papel futuro de Alción; y finalmente la manera en que se vuelven a encontrar, de una existencia a otra, los mismos personajes, entre los cuales están los jefes de la Sociedad Teosófica: "Alrededor de ciento cincuenta miembros actuales de la Sociedad, dice M. Leadbeater (que figura entre ellos con el nombre de *Sirius*), se encuentran entre los personajes principales del drama que se desarrolla en el curso de esas vidas (Mme Besant es *Hércules*, Mme Blavatsky es *Vajra*, Olcott es *Ulises*, y así sucesivamente). Es profundamente interesante observar cómo aquellos que, en el pasado, han estado unidos frecuentemente por los lazos de la sangre, aun cuando hayan nacido en países alejados, se encuentran unidos de nuevo por el interés común que sienten por los estudios teosóficos y unidos también en un mismo amor por los Maestros aún más estrecho que por el parentesco terrestre"[6]. Se ha elaborado ahí toda una teoría de la "reunión de los Egos", en correlación con ciertas épocas a las que se considera como particularmente importantes en la historia de las razas humanas; y esto se aprovecha para declarar que "la fundación real de la Sociedad Teosófica se remontaría al año 22662 antes de Jesucristo"[7], aseveración que conviene relacionar con las fantásticas genealogías de las sociedades secretas a las que hemos hecho alusión precedentemente[8]. En cuanto al héroe de esta historia, he aquí las

---

[6] L'Occultisme dans la Nature, p. 158.

[7] De l'an 25.000 avant Jésus-Christ à nos jours, p. 296.

[8] La H. B, of L. se contentaba con fijar su origen en "4320 años antes del año 1881 de la era actual"; como se ve, era relativamente modesta, y aún es preciso decir que sus fechas se referían al simbolismo de los "números cíclicos".

precisiones que se dan sobre la "iniciación" a que habría llegado recientemente, después de haberse preparado poco a poco en el curso de sus precedentes existencias: "Alción ya está listo en adelante para cumplir nuevos deberes, como discípulo directo de aquéllos (los "Maestros"), a los que sirvió bien en el pasado. Es así como, en su encarnación actual, encuentra en nuestra venerada Presidenta y en M. C. W. Leadbeater, a los amigos y familiares de antaño. Poco después, fue admitido en el Sendero de la Probación, y apenas habían pasado cinco meses cuando devino discípulo aceptado. Pocos días después, devenía el "Hijo de Maestro" y pasaba el primer Portal de la primera gran Iniciación, lo que le admite en el número de los miembros de la Gran Logia Blanca que gobierna la humanidad. Todos aquellos que antaño le conocieron, amaron y sirvieron, están hoy a su alrededor, como miembros de la Sociedad Teosófica"[9]. "Alción y aquellos que le rodean pertenecen al corazón del mundo; además, son las promesas del porvenir; todos ellos constituyen un grupo especial, llamado *groupe des Serviteurs*. Son los que secundan en su obra a los grandes Instructores de la humanidad"[10]. La expresión "pertenecer al corazón del mundo" significa que son discípulos directos del Bodhisattwa, mientras que los fundadores de la Sociedad Teosófica, en razón de los lazos que manifestaban ligarlos personalmente al "Mahâtmâ" Morya, debían pertenecer al grupo del Manú o al "cerebro del mundo"; quizá, con esa distinción se quiera sugerir un medio de explicar y de excusar algunas divergencias.

No obstante, desde diversos lados se elevaban ya algunas protestas, y, en la India sobre todo, empezaban a circular algunos rumores molestos; a propósito de esto, pensamos que es necesario desmentir del modo más formal la leyenda inepta según la cual, en la India precisamente, multitudes enteras se habrían prosternado ante Krishnamurti. Ciertamente, se explica sin dificultad que esta leyenda

---

[9] *Ibidem*, pp. 288-289.
[10] *Ibidem*, pp. 295-296.

haya sido propagada por los teosofistas, a fin de realzar el prestigio de su futuro Mesías; pero lo que comprendemos mucho menos, es que algunos de sus adversarios hayan juzgado bueno hacerse eco de semejantes enormidades; no se puede emplear otra palabra cuando se sabe como es apreciado el teosofismo por los hindúes[11]. Desde el comienzo de 1911, el Dr. M. C. Nanjunda Rao, profesor en la Escuela de medicina de Madrás, y a quien los teosofistas acusaron después de haber inspirado toda la campaña desarrollada contra ellos, escribía en el *Arya-Bâla Samâj Magazine*, de Mysore: "Las maniobras actuales de los teosofistas constituyen una severa condenación de los métodos adoptados para glorificar a ese joven Krishnamurti (Alción) como un segundo Cristo que viene a salvar a la humanidad afligida". Para aquellos que podrían confundirse por similitud de los títulos, digamos que el *Arya-Bâla Samâj*, cuyo órgano publicó estas líneas, no debe ser confundido con el *Arya Samâj*, del que hemos hablado más atrás, ni tampoco con otra organización llamada *Arya-Bâla Bodhinî*, que no fue más que una de las numerosas creaciones de la Sociedad Teosófica[12]. Este *Arya-Bâla Bodhinî* es o era (pues no sabemos si existe todavía, y, en todo caso, no debió tener nunca mucho éxito) una "Asociación de jóvenes hindúes", quizás demasiado análoga, bajo algunos aspectos a las "Y. M. C. A." o "Asociaciones cristianas de jóvenes" que el protestantismo anglo-norteamericano se esfuerza en extender en todos los países, y donde su espíritu de proselitismo se disimula bajo la máscara de una aparente neutralidad.

Por otra parte, en 1911 igualmente, el Dr. J. M. Nair había publicado ya en un periódico medico, *L'Antiseptic*, un artículo extremadamente mordaz contra el teosofismo, y no había vacilado en acusar claramente

---

[11] Otra leyenda: gentes que no conocen la vestimenta hindú han imaginado que la manera en que se vestía Alción estaba destinada a recordar el tipo tradicional de Cristo; esta historia es ciertamente mucho menos inverosímil que la otra, pero, de hecho, tampoco es verdadera.

[12] *Lotus Bleu*, 27 de abril de 1895.

a M. Leadbeater de inmoralidad; este artículo, titulado *Psychopathia sexualis chez un Mahâtmâ*, fue reimpreso en folleto y reproducido después por el gran diario cotidiano *Hindú*. Como consecuencia de estos ataques y después de un cierto tiempo de reflexión, se iniciaron tres procesos, en diciembre de 1912, contra el Dr. Nair, el Dr. Râma Rao y el editor del *Hindú*; los tres fueron perdidos por la Sociedad y su presidente, que pretendían que se les había hecho responsables sin razón de las teorías de Leadbeater, alegando que éstas no habían tenido nunca más que un carácter puramente privado y personal. Al disponerse así a desautorizar de nuevo a Leadbeater, que se había hecho demasiado comprometedor, Mme Besant olvidaba que ella misma había escrito: "Una noche en que me dirigía a la casa del Maestro, Mme Blavatsky me hizo saber que debía emprenderse la defensa de Leadbeater contra las exageraciones de que se le acusa"[13], y que, algún tiempo después, ella misma había dicho: "Debo permanecer o caer con él"; eso es lo que sus adversarios supieron recordarle muy a propósito, y, si Mme Besant perdió sus procesos, Leadbeater ganó sin duda no ser excluido por segunda vez de la Sociedad. Pero el escándalo fue grande, a pesar de los esfuerzos a veces desacertados de los amigos devotos de la presidenta: fue entonces cuando M. Arundale, principal del "Central Hindú College" de Benarés, escribió la carta confidencial, de un servilismo idolátrico respecto de Mme Besant, de la que hemos hablamos en otra parte; habiendo sido revelada esta carta por el *Leader* de Allahabad, un cierto número de profesores del colegio, que hacían con sus alumnos una propaganda teosofista muy ardorosa, fueron obligados, lo mismo que el principal mismo a presentar su dimisión[3*]. Un diario hindú, el *Behari*, resumió muy bien la impresión general en estos términos: "Si un movimiento debe ser juzgado por sus corifeos, y si Leadbeater es un corifeo del teosofismo, entonces el teosofismo, para los profanos, no es

---

[13] *The Link*, órgano teosofista.

[3*] Arundale fue a continuación director de enseñanza del Estado de Indore ("Bulletin Théosophique", abril de 1922); el *Mahârâja* de Indore es por otra parte uno de esos príncipes hindúes anglófilos de los que hablamos en otro capítulo (pp. 289-290).

más que un enigma a mitad de camino entre indecencias escabrosas y pretensiones audaces, entre una enseñanza repelente y una increíble presunción".

Todo esto acabó por afectar al padre de Krishnamurti y de Nityananda, M. G. Narayaniah (o Narayan Iyer), que, no obstante, era un teosofista convencido, que pertenecía a la Sociedad desde 1882, y que, desde 1908 desempeñaba sin remuneración las funciones de secretario corresponsal adjunto de la "sección esotérica" en Adyar (su nombre teosófico era *Antares*); entonces quiso revocar la delegación de su derecho de tutela que había traspasado el 6 de marzo de 1910, y pidió al Alto Tribunal de Madrás que le fueran devueltos sus hijos. Después de un proceso cuyos detalles fueron reproducidos por el *Times*, el Juez Bakewell ordenó, el 18 de abril de 1913, que los jóvenes fueran restituidos a sus padres antes del 26 de mayo, declarando que el padre era siempre el tutor natural de sus hijos; en los considerandos de este juicio, leemos textualmente esto: "M. Leadbeater convino en su declaración que ha tenido y que continúa teniendo opiniones que yo no puedo calificar de otro modo que como siendo sin duda inmorales, y de naturaleza tal como para descalificarlo en tanto que educador de jovencitos, y que, agregadas a su presunto poder de percibir el acercamiento de pensamientos impuros, hacen de él un compañero muy peligroso para los niños. Es verdad que tanto él como su defensora han declarado que él ha prometido no expresar y no poner en práctica esas opiniones, pero un padre no debería verse obligado a fiarse de una promesa de ese género"[14].

---

[14] Los teosofistas no podrán contestar la exactitud de este texto, porque lo tomamos de un folleto titulado *Le Procès de Madrás* (p. 64), "publicación reservada a los miembros de la Sociedad Teosófica", a quienes, en su prefacio fechado el 15 de septiembre de 1913 (p. 3), M. Charles Blech: recomienda formalmente "no difundir estos documentos en el exterior, no mencionar siquiera este folleto fuera del círculo restringido de nuestros miembros".

Mme Besant apeló inmediatamente a este juicio, apelación que fue rechazada en Madrás el 29 de octubre de 1913; entonces tomó la decisión de dirigirse a los tribunales de Inglaterra: sus dos pupilos estaban entonces en Oxford para completar allí su educación (¡singular preparación para una misión mesiánica!)[15], y, debidamente aleccionados por los que los rodeaban (M. Arundale se había hecho su preceptor particular), declararon que se negaban a volver a la India[16]. Esta vez, la apelación de Mme Besant fue aceptada en Londres, el 5 de mayo de 1914, por el comité Judicial del Consejo privado[17], y las cosas se quedaron como estaban; naturalmente, los teosofistas celebraron como un triunfo esta decisión, a la cual se puede creer que no fueron extrañas ciertas influencias políticas (ya veremos que se había intentado ejercerlas en Madrás), y uno de sus órganos franceses escribió al respecto: "Mme Annie Besant acaba de ganar el proceso que se había llevado contra ella. Es una buena noticia que no nos sorprende, pues ya la esperábamos. A partir de ahora nuestro movimiento se impondrá con fuerza aún más irresistible"[18]. Sin embargo, a partir de entonces se habló mucho menos de Alción[4*]. Todos estos incidentes eran, sin duda alguna, demasiado desfavorables para el cumplimiento de la misión a la que se le destinaba, y, además, se había tenido la prudencia de no presentarlo primeramente más que como un "anunciador", aunque haciendo entrever con bastante claridad el papel más importante que

---

[15] Lo más divertido es que Mme Besant había declarado expresamente, ante el Alto Tribunal de Madrás, que había enviado a Krishnamurti "a seguir estudios en una Universidad inglesa, a fin de prepararlo para llegar a ser un instructor espiritual" (*Le Procès de Madrás*, p. 28).

[16] *Times*, 28 de enero de 1914.

[17] *Daily Mail*, 6 de mayo de 1914.

[18] *Le Théosophe*, 16 de mayo de 1914.

[4*] La desaparición de Alcyón debía en realidad ser sólo momentánea, como se verá posteriormente; antes de volver a hablar de él era preciso que transcurriera el tiempo suficiente para olvidar los molestos incidentes de los que había sido causa involuntaria. En 1922, Krishnamurti fue nombrado miembro del Consejo General y del Comité ejecutivo de la Sociedad Teosófica ("Bulletin Théosophique", abril de 1922).

debía confiársele después: de esta manera, se conservaba otra posibilidad para el caso de que los acontecimientos tomaran un mal cariz.

Pero durante el proceso de Madrás se había tenido menos prudencia, y algunas declaraciones hechas bajo juramento, durante los debates del proceso, son sin ninguna duda las más extraordinarias que se hayan hecho nunca en plena audiencia; así, por ejemplo, Mme Besant declaró, bajo juramento, que se había encontrado en la presencia del Jefe Supremo de la Evolución de la tierra (el *Logos* planetario); que había estado conscientemente presente en la "Iniciación" de Krishnamurti en un cierto lugar del Tíbet; que tenía todas las razones para creer que Cristo, o el Señor Maitreya, como se Le nombra en Oriente, se servirá, de aquí en algunos años, para Su trabajo entre los hombres, del cuerpo del discípulo Krishnamurti, del mismo modo que hace dos mil años se sirvió del cuerpo del discípulo Jesús; y que en una cierta reunión en Benarés, Cristo se había aparecido y, durante algunos minutos, había "adumbrado" a Su "Elegido". También M. Leadbeater, bajo juramento, hizo declaraciones análogas y otras más, diciendo que había hecho investigaciones en Marte y en Mercurio, que podía leer los pensamientos de los hombres, y que ciertos Seres Sobrehumanos le habían encargado, hacía muchos años, buscar jóvenes aptos para el trabajo espiritual en el porvenir. Varias afirmaciones hechas en esas dos declaraciones dan a entender también que Mme Besant y M. Leadbeater se encontraban en comunicación constante con los "Jefes interiores" de la Sociedad Teosófica, llamados generalmente los "Maestros"[19]. Al leer estas cosas uno cree estar soñando, y se comprende que un diario hindú, el *Poona Mail*, escribiera de Mme Besant, que habría llegado a decir a M. Narayaniah que Leadbeater era "un Arhat en los confines de la divinidad", se había "hecho culpable de blasfemia" por las afirmaciones extravagantes que se había atrevido a hacer así bajo juramento.

---

[19] *The Madrás Standard*, 24 de abril de 1913 (artículo firmado C. L. Peacock, escrito para defender a M. Leadbeater).

Estas historias más o menos escandalosas no dejaron de suscitar perturbaciones en el seno mismo de la Sociedad Teosófica: la escisión más ruidosa fue la del "Rosacruciano" Rudolf Steiner, que arrastró consigo a la mayoría de las agrupaciones de Alemania, de Suiza y de Italia, más un cierto número de otras extendidas un poco por todas partes, y que formó con estos elementos una nueva organización independiente, a la que dio el nombre de "Sociedad Antroposófica". A consecuencia de esta escisión, cumplida oficialmente el 14 de enero de 1913, Mme Besant reconstituyó una nueva sección alemana muy disminuida, que comprendía las pocas ramas que permanecieron fieles a la dirección de Adyar, y, el 7 de marzo siguiente, designó como secretario general de esta sección, para substituir a Steiner, al Dr. Hübbe Schleiden, director de la revista *Sphinx*; éste se había unido al movimiento teosofista desde hacía mucho tiempo, y, desde 1884, había sido favorecido con comunicaciones "precipitadas" de los "Mahâtmâs", de las que la primera le había llegado en un tren donde se encontraba en compañía de Olcott[20]. Además del cisma de Steiner, del que vamos a hablar más largamente, hubo algunos otros menos importantes: es así como, el 30 de octubre de 1913, el grupo español "Marco Aurelio", de Pontevedra, se constituyó en centro autónomo, declarando "no estar ya en comunión de ideas y de doctrinas con la presidenta actual, atenerse a las enseñanzas de Mme Blavatsky[5*] y desaprobar formalmente la

---

[20] *Le Monde Oculte*, p. 332-335.

[5*] El "retorno a las enseñanzas de Mme Blavatsky" es la consigna de diversas organizaciones teosóficas disidentes, entre las cuales podemos citar especialmente a la "United Lodge of Theosophist" de América, dirigida por B. P. Wadia, que fue uno de los miembros más notorios de la Sociedad Teosófica y uno de aquellos sobre los cuales parecía contarse para recoger eventualmente la sucesión presidencial de Mme Besant. Esta organización posee la particularidad de no formar una sociedad propiamente dicha, pues no tiene "ni constitución, ni estatutos, ni funcionarios"; se declara "fiel a los grandes fundadores del movimiento teosófico", a cuyos sucesores les reprocha el haber alterado su enseñanza. La acusación de "deslealtad a la teosofía" es expresamente formulada por Wadia en su carta de dimisión, fechada el 18 de julio de 1922, de la que incluimos aquí algunos extractos: "¿Qué es ese banco de arena del pensamiento en el cual ha encallado la S. T.? Es

el de un programa hecho de progreso espiritual que se ha transformado en un credo, con sus sabios iniciados, su infierno eterno para quienes dejen pasar la ocasión, sus diablos bajo el aspecto de magos negros jesuíticos, y el Jardín del Edén que, en 750 años, florecerá en California del Sur para los fieles que obedezcan y sigan, como soldados de un ejército fanático, con celo y no con sabiduría... Encontramos en la S. T., por una parte, inverificables afirmaciones, y por otra una alocada credulidad; e incluso una especie de "sucesión apostólica" que se ha convertido en artículo de fe en la S. T., especialmente gracias a la organización privada y secreta de la E. S.". La E. S. es la "sección esotérica" o "Escuela oriental" (las mismas iniciales, en inglés, pueden significar a la vez "*Esoteric section*" y "*Eastern School*"); en cuanto al futuro "Jardín del Edén" de California del Sur, es la cuna de la sexta raza; y la "sucesión apostólica" concierne al episcopado de la "Iglesia católica liberal" (ver más adelante), a la que Wadia hará alusiones más explícitas a continuación de esta cita. "¿Cuál es la causa de este naufragio, sino las afirmaciones psíquicas (es decir, las aserciones de los "clarividentes"), la materialización de los hechos espirituales, la creación de semidioses que ocultan a los Dioses?... Ahora, existe una "Iglesia apostólica", con todo su "eclesiasticismo pernicioso" (expresión de Mme Blavatsky), incluida la "sucesión apostólica" conferida por los Maestros. Actualmente, los lugares de adoración, con sus sacerdotes y sus oficiantes, su ritual y su ceremonial, son alentados como siendo teosóficos. Se sirven de los nombres sagrados de los Maestros en toda ocasión y en todo momento. No se puede pertenecer a "Su Escuela" si se participa políticamente en el movimiento de no-violencia y de no-cooperación del gran líder indio K. Gandhi; "nadie puede atacar a la L. C. C. (*Liberal Catolic Church*) y seguir siendo miembro de la E. S."; los miembros deben escoger entre la E. S. y la "Liga de Lealtad" (fundada en Australia para promover el retorno al espíritu de los fundadores), no pueden pertenecer a ambas". Para formar parte de la E. S. todos deben creer en la próxima venida de un "Instructor del Mundo"; debe participarse activamente en ciertos movimientos porque han sido declarados como benignos por el Bodhisattwa o el Cristo. Se publican mensajes, órdenes e instrucciones que emanan de los "Maestros y los *Dêvas*", que no sólo indican las actividades subsidiarias a las que debe dedicarse un miembro "leal", sino que también conciernen a los registros, a la manera en que los jóvenes pendencieros deberían comportarse, a cómo debe uno vestirse y lo que debe cantarse durante los ritos co-masónicos, y a una docena de otros asuntos de este género. Estas órdenes muestran una ausencia de cualquier sentido de las proporciones, de toda inteligencia y de todo buen sentido. Obedecer y seguir, seguir y obedecer, tal es la consigna dada a las personas a las que se inocula el virus de la locura psíquica decorada con el nombre de teosofía". Hay sin embargo quienes acaban dejando de "obedecer y seguir": además de la dimisión de Wadia, hubieron, casi al mismo tiempo, gran número de otras más o menos ruidosas. En octubre de 1922, Georges Chevrier, secretario corresponsal de la E. S. en Francia, dimitió de sus funciones, aunque no obstante siguió siendo miembro de la Sociedad Teosófica; y, en la circular que dirigió en esta ocasión a los miembros de la E. S., solamente declaraba que se

tendencia nueva dada a la Sociedad"[21]. Finalmente, algunos teosofistas norteamericanos hicieron oír protestas indignadas y crearon una "Liga de Reforma Teosófica", que contó entre sus principales miembros al Dr. Buck, del que ya hemos hablado anteriormente; en el manifiesto de esta liga, que tuvo como órgano la revista *Divine Life* de Chicago, y que publicó además una serie de folletos muy edificantes sobre el proceso de Madrás, destacamos los pasajes siguientes: "Nos proponemos organizar en los Estados Unidos un cuerpo de teosofistas destinado a llevar a cabo una reforma de las condiciones en que se encuentra actualmente la Sociedad Teosófica, cuya presidenta, Mme Besant, asociada a M. Charles W. Leadbeater, durante toda la duración de sus funciones, ha causado la más deplorable desmoralización de la meta y del ideal de esta Sociedad... Contrariamente a los principios más fundamentales de la

---

le habían ordenado "cosas contrarias a su conciencia", sin precisar cuáles eran esas cosas; pero otros se han explicado más claramente, tal como se verá en una de las notas siguientes. T. H. Martyn, secretario general de la sección australiana y secretario corresponsal de la E. S. en Australia, se retiró junto a seiscientos miembros de la Logia de Sydney, de la que era presidente, y que pronto se constituyó en organismo independiente. Otras ramas se separaron o amenazaron con hacerlo, como la Logia de Nottingham, en Inglaterra, la *Midland Federation of British Lodges*; y también en Francia la rama *Agni* de Niza, seguida por la rama *Vajra* de Roanne, y una parte de la rama del Havre, cuyo presidente, Louis Revel, publicó, el 18 de febrero de 1923, una carta abierta a los miembros de la Sociedad Teosófica confirmando completamente las declaraciones de Wadia. Desde diversos sectores se acusaba a los dirigentes actuales de haber falsificado las obras de Mme Blavatsky en las nuevas ediciones preparadas bajo su supervisión: según algunas revistas americanas, órganos de los disidentes, tan sólo la *Doctrina Secreta* habría sufrido no menos de veintidós mil supresiones, adiciones y alteraciones varias; y Stokes ha señalado expresamente, como principal autor de tales alteraciones, al famoso G. N. Chakravarti, que, como se ha visto anteriormente (pp. 170-171), fue durante largo tiempo el "inspirador" de Mme Besant. El "retorno a Blavatsky", como dicen familiarmente sus partidarios, parece adoptar actualmente una nueva extensión: grupos teosofistas independientes, que se proponen "retomar las verdaderas directrices dejadas por la primera fundadora y rehabilitar el nombre de la Teosofía" acaban de ser fundados en París, en el nº 14 de la calle del Abbé-de-l'Epée, bajo la dirección de Louis Revel; en Bruselas, bajo la dirección de Mlle. A. Pletinkx, y en Amsterdam bajo la de Kleefstra y Van der Velde.

[21] *El Liberal*, de Madrid, 18 de noviembre de 1913.

Teosofía[22], la presidenta de la Sociedad explota un nuevo culto personal, y bajo su patronazgo se desarrolla una religión particular. La conducta de Mme Besant, bajo este aspecto, constituye una caracterizada maldad, y su colaboración continua con M. Leadbeater es de naturaleza tal como para arrojar el descrédito sobre la Sociedad"[6*].

---

[22] Alusión al artículo de los reglamentos que hemos reproducido en otra parte, y que prohibe a los agentes de la Sociedad predicar como tales una creencia religiosa particular.

[6*] Desde la primera edición de este libro, la historia del futuro Mesías ha entrado en una nueva fase: en diciembre de 1925, Mme Besant se decidió bruscamente a proponer de forma solemne su llegada inminente, con una puesta en escena de lo más teatral; sin embargo, cosa bastante extraña, lo hizo en términos tales que podríamos preguntarnos si verdaderamente Krishnamurti estaba destinado a ser el "vehículo" del Mesías o si, más bien, no debía ser un simple "precursor". Esta prudencia se explica cuando se conoce que, a pesar de la educación especial que había recibido, Krishnamurti, que contaba entonces con unos treinta años, se esforzó claramente en sustraerse al papel que se le pretendía imponer; se negó incluso a aparecer en la ceremonia de la proclamación; pero, desde entonces, Mme Besant ha llegado a retomarlo enteramente bajo su influencia, y ha presentado esa resistencia como una "prueba" que había tenido que sufrir, y a la que incluso ha comparado con la tentación de Cristo en el desierto. Parece entonces decididamente admitido que el Bodhisattwa debe manifestarse por mediación de Krishnamurti, a quien también se le llama ahora Krishnajî, e incluso se asegura que ya ha hablado por su boca en muchas ocasiones.

Existía aún otra dificultad: a este nuevo Mesías le faltaban doce Apóstoles; ahora bien, en la época de la proclamación todavía no se habían encontrado más que siete, y al parecer aún no se ha llegado a completar el número. Estos siete "Apóstoles" son Mme Besant, Leadbeater, Jinarâjadâsa, el matrimonio Arundale, el Rev. Kollström y, finalmente, Mme de Manziarly, de quien se dice ser una de las posibles candidatas a la sucesión de Mme Besant.

CAPÍTULO XXII

LA ANTROPOSOFÍA DE RUDOLF STEINER

Ciertamente, los teosofistas no pueden jactarse de sus relaciones con los supuestos rosacrucianos alemanes: hemos hablado precedentemente de las desavenencias de Mme Blavatsky y el Dr. Franz Hartmann; acabamos de ver cómo, a comienzos de 1913, y a propósito del asunto de Alción, el Dr. Rudolf Steiner, secretario general de la sección alemana de la Sociedad Teosófica, se separó enteramente de Mme Besant[1]. Ésta, para vengarse, tomando como pretexto que Steiner (nacido en 1861 en Kraljevic, Hungría) pertenece a una familia católica (y no judía como algunos lo han pretendido), le acusó de ser un jesuita[2]; si esto fuera cierto, sería menester reconocer que la presidenta precisó bastante tiempo para darse cuenta de ello, puesto que Steiner formaba parte de su Sociedad desde hacía ya quince años, y que su "clarividencia" apenas le había servido en esta circunstancia. Esta acusación completamente gratuita de "jesuitismo" es casi tan corriente como la de "magia negra" en los medios "neoespiritualistas", y, ciertamente, no merece que nos detengamos en ella; hay ocultistas para quienes el temor a los jesuitas o a sus emisarios más o menos disfrazados se ha convertido en una verdadera obsesión. Por otra parte, algunos autores, y entre ellos Mme Blavatsky (que quizá tomó esta idea del escritor masónico J. M. - Ragon), no ha dudado en atribuir a los jesuitas la fundación del grado de Rosa-Cruz en la Masonería Escocesa; otros pretenden que los jesuitas,

---

[1] Acerca de este conflicto, ver Mme Annie Besant et la Crise de la Sociéte Théosophique, por Eugène Levy.

[2] *Théosophist*, enero de 1913.

durante el siglo XVIII, se introdujeron en diversas organizaciones rosacrucianas y las alejaron de su meta primitiva; otros, que van todavía más lejos, quieren identificar a los Rosa-Cruz del siglo XVII con los jesuitas; se trata de fantasías seudohistóricas que no resisten el menor examen, y que tan sólo mencionamos para mostrar que, en este tema, Mme Besant no ha inventado nada; viendo alzarse ante ella a un adversario que era de origen católico y que se avalaba en una escuela rosacruciana (por lo demás imprecisa y quizás inexistente), no podía menos que denunciarle como jesuita[3][1*]. Algunos han creído que esta

---

[3] Agregamos a esto que Steiner no ha sido nunca sacerdote, como lo escribió por error el P. Giovanni Busnelli (*Gregorianum*, enero 1920).

[1*] Mme Besant ha pretendido identificar a los jesuitas con "magos negros", llamados por Mme Blavatsky "Hermanos de la Sombra" (ver p. 79) y "Señores de la Faz sombría", e incluso ha llegado a acusarlos de haber sido los inspiradores de todos los ataques dirigidos contra la Sociedad Teosófica y sus jefes, y especialmente de haber inventado el asunto Leadbeater. Como podría haber cierta dificultad para creerlo, reproduciremos aquí sus propias palabras, a pesar de la extensión de la cita: "Recordareis los vivos ataques de H. P. B. contra los jesuitas, en quienes ella reconocía a los enemigos más peligrosos de la Teosofía. Desarrollando un excelente trabajo, el clero católico, a medida que su jefe adquiría en el mundo occidental una autoridad suprema, se abandonaba al espíritu de la persecución, pues consideraba el saber como demasiado peligroso para el pueblo, y cerró sus puertas incluso a los más dignos de sus hijos... Los perseguidores de los tiempos antiguos y de la Edad Media se afanaron siempre en deshonrar a sus víctimas acusándolas calumniosamente de perversión sexual, como atestiguan las acusaciones lanzadas contra los Templarios, los Albigenses, contra Paracelso, Bruno y otros servidores de la Logia Blanca.

Después de ser fundada la Orden de los jesuitas, esos soldados de la Iglesia, los conocimientos ocultos de sus jefes, la disciplina intelectual y la obediencia de los subordinados han producido a la vez santos y perseguidores. Extendida por el mundo, obedeciendo a una voluntad única, esta Orden se ha convertido en una formidable potencia para el bien y para el mal: hay una lista maravillosa de mártires, y muchas veces ha sido desterrada de los reinos cristianos por sus crímenes. Siendo ella misma depositaria del poder oculto, ha intentado eliminar a todos aquellos que lo alcanzaban fuera de su propia disciplina, y, no poseyendo ya el poder para hacerlos desaparecer, emplea ahora la antigua arma mortal de arruinar sus reputaciones. De ahí las vehementes tentativas de H. P. B. para desenmascararlos; veía en ella la encarnación de las Fuerzas sombrías que combaten sin tregua contra la Luz, y su ejército más mortífero. En su forma más baja, se encuentra en el apogeo de sus fuerzas en América del Norte y en Australia, pues en ambos

querella entre Steiner y Mme Besant no había sido más que una simple comedia[4]; aunque siempre convenga desconfiar de las apariencias, pensamos que no fue así, y, a nuestro juicio, hubo al contrario una escisión real, que, además del "affaire" que fue la oportunidad confesada de ella, y sin hablar de la cuestión de la rivalidad personal, pudo haber tenido también algunos motivos políticos. No hay duda de que tanto de una parte como de la otra, estuvo siempre prohibido hacer política, pero ya veremos más adelante que la Sociedad Teosófica no ha dejado de servir fielmente a los intereses del imperialismo británico, al que sus adherentes alemanes estaban indudablemente muy poco dispuestos a hacer el juego, siendo alemanes antes que teosofistas.

Hemos dicho que Steiner dio a su nueva organización el nombre de "Sociedad Antroposófica", con una intención manifiesta de competir con la Sociedad Teosófica, así como para caracterizar su concepción propia, que hace en efecto del hombre el centro de lo que él llama la "ciencia espiritual". Por lo demás, es menester agregar que la palabra "antroposofía" no es, como se podría creer, un neologismo imaginado por Steiner, pues una obra del Rosacruciano Eugenius Philalethes o Thomas Vaughan, que data de 1650, tiene por título *Anthroposofía*

---

países la Iglesia católica romana intenta vincularse con la democracia, y en los jesuitas tiene soldados sin escrúpulos. Contra H. P. B. se ha utilizado nuevamente la vieja arma, y se le acusa de los peores excesos. Fue éste un ataque más peligroso que el llevado a cabo abiertamente por los Coulombs (sic)... La misma política fue empleada contra aquel que, tras ella, tiene el más alto rango entre los Instructores de la S. T., mi hermano Leadbeater, que ha atravesado un infierno de acusaciones de la especie más infame. Otras personas menos eminentes han compartido su cruz, y en este momento la conspiración de los jesuitas lanza con su vieja arma su más venenoso ataque contra los jefes de la Iglesia católica liberal, a quien reconoce como su enemigo mortal porque sus Obispos están, como en los primeros días de la Iglesia, en contacto con los Maestros de Sabiduría. Estos mismos ataques nos prueban que los perseguidos son apóstoles" (*The Theosophist*, marzo de 1922, traducción aparecida en el *Bulletin Théosophique* de abril de 1922). Más adelante veremos cuál es ese asunto al que se alude en las últimas líneas de esta cita.

[4] *Le Dr Rudolf Steiner et la Théosophie actuelle*, por Robert Kuentz (artículos publicados en el *Feu*, octubre, noviembre y diciembre de 1913, y reunidos después en un folleto.

Mágica. La Sociedad Antroposófica tomó como divisa: "La Sabiduría no está más que en la Verdad", para imitar a la de la Sociedad Teosófica: "No hay religión más alta que la Verdad"; por lo demás, esta segunda no es más que una traducción muy deficiente de la divisa de los Mahârajâs de Benarés[5]. He aquí los principios en los que declara fundarse la nueva organización, según un folleto de propaganda que fue publicado en la época misma de su creación: "Para formarse una vida satisfactoria y sana, la naturaleza humana tiene necesidad de conocer y de cultivar su propia esencia suprasensible y la esencia suprasensible del mundo exterior del hombre. Las investigaciones naturales de la ciencia moderna no pueden conducir a tal objetivo, aun cuando estén llamadas a prestar inestimables servicios en los límites de su labor y de su dominio. La Sociedad Antroposófica va a perseguir este objetivo mediante la promoción de investigaciones serias y veraces dirigidas hacia lo suprasensible, y por el cultivo de la influencia que estas investigaciones ejercen en la conducta de la vida humana. Una verdadera investigación del espíritu, y el estado de alma que resulta de ella, deben dar a la Sociedad Antroposófica su carácter, cuya expresión puede resumirse en los principios directores siguientes: 1º) En el seno de la Sociedad puede establecerse una colaboración fraternal entre todos los hombres que acepten como base de esta colaboración afectuosa un fondo espiritual común a todas las almas, cualquiera que sea la diversidad de su fe, de su nacionalidad, de su rango, de su sexo, etc. 2º) La investigación de las realidades suprasensibles ocultas detrás de todas las percepciones de nuestros sentidos se unirá a la preocupación de propagar una ciencia espiritual verdadera. 3º) El tercer objeto de estos estudios será la penetración del núcleo de verdad que encierran las

---

[5] *Satyat nasti paro dharma*. — La palabra sánscrita *dharma* tiene varios significados, pero no ha tenido nunca propiamente el de *"religión"*; aunque frecuentemente se la pueda traducir aproximativamente por "ley", es una de esas palabras que es casi imposible traducir de una manera exacta en las lenguas europeas, porque la noción que expresa no tiene verdaderamente equivalente en el pensamiento occidental; y, sin embargo, por sorprendente que eso pueda parecer a algunos, este caso está lejos de ser excepcional.

múltiples concepciones de la vida y del universo en los diversos pueblos a través de las edades"[6]. Encontramos aquí tendencias que son completamente análogas a las de la Sociedad Teosófica: por una parte, la idea de la "fraternidad universal" y el "moralismo" que va unido más o menos estrechamente a ella, ya que "la Sociedad Antroposófica se orientará hacia un ideal de cooperación humana… y no alcanzará su meta espiritual más que si sus miembros se consagran a un ideal de vida que pueda servir de ideal universal a la conducta de la vida humana"[7]; por otra parte, el anuncio de "un método de investigación espiritual que sabe penetrar en los mundos suprasensibles"[8], y que consiste, evidentemente, en un desarrollo de la "clarividencia" o de cualquier otra facultad similar, sea cual sea el nombre con que se la designe[9].

Naturalmente, la Sociedad Antroposófica se rehusa a querer constituir una religión, e incluso a adherirse a cualquier creencia particular: "Nada debe ser más extraño a los esfuerzos de la Sociedad, que una actividad favorable u hostil a una orientación religiosa cualquiera que sea, pues su objetivo es la investigación espiritual, y no la propagación de una fe cualquiera; así pues, toda propaganda religiosa se sale de sus atribuciones"[10]. Ciertamente, esto es lógico por parte de gentes que han reprochado precisamente a Mme Besant haber traicionado los principios teosóficos librándose a una "propaganda religiosa"; pero lo que conviene hacer notar a este respecto muy particularmente, es que se cometería un grave error creyendo que las doctrinas del Dr. Steiner se presentan con un carácter específicamente cristiano: "El investigador espiritual que contempla las más nobles

---

[6] Esquisse des principes d'une Société Anthroposophique, pp. 1-2.

[7] Ibidem, p. 3. Se observará también la inspiración netamente kantiana de esta última fórmula.

[8] Ibidem, p. 4.

[9] Precisamos, no obstante, que aquí no se trata ni de espiritismo ni mediumnidad; algunos, como M. Kuentz, han tenido esa confusión con cosas que realmente son muy distintas.

[10] Esquisse des principes d'une Société Anthroposophique, p. 3.

creaciones del género humano en el curso de su desarrollo, o que profundiza las concepciones filosóficas o los dogmas de todos los pueblos y de todos los tiempos, no se apegará al valor mismo de esos dogmas y de esas ideas; las considerará como una expresión del esfuerzo humano, orientado a la solución de los grandes problemas espirituales que interesan a la humanidad. Así pues, una designación tomada de una confesión particular no podría enunciar el carácter fundamental de la Sociedad". Por consiguiente, las religiones son colocadas aquí en el mismo nivel de las simples concepciones filosóficas, y son tratadas como hechos puramente humanos, lo que es verdaderamente un punto de vista "antroposófico", o incluso "antropológico"; pero prosigamos: "Si, por ejemplo, el impulso dado a la evolución humana por la personalidad de Cristo es estudiado en el curso de investigaciones de la ciencia espiritual, este estudio no procederá de los datos de una confesión religiosa. El resultado obtenido podrá ser acogido por el creyente de una confesión cualquiera, con el mismo título con que un fiel de la religión hindú o del budismo se familiarizaría con la astronomía de Copérnico, que tampoco forma parte de sus documentos religiosos. Este impulso atribuido a Cristo es el resultado exclusivo de las investigaciones (*sic*); es presentado de modo que pueda ser admitido por los creyentes de cualquier religión y no sólo por los fieles cristianos excluyendo a los demás"[11]. La comparación con la astronomía de Copérnico es verdaderamente un hallazgo admirable; indudablemente, en eso no se trata más que de una exposición completamente exterior, donde no se menciona para nada al rosacrucianismo, y donde, por una discreción más bien excesiva, ni siquiera figura el nombre de Steiner, puesto que sólo se dice que la Sociedad Antroposófica tiene a su frente un "Comité fundador" compuesto por el Dr. Karl Unger, por Mlle María von Sivers y por M. Michel Bauer, con sede provisoria en Berlín[2*]. Para conocer un poco el fondo del pensamiento de Steiner, es más bien a sus obras

---

[11] Esquisse des principes d'une Société Anthroposophique, pp. 4-5.

[2*] Mlle. Marie von Sivers se convirtió a continuación en la esposa de Rudolf Steiner.

donde es menester dirigirse, y entonces se ve que, si bajo un cierto aspecto, su doctrina puede ser considerada como una suerte de "Cristianismo esotérico", lo es en un sentido que no difiere muy sensiblemente de lo que se encuentra bajo este nombre en los demás teosofistas; he aquí un ejemplo: "El discípulo, por la fuerza de su iniciación, se encuentra iniciado al misterio augusto que está unido al nombre de Cristo. Cristo se muestra a él como el gran ideal terrestre. Cuando la *intuición* ha reconocido así a Cristo en el mundo espiritual, el discípulo comprende el hecho histórico que ha pasado en la tierra en el curso del período grecolatino, y cómo el *Gran Ser Solar que llamamos Cristo* intervino entonces en la evolución. El conocimiento de este hecho es para el discípulo una experiencia personal"[12]. Aquí, no se habla del "Bodhisattwa", porque la fachada similoriental del teosofismo ha desaparecido; pero el "Gran Ser Solar" de que se trata es verosímilmente idéntico al *Logos* de nuestro sistema, tal como Mme Blavatsky le concibió según lo que creyó comprender del neoplatonismo, y tal cual le conciben todavía sus sucesores[13], que hacen de él el jefe supremo de los siete *Logoi* planetarios y, por ellos, de la "jerarquía de los poderosos Adeptos que se eleva hasta la Divinidad misma"[14] en virtud de esa relación. Por consiguiente, Steiner difiere de Mme Besant en que ve en Cristo la manifestación de un principio más elevado, a menos que sea simplemente una manifestación más directa del mismo principio, por la supresión de un cierto número de entidades intermediarias (dos, exactamente), ya que siempre hay un medio de conciliar parecidas divergencias cuando se quiere aportar un poco de buena voluntad por ambas partes, y, por lo demás, nunca han sido puestas por delante para motivar la ruptura.

A propósito de la obra de Steiner de la que hemos tomado la cita precedente, conviene hacer una observación bastante curiosa: este libro,

---

[12] *La Science Oculte*, p. 338 de la traducción francesa.
[13] Ver concretamente *Le Credo Chrétien*, por C. W. Leadbeater.
[14] L' Occultisme dans la Nature, p. 202.

titulado *La Science Occulte*, fue publicado en Leipzig en 1910; ahora bien, el año precedente había aparecido en Seattle (Washington) otra obra que tenía por título *The Rosicrucian Cosmo-Conception*, por Max Heindel, en la que se exponían teorías completamente parecidas en su conjunto. Así pues, a primera vista, se podría pensar que Steiner, quien no da ninguna explicación de la identidad de sus afirmaciones con las de Heindel, hubiera copiado a éste; pero, por otra parte, como Heindel dedicó su libro al mismo Steiner, es dable suponer que, al contrario, sacó sus ideas de las enseñanzas del último antes de que fueran hechas públicas, a menos, no obstante, que ambos hayan bebido simplemente en una fuente común. En todo caso, la diferencia más apreciable que hay entre los dos (dejando de lado toda cuestión de forma); es que Heindel no duda en atribuir claramente sus conceptos a la tradición rosacruciana, mientras que Steiner se contenta más frecuentemente con hablar en nombre de la "ciencia oculta", de una manera extremadamente general y vaga, cosa que, por lo demás, es quizá más prudente. En efecto, no es difícil percatarse de que la mayoría de las enseñanzas de Heindel, lo mismo que las de Steiner, han sido sacadas directamente de *La Doctrine Secrète* con algunas modificaciones referentes tan sólo a los detalles, pero descartando con cuidado los términos de apariencia oriental; así pues, estas concepciones tienen muy pocas relaciones con el rosacrucianismo auténtico, e incluso lo que se presenta en ellas más especialmente como "terminología rosacruciana", son casi siempre expresiones inventadas por Mme Blavatsky. Desde otro punto de vista, en la reserva que guarda Steiner, hay la prueba de una cierta habilidad, ya que siempre se ha dicho que los verdaderos Rosa-Cruz no se proclamaban nunca tales, sino que, al contrario, mantenían esa cualidad oculta; ésta es sin duda una de las razones por las que Steiner evita decir expresamente, en sus publicaciones, que se vincula al rosacrucianismo, lo que no impide que al menos lo dé a entender, y que, ciertamente, le afligiría mucho que no se le creyera. Agregaremos que ha debido producirse muy rápidamente una escisión entre Steiner y Heindel, ya que la dedicatoria de *The Rosicrucian Cosmo-Concepción* ha desaparecido en las ediciones más recientes, y el mismo Heindel, que ha constituido por su lado una "Rosicrucian Fellowship" con sede en Oceanside (California), ha escrito en otra obra, publicada en 1916, que el primer mensajero que había sido escogido e instruido por los Hermanos de la Rosa-Cruz para extender sus enseñanzas fracasó en algunas pruebas, de manera que fue menester buscar un segundo, que no es otro que Heindel mismo[15]; y, aunque el primero no sea nombrado, es cierto que es de Steiner de quien se trata[3*].

En lo que concierne a la organización de la Sociedad Antroposófica, he aquí algunos datos que encontramos en el folleto del que ya hemos citado algunos extractos: "El trabajo de la Sociedad se organizaría por grupos libres que pueden formarse de manera independiente en todos los países o en todos los lugares. Estos grupos podrán permanecer separados o reunirse, formar sociedades entre ellos o asociaciones más libres, inspirándose únicamente en las condiciones dictadas por las circunstancias de su medio. En sus designios reales, la Sociedad Antroposófica no es en modo alguno una sociedad en el sentido que se da habitualmente a esta palabra; el lazo que une a los miembros no consiste en una organización salida de un reglamento o en cualquier otro marco exterior". En esta última frase hay una idea que podría ser interesante, tanto más cuanto que, efectivamente, los verdaderos Rosa-Cruz no han constituido nunca sociedades; pero si la palabra "sociedad"

---

[15] The Rosicrucian Mysteries, pp. 12-14.

[3*] Max Heindel murió en 1919; desde entonces, su viuda dirige la *Rosicrucian Fellowship* y edita una revista llamada "*Rays from the Rose-Cross*", en la que se trata especialmente de astrología. A estas mismas preocupaciones astrológicas se vincula la curiosa información siguiente: "La *Rosicrucian Fellowship* había encargado el año pasado doce lienzos, representando cada uno de ellos un signo del zodíaco, al pintor Camille Lambert, que tiene su estudio en Juvisy. Estas pinturas serán expuestas en la "Ecclesia", templo construido con un objetivo humanitario (*sic*), en Oceanside (California)" (*Le Voile d'Isis*, noviembre de 1922). Existe una rama francesa de esta organización, cuyo jefe es L. Krauss, y que parece actualmente hacer una propaganda muy activa; una rama ha sido constituida igualmente en España en 1927.

es impropia, ¿por qué pues servirse de ella, y eso en el título mismo de la organización de que se trata? "Únicamente el cultivo de la ciencia espiritual en el sentido ideal consagrado por la exposición que precede, confiere al título de miembro su fisonomía integral y verdadera. Este título, sin embargo, conlleva algunos derechos, como por ejemplo, el acceso a ciertos escritos de ciencia espiritual reservados sólo a los miembros[16], y otras prerrogativas de este género... Desde el punto de vista exterior, el lazo de la Sociedad Antroposófica no diferirá así en nada de lo que sería, por ejemplo, en el seno de una sociedad antropológica u otra similar"[17]. Evidentemente, esto supone que existe, "desde el punto de vista interior", un lazo de otra naturaleza, pero acerca del cual no se dan explicaciones; volvemos a encontrar aquí el equivalente de la división de la Sociedad Teosófica en "sección exotérica" y "sección esotérica". En efecto, las enseñanzas que se dice que están reservadas para los miembros, no se dan a todos estos indistintamente, o al menos no se dan más que en parte; hay, en la Sociedad Antroposófica, otra organización formada ya anteriormente por Steiner, y que constituye ahora su "círculo interior"; esta organización, sobre la cual no se da ninguna información públicamente, afirma ser rosacruciana; y en la recepción de los miembros se emplean formas de iniciación completamente análogas a las que se utilizan en la Masonería[18]; demasiado análogas incluso, ya que en eso hay una razón, entre muchas otras, para dudar de la autenticidad de este rosacrucianismo. A propósito de esto podemos recordar lo que hemos dicho precedentemente: la mayoría de las agrupaciones actuales que se

---

[16] Son sobre todo las conferencias de Steiner, que forman un conjunto enorme; en 1913 había ya veintiuna.

[17] Esquisse des principes d'une Société Anthroposophique, pp. 4-5.

[18] Se encontrará una descripción bastante detallada de la iniciación al primer grado, en el folleto del P. L. Grandmaison titulado *La Nouvelle Théosophie*, pp. 36-37. En esta ocasión, debemos decir que hay algunos puntos sobre los que no nos es posible aceptar las conclusiones formuladas en este folleto, especialmente en lo que concierne a los orígenes del rosacrucianismo (pp. 22-24), así como al papel del teosofismo en la India.

adornan con esta etiqueta no pueden reivindicar más que una filiación completamente fantasiosa, o, todo lo más, un simple vinculamiento teórico; se trata de un rosacrucianismo de intención, pero no pensamos que se pueda ver en ello otra cosa, salvo que se pretenda que el empleo de algunos símbolos, independientemente de toda otra consideración e incluso del sentido que se vincula a ellos, es suficiente para constituir un lazo efectivo[19]. Se entiende que decimos otro tanto, y con mayor razón aún, en lo que concierne a un supuesto vinculamiento a los misterios antiguos, de los que se trata frecuentemente en las obras de Steiner[20][4*]; veremos que la idea de la "restauración de los misterios" existe también en Mme Besant y sus seguidores; pero en todo eso no puede tratarse más que de ensayos de reconstitución, para los que se cuenta como apoyo, sobre todo, con la "intuición" o con la "clarividencia" y que, por consiguiente, estarán siempre extremadamente sujetos a caución.

Sea como sea, puede verse ahora como, en la Sociedad Antroposófica, la amplia autonomía que se promete a los diversos grupos externos no compromete la unidad de dirección: bastará que haya, en cada uno de estos grupos, y sin que estén necesariamente a su cabeza, "iniciados" de la organización interior, que se encargarán de transmitir, no precisamente órdenes, sino más bien sugestiones; de un modo general, es así como suceden las cosas en las asociaciones de este género. Por lo demás, la Sociedad Teosófica comprende también secciones o sociedades nacionales que poseen la autonomía administrativa, y eso no impide que la dirección central ejerza de hecho un poder casi absoluto; ahí también, es la "sección esotérica", con el juramento de obediencia que se hace prestar a sus miembros, la que proporciona la posibilidad

---

[19] Es posible que Steiner, en sus comienzos, haya pertenecido al "Illuminisme Rénové" de Léopold Engel, aunque no podemos afirmarlo de un modo absoluto.

[20] Ver Le Mystère chrétien et les Mystères antiques, traducción francesa de la obra alemana titulada Le Christianisme coMme fait mystique.

[4*] Es curioso observar que el ex-abate Loisy publicó, en 1919, un volumen titulado *Les Mystères païens et le Mystère chrétien*, titulo que es casi idéntico a aquel bajo el cual ha aparecido la traducción de la obra de Steiner.

de ello. La independencia aparente está hecha para seducir a aquellos que no saben que sólo es ilusoria, y es sin duda lo que permite a la Sociedad Antroposófica, desde su comienzo, lograr adhesiones más o menos numerosas en casi todos los países; tuvo incluso algunas en Inglaterra, y las ha tenido también en Francia, donde nombraremos solamente, como sus representantes más conocido, a M. Edouard Schuré, de quien ya hemos tenido la ocasión de hablar (y que, después de haber abandonado la Sociedad Teosófica desde 1886, se reintegró a la misma en 1907), M. Eugené Lévy, Mme Alice Bellecroix y M. Jules Sauerwein, redactor del *Matin* y traductor de las obras de Steiner.

Por otro lado, Steiner quiso realizar una idea muy análoga a la del monasterio teosófico de Franz Hartmann: hizo construir en Dornach, cerca de Basilea, un templo "donde los fervientes de la ciencia del espíritu podrían reunirse, instruirse y edificarse en un lugar preparado para ellos". La descripción es demasiado curiosa para que no reproduzcamos algunos pasajes: "El edificio refleja bien la doctrina expuesta por M. Steiner en un gran número de obras y de conferencias. Dos vastas cúpulas se elevan sobre la colina que domina un circo boscoso, coronado de viejas ruinas... Una de las cúpulas, mayor que la otra, simboliza al Universo con sus armonías y las etapas sucesivas de su evolución. Como el número siete es el que representa, en el ocultismo, el desarrollo de las cosas en el tiempo, esta cúpula está soportada por siete inmensas columnas por cada lado. Las columnas son en forma de pentagramas, constituidos por triángulos que se encajan los unos en los otros. Encima de cada columna, un capitel ornamentado representa una de las formas planetarias de nuestro mundo... La cúpula menor está, por así decirlo, engastada en la mayor de la que ha salido. Bajo esta cúpula reina el número doce, el del espacio. Doce columnas simbolizan las doce influencias zodiacales, que descienden sobre el "microcosmos" o mundo del ser humano, mientras que, alrededor de todo el edificio, vidrieras, diseñadas por Steiner mismo, representan en colores sensibles las etapas del progreso del alma... M. Rudolf Steiner piensa que un edificio donde se deben estudiar las fuerzas de la naturaleza debe expresar, en todas sus partes, el esfuerzo incesante, la metamorfosis constante que marcan el progreso del Universo"[21]. Para subvenir a los gastos de la construcción, que debían elevarse a tres millones, se había constituido una asociación inmobiliaria llamada "Sociedad de San Juan" (*Johannes-bau-Verein*), por alusión a las antiguas confraternidades de "Maçons" operarios. El templo debía estar acabado hacia finales de 1914, pero la guerra tuvo como efecto interrumpir los trabajos o al menos retrasarlos, y sólo en 1920, creemos, el edificio pudo ser finalmente inaugurado; contiene, entre otras cosas, un teatro donde se deben representar los "dramas esotéricos" de MM. Steiner y Schuré[22][5*]. Agregamos que el Dr. Steiner ejerce una influencia cada vez

---

[21] *Le Matin*, 1 de mayo de 1914.

[22] Los del segundo fueron traducidos al alemán por Mme Marie von Sivers. — Parece que M. Schuré se ha separado de Steiner, durante la guerra, a causa de un folleto pangermanista escrito por éste, y que, desde entonces, se ha acercado nuevamente a la Sociedad Teosófica, donde ha pronunciado incluso recientemente algunas conferencias sobre el "espíritu céltico".

[5*] Al parecer, Suiza ofrece un terreno particularmente favorable a la fundación de comunidades teosofistas o similares: en junio de 1920 se creó en Céligny, cerca de Genève, y bajo la dirección de René Borel, una "Comunidad Teosófica Cooperativa" denominada el "Dominio de la Estrella", y que tenía por objetivo "fundar una pequeña colonia que viva de su propio trabajo, destinada a aglutinar en un medio armonioso a todos aquellos de sus miembros que deseen vivir en un ambiente espiritualista" (*"Bulletin Théosophique"*, abril de 1922).
El templo de Dornach, al que se le había dado el nombre de "*Goetheanum*", fue incendiado en la noche del 31 de diciembre de 1922; como estaba construido casi enteramente en madera, fue destruido por completo; casi inmediatamente comenzó su reconstrucción, pero esta vez en piedra. El incendio fue generalmente atribuido a la mala voluntad; algunos incluso acusaron a los teosofistas, y otros a los jesuitas, lo que no podía ser de otra manera. Por otra parte, este hecho tuvo el efecto de atraer la atención del público sobre la Sociedad Antroposófica y su fundador, y en la prensa han podido leerse informaciones como ésta: "Si se cree en la leyenda, el Dr. Steiner, cuyas teorías son confusas, ha hecho no obstante un eminente servicio a la humanidad, al turbar el espíritu del conde de Moltke, jefe del estado mayor general, en el momento decisivo de la batalla del Marne. El estratega germano era nada menos que su discípulo... El año pasado, el profeta reunió 35 millones de marcos de cotización y fundó una compañía de acciones llamada "*Le Jour qui vient*",

mayor sobre sus discípulos, y que éstos, que eran ya más de cuatro mil en 1914, y entre los cuales hay muchas mujeres, tienen por él una admiración y veneración iguales a las que los teosofistas "ortodoxos", se puede emplear esta palabra en parecido caso, profesan respecto de Mme Besant[6*].

---

dedicada a la fabricación de cigarrillos, con el fin de financiar más adelante obras de propaganda. Esta concesión a las debilidades humanas fue mal acogida por los adversarios de Steiner, y la fábrica de cigarrillos debió cerrar sus puertas" ("*Echo de Paris*", 10 de enero de 1923).

[6*] Rudolf Steiner murió el 26 de abril de 1925; desde entonces, la Sociedad Antroposófica está regida por un Comité director, y no parece que haya pensado nunca en presentar un sucesor de su fundador. Con la Sociedad Antroposófica están relacionadas diversas organizaciones accesorias: la Escuela de Euritmia del *Goetheanum*, creada y dirigida por Mme Marie Steiner, a la que se añade una escuela de arte dramático; la Escuela Waldorf, en Stuttgart, y otras escuelas similares en Holanda e Inglaterra; los Laboratorios internacionales de Arlesheim, alrededor de los cuales están agrupadas cuatro casas de salud para niños y adultos. A propósito de las aplicaciones médicas de las teorías de Steiner, he aquí una información bastante curiosa: "El Dr. Kolisko, de Viena, intenta fundar una nueva medicina o al menos una farmacología sobre la doctrina antroposófica de su maestro Steiner. La adoración (*sic*) del número tres según los métodos babilónicos (?) desempeña cierto papel en esta terapéutica, que se relaciona también con las investigaciones y resultados de la antigua homeopatía. A la humanidad sufriente, el Dr. Kolisko aporta un remedio universal, que es el azufre. Quiere hacer una humanidad sulfatada. La Sociedad de los médicos de Viena se ocupa con severidad de tales procedimientos, cuya principal originalidad consiste en justificar con las más extrañas razones místicas el empleo de medicamentos conocidos. Así, preconizando el uso de una tisana cualquiera contra el cáncer, los teósofos (*sic*) evocan el mito del dios del invierno Hoeder, que mató al dios del verano Balder" ("*Echo de Paris*", 23 de agosto de 1922). La "Sociedad Antroposófica de Francia", cuya sede se encuentra en el nº 3 de la avenue de l'Observatoire, tiene por órgano de difusión una revista titulada "*La Science Spirituelle*", que por lo demás no aparece sino a intervalos bastante irregulares. Por otra parte, un "Congreso mundial para demostrar la existencia de una Ciencia Espiritual y sus aplicaciones prácticas" se celebró en Londres en julio de 1928; he aquí algunos extractos del manifiesto lanzado en esta ocasión: "La ciencia del análisis, la lógica inflexible, el dogma cristalizado, han finalizado su tarea...
Ha llegado el tiempo en el que el hombre debe desarrollar en sí una forma superior de conocimiento. Será, necesariamente, por medio de una Ciencia Espiritual que proyectará una nueva claridad sobre la Encarnación Divina y sobre la misión de Cristo. Pero una

CAPÍTULO XXIII

LA ORDEN DE LA ESTRELLA DE ORIENTE Y SUS ANEXOS

¿Habría que creer que los jefes de la Sociedad Teosófica, desanimados por los fracasos que hemos contado, acabarían renunciando a sus empresas mesiánicas? Tenemos muchas razones para pensar que no hay nada de eso: bajo una u otra forma, con Alción o sin él (y más probablemente sin él, ya que hemos oído decir que ya se prepara actualmente en secreto a otro futuro Mesías, destinado a reemplazarle), el movimiento continuará, ya que el "grupo de Servidores" funciona todavía como en el pasado. Entiéndase bien que aquí queremos hablar del grupo real, y no de el de los personajes más o menos fantásticos a los que los teosofistas dan también nombre, y que consideran como la corte del Bodhisattwa; por lo demás, a decir verdad, aquello de lo que se trata no es un grupo único y claramente definido, son más bien grupos múltiples y diversos, que forman otros tantos organismos aparentemente distintos de la Sociedad Teosófica, pero creados y dirigidos por ella; el conjunto de todas esas asociaciones constituye lo que se llama la "Orden del Servicio de la Sociedad Teosófica". Ya volveremos sobre esto más adelante; por el momento,

---

comprensión vasta y profunda de la misión de Cristo no es posible si no se pone de relieve el sentido de la evolución de la tierra en su totalidad... A la luz de este conocimiento surgirá una más clara comprensión del papel confiado a cada nación terrestre, y la Individualización, la Libertad, la Buena Voluntad constituirán una Realidad Espiritual que penetrará todas las ramas de la actividad humana... Cada época tiene sus guías. Es al hombre a quien incumbe en la actualidad la misión de descubrir dónde reside la Sabiduría y, habiéndola encontrado, erigir, sobre sólidas bases, el edificio de los nuevos tiempos".

sólo queremos señalar algunas de estas agrupaciones auxiliares, y primeramente "La Orden del Sol Levante", organizada en Benarés por M. Arundale, transformada después, el 11 de enero de 1911, en "Orden independiente de la Estrella de Oriente"[(1)], con Alción como jefe nominal y Mme Besant como "protectora", "para agrupar a todos aquellos que, tanto en el seno de la Sociedad Teosófica como fuera de ella, creen en la venida del Instructor Supremo del Mundo". Se espera "que sus miembros podrán hacer algo en el plano físico para preparar la opinión pública a la idea de esa venida, creando una atmósfera de simpatía y de veneración, y también se espera que, uniéndose, podrán formar en los planos superiores un instrumento del que el Maestro podrá servirse". Esta Orden "no excluye a nadie, y recibe a todos aquellos que, cualquiera que sea la forma que reviste su fe, comparten la esperanza común"; lo único necesario para ser admitido es la aceptación de los principios siguientes: "1º Creemos que un Gran Instructor hará su aparición próximamente en el mundo, y queremos proceder de manera que ordenemos nuestra vida para ser dignos de reconocer-Le cuando venga. 2º Por consiguiente, nos esforzaremos por tener-Le siempre presente en el espíritu, y por hacer en Su nombre, y por lo tanto lo mejor que podamos, todo trabajo que sea parte de nuestras ocupaciones diarias. 3º Mientras nos lo permitan nuestros deberes habituales, nos esforzaremos por consagrar diariamente una parte de nuestro tiempo a algún trabajo definido que pueda servir para preparar Su venida. 4º Nos esforzaremos a fin de que la abnegación, la perseverancia y la dulzura sean las características dominantes de nuestra vida diaria. 5º Nos esforzaremos en comenzar y terminar cada jornada con una breve sentencia destinada a pedir-Le Su bendición para todo lo

---

[(1)] Esta "Orden de la Estrella de Oriente" (*Star in the East*) no debe ser confundida con otra Orden que se denomina de un modo similar (*Eastern Star*), cuya fundación se remonta a 1855, y que no es más que una suerte de anexo femenino de la Masonería norteamericana.

que intentamos hacer por Él y en Su Nombre⁽²⁾. 6° Intentaremos, considerándolo como nuestro deber principal, reconocer y venerar la grandeza sin distinción de personas, y cooperar, tanto como sea posible, con aquellos que sentimos que son espiritualmente nuestros superiores"⁽¹*⁾.

Sobre las relaciones de la Orden de la Sociedad Teosófica, he aquí lo que decía M. Leadbeater, en presencia de Alción, en una reunión de la sección italiana celebrada en Génova: "Mientras que la Sociedad Teosófica *pide* reconocer la fraternidad humana, la Orden de la Estrella de Oriente *ordena* la creencia en la venida de un Gran Maestro y la *sumisión* a sus seis principios. Por otra parte, se pueden admitir los principios y preceptos de la Orden sin aceptar todas las enseñanzas de la Sociedad Teosófica. El nacimiento de la Orden nos ha revelado que, en todas las partes del mundo, hay personas que esperan la venida del Maestro, y gracias a él se ha podido agruparlas... El trabajo de la Orden y de la Sociedad Teosófica son idénticos: ampliar las ideas de los cristianos y de aquellos que creen que fuera de su pequeña Iglesia no hay salvación; enseñar que todos los hombres pueden ser salvos... Para un gran número de nosotros, la venida de un gran Instructor no es más que una creencia, pero, para algunos, es una certeza. Para muchos, el Señor Maitreya no es más que un nombre, mientras que es una gran entidad para algunos de nosotros que le han visto y oído frecuentemente"⁽³⁾. Un poco más tarde, estas declaraciones iban a ser

---

⁽²⁾ Para esto se transmiten a los miembros de la Orden fórmulas especiales que son cambiadas cada cierto tiempo.

⁽¹*⁾ Ya se ha visto, en nota adicional previa, que los teosofistas no habían renunciado en efecto a su empresa mesiánica, pero que, contrariamente a lo que se podía creer en el momento en que escribimos este libro (puesto que por entonces ellos mismos tenían la precaución de preparar, en caso de necesidad, a otro "posible" Mesías), ha sido definitivamente Alcyon el designado para desempeñar, por las buenas o por las malas, el papel de "vehículo" del "Gran Instructor", por ser, como decía Mme Blavatsky (que interpretaba de esta forma el nombre de "Lucifer"), el "Portador de la llama de la Verdad".

⁽³⁾ *Le Théosophe*, 16 de octubre de 1912.

contradichas en algunos puntos por M. Arundale, quien afirma en nombre de Alción que la "Orden no indica cuál es el Instructor Supremo para cuya venida ha sido fundada", que "ningún miembro tiene derecho a decir, por ejemplo, que la Orden espera la venida de Cristo o del Señor Maitreya" y que: "sería perjudicial para los intereses de la Orden y los de la Sociedad Teosófica, considerar como idénticos los objetivos de estas dos organizaciones"[4]. En otra parte leemos también que, "si algunos miembros creen que el Instructor del Mundo se servirá de tal o cual cuerpo (alusión evidente a la misión de Alción), ésas no son más que opiniones personales, y no creencias a las que deban adherirse los demás miembros"; es probable que hubiera sido de otro modo si las cosas hubiesen funcionado mejor. En todo caso, he aquí un ejemplo muy claro de la manera en que los jefes teosofistas saben plegarse a las circunstancias y modificar, según la oportunidad, las apariencias que deben permitirles penetrar en medios diversos y reclutar en ellos auxiliares para la realización de sus planes.

Han sido creadas organizaciones que están adaptadas a cada uno de los medios a los que se quiere llegar; las hay también que se dirigen especialmente a la juventud e incluso a la infancia. Fue así como, colateralmente a la "Estrella de Oriente", se fundó otra asociación llamada de los "Servidores de la Estrella", que tenía por "protector" a Krishnamurti y por jefe a Nityananda; "todos los miembros de esta Orden, a excepción de los miembros honorarios, deben tener menos de veintiún años, y hasta el niño más pequeño que desee servir puede formar parte de ella"[5]. Anteriormente, existían ya otras dos organizaciones del mismo género: la "Cadena de Oro" y la "Tabla Redonda". La "Cadena de Oro" es "una agrupación de entrenamiento espiritual", en la que se admite a los niños a partir de los siete años, y cuyo objetivo (al menos el objetivo confesado) se expresa en la fórmula que los miembros deben repetir cada mañana: "Yo soy un eslabón de

---

[4] *The Daybreak*, agosto de 1913.

[5] *The Daybreak*, octubre de 1913, p. 151.

oro en la cadena de amor que abraza al mundo; es menester que me mantenga fuerte y brillante. Quiero tratar de ser dulce y bueno para toda criatura viva, proteger y ayudar a todos aquellos que son más débiles que yo. E intentaré no tener más que pensamientos puros y bellos, no pronunciar más que palabras puras y bellas, no realizar más que acciones puras y bellas. ¡Que todos los eslabones lleguen a ser brillantes y fuertes!"[6][2*]. Este objetivo parece casi idéntico al de las "Ligas de Bondad" (*Bands of Mercy*), originarias de Norteamérica e introducidas en Europa por M. Jerónimo Périnet, de Ginebra; estas Ligas son de inspiración manifiestamente protestante, y sus jóvenes adherentes deben firmar esta fórmula: "Quiero esforzarme no sólo en ser bueno con todas las criaturas vivas, sino en impedir a quienquiera que sea que las moleste o les haga daño"[7]. Se espera, se dice, que este compromiso de honor, que esta iniciación al valor del juramento, eleven muy pronto al niño a la dignidad de hombre; esto es también lo que pretenden los promotores del "Scoutismo", otra institución no menos penetrada por el espíritu protestante, y que, nacida en Inglaterra, no carece de relaciones con el movimiento teosofista[3*]; en Francia incluso, los teosofistas

---

[6] Tomamos este texto de un artículo de Mme I de Manziarly, aparecido en el *Théosophe* del 1 de marzo de 1914.

[2*] Junto a la "Cadena de Oro" y la "Tabla Redonda", existía además otra organización teosofista, la "Estrella Rosa", que, como la primera, estaba destinada a los niños. "Todas estas órdenes o ligas, escribe a este respecto Mlle. Aimée Blech, no se perjudican recíprocamente, no están en competición. Jamás podrá enseñarse mejor la bondad, poner de relieve lo bello, lo verdadero y lo bueno en la turbada época en que vivimos. Es una época de transición, se dirá. Razón de más para preparar el porvenir" ("*Bulletin Théosophique*", febrero de 1922).

[7] *Théosophe*, 16 de septiembre y 1 de octubre de 1913.

[3*] En Francia, la "Liga de Bondad" tiene por presidente de honor a Eugène Simon, que es miembro de la Sociedad Teosófica, y que al mismo tiempo desempeña un importante papel en el movimiento feminista. El niño que desea formar parte de la Liga firma una carta en la que están inscritas las siguientes reglas: "1º Realizar cada día un acto de bondad; 2º ser bueno con los animales; 3º no decir mentiras; 4º proteger a los débiles, ayudar a los desgraciados; 5º ser agradecido con los padres y con todos aquellos que le quieren bien; 6º testimoniar en toda ocasión su gratitud hacia los defensores de la Patria; 7º respetar a los

patrocinaron activamente la "Liga de Educación nacional", fundada en 1911 para la propagación del "Scuotismo".

Si en la "Cadena de Oro" no se habla abiertamente de la venida del "Gran Instructor", no sucede lo mismo en la "Tabla Redonda", de la que se puede formar parte como "asociado" a partir de los trece años, como "compañero" a partir de los quince y como "caballero" a partir de los veintiuno (apenas es necesario señalar la analogía, ciertamente expresa, de estos tres grados con los de la Masonería), y cuyos miembros deben prestar el juramento formal del secreto. Ahí, se trata de "seguir al gran Rey que Occidente ha llamado Cristo y Oriente Bodhisattwa: ahora que se nos da la esperanza de su próximo retorno, ha llegado el tiempo de formar caballeros que preparen Su venida sirviéndo-Le desde ahora; se pide que aquellos que entren en la Liga piensen cada día en este Rey, y que hagan cada día una acción para servirle". Esta Liga contó entre sus primeros adherentes con un cierto número de dirigentes del movimiento "scoutista", que se hace pasar también como "una nueva caballería"; al cabo de poco tiempo, tuvo centros, no sólo en Inglaterra y en Escocia, sino también en Francia, en Bélgica, en los Países Bajos, en Italia, en Hungría, en Norteamérica, en Australia y en Nueva Zelanda[8]. En suma, es sobre todo un centro de reclutamiento para la "Estrella de

---

ancianos y a los enfermos". Estas reglas presentan gran semejanza con las de los *Boy Scouts*; y conviene notar también, a propósito de ello, que un grupo especial para la defensa de los animales ha sido constituido en la "Orden de la Estrella de Oriente". Existen en los *Boy Scouts* incluso grupos que son específicamente teosofistas: así, el *"Bulletin Théosophique"* de abril de 1923 contiene una carta remitida por el "Comité director de los Exploradores Azules de la Tabla Redonda", de Grenoble. Por otra parte, en cuanto al espíritu que anima el movimiento "escultista" en general, es interesante señalar que Mme Besant ha sido proclamada, hace algunos años, "protectora de los *Scouts* del mundo entero", al igual que el general inglés Baden-Powell es reconocido como su jefe supremo; esto no deja de estar relacionado con el papel político de la Sociedad Teosófica como instrumento del imperialismo británico.

[8] *Le Théosophe*, 1 de agosto de 1913.

Oriente", que pretende ser el núcleo de la "religión nueva", el punto de reunión de todos aquellos que esperan "la venida del Señor"[9].

Por otro lado, se fundó en Francia y en Bélgica, en 1913, una cierta "Confraternidad de los Misterios de Dios", cuyo nombre parece inspirado en el de la "Confraternidad de los Amigos de Dios" de Tauler, y que se presentaba en estos términos: "Todos los lectores del *Christianisme Esotérique* y de algunas de las obras de M. Mead están familiarizados con la idea de los *Misterios Cristianos*. Una viva esperanza ampliamente extendida entre algunos estudiantes es que los *Misterios* podrán ser restaurados de una manera que nosotros no podríamos prever[10], y que así sería colmada una gran necesidad profundamente sentida en la Iglesia cristiana. En esta esperanza, y con la convicción de que los tiempos han llegado, la Confraternidad de los Misterios de Dios ha sido fundada con dos objetivos: 1°, reunir en un solo cuerpo, ligar conjuntamente con promesas solemnes de servicio y de fraternidad, a aquellos de los cristianos que, en una humilde actitud de espera para ser empleados como Él lo juzgue conveniente, quieren consagrar su vida al servicio de Cristo, y quieren vivir, estudiar, orar y trabajar en la esperanza de que los Misterios serán restaurados; 2°, el estudio en común del Misticismo cristiano, de las leyendas y tradiciones místicas, así como de las alusiones diseminadas que se refieren a los Misterios cristianos… Debe especificarse que el primer objetivo de la Confraternidad se basa en la próxima venida del Señor, e implica la creencia en esta venida. Hay que esperar que los numerosos cristianos de la Orden de la Estrella de Oriente, interesados en el ceremonial y el simbolismo, se unirán a la Confraternidad y encontrarán, en su línea de

---

[9] Existió anteriormente en el teosofismo otra "Sociedad de la Tabla Redonda", de carácter completamente diferente: era un grupo fundado por condenados de la prisión del Estado de Folsom, en California, y "que tiene como objetivo el estudio de la teosofía y su mejora moral" (*Lotus Bleu*, 27 de abril de 1895).

[10] En el Congreso Teosófico de Estocolmo, el 14 de junio de 1913, Mme Besant pronunció una conferencia sobre la "restauración de los Misterios"; es ése también, como lo hemos dicho más atrás, uno de los objetivos que se propone por su lado el Dr Steiner.

trabajo, una ocasión definida para ayudar a preparar Su camino y para allanar Sus vías"[11].

Finalmente, y sin duda para hacer la competencia a la organización rosacruciana del Dr. Steiner, adentrado de lleno en otra dirección, fue creado un nuevo "Templo de la Rosa-Cruz", que tiene como objeto: "el estudio de los Misterios, del Rosacrucianismo, de la Kabala, de la Astrología, de la Francmasonería, del simbolismo, del ceremonial cristiano y de las tradiciones ocultas que se hallan en Occidente"[12]. Hay en esto un cierto número de cosas bastante disparatadas; por ejemplo, no se ve con claridad qué hace ahí la astrología, tanto más cuanto que los teosofistas tenían ya a su disposición, para el estudio de ésta, una organización especial, dirigida en Inglaterra por M. Alan Leo y en Francia por M. L. Miéville, y que tiene como órgano la revista *Modern Astrology*[13]. Por lo demás, ese no era el objetivo esencial del "Templo de la Rosa-Cruz", que, aunque "no tuviera ninguna relación oficial con la Orden de la Estrella de Oriente", no por ello debía "trabajar menos en la obra común", es decir, en "preparar el camino del Señor", y, por sus formas rituales, "proporcionar la base de una parte del gran aspecto

---

[11] *Le Théosophe*, 16 de abril de 1913; *Revue Théosophique Belge*, julio de 1913. — Para todo lo referente a esta organización, era preciso dirigirse, en Francia, a M. Raimond van Marle, y, en Bélgica, a M. F. Wittemans.
Añadido en la segunda edición:
F. Wittemans, que hoy en día es senador en Bélgica, ha publicado recientemente una *Histoire des Rose-Croix*, naturalmente acomodada a las concepciones teosofistas, y, en consecuencia, llena de las afirmaciones más caprichosas.
[12] *L'Acacia*, revista masónica, abril de 1913, p. 237. — En el mismo artículo se trataba también de la fundación de un "Grupo musical de la Sociedad Teosófica".
[13] El aspecto comercial no era descuidado en esta organización: tenemos ante nuestros ojos las tarifas por los horóscopos, cuyos precios varían: "de acuerdo al trabajo y a las necesidades del cliente"; "todos los horóscopos por menos de cincuenta francos son juzgados de acuerdo a datos rigurosamente científicos; en todos los horóscopos de cincuenta francos y más, el juicio científico es combinado con el intuitivo (*sic*), siendo sintetizado cada horóscopo por M. Alan Leo".

ceremonial de la religión nueva"[14][4*]. Sin embargo, todo esto no era aún suficiente: a fin de dar cuerpo a esta "religión nueva", los jefes de la Sociedad Teosófica querían tener a su disposición una Iglesia verdadera, revestida oficialmente de una denominación cristiana, incluso católica, cosa que, como vamos a verlo ahora, ha hecho en estos últimos años.

---

[14] *The Daybreak*, agosto de 1913.

[4*] Desde enero de 1928 aparece una nueva revista titulada "Cahiers de l'Étoile", que está "en relación con una serie de revistas que aparecen en una veintena de países diferentes"; la oficina internacional de tales revistas se encuentra en Eerde-Ommen, en Holanda; la dirección es anónima, aunque sabemos que la revista francesa está dirigida por Mme de Manziarly. Los "*Cahiers de l'Étoile*" publican los poemas ingleses de Krishnamurti; el primer número contiene un retrato de éste del escultor Bourdelle, que al parecer es un teosofista convencido (y, por lo demás, quienes han visto de qué manera firma sus obras apenas pueden dudar de ello).

CAPÍTULO XXIV

LA IGLESIA "VIEJA CATÓLICA"

A comienzos de 1914 se, se conocía la existencia, en París, de una cierta "Iglesia Católica Francesa", llamada también "Iglesia Galicana"; por lo demás, había otra "Iglesia Galicana", dirigida por un cierto abate Volet, y que poseía un órgano denominado *Le Catholique Français*; es lo propio de estas organizaciones cismáticas multiplicarse casi indefinidamente a ejemplo de las sectas protestantes, y hacerse entre sí una competencia a veces poco leal. La nueva Iglesia se hallaba provisionalmente bajo el control de "Mons. Arnold Henri Mathieu, conde de Landave de Thomastown, Arzobispo viejo-católico de Londres, metropolitano de Gran Bretaña y de Irlanda", mientras llegaba la consagración, como "metropolitano de Francia y de las Colonias", de su vicario general "Mons. Pierre René, vidamo (título feudal) de Lignières". Parece que, en realidad, este último personaje se llamaba simplemente Laurain; pero los dignatarios de esta Iglesia tenían la manía de los títulos nobiliarios, como otros tenían la de las decoraciones fantasiosas: es así como el obispo Villatte, cuyo ensayo de "cultual" tuvo antaño cierta fama, había inventado la "Orden de la Corona de Espinas". Sea como sea, era bastante singular que una Iglesia que se autoproclamaba orgullosamente "Francesa y no Romana", estuviera sometida, incluso provisionalmente, a la autoridad de un inglés; se hizo conocer primeramente, como la de Villatte (que se pasó después a una Iglesia Siria bajo el nombre de Mar Timotheus), mediante ofrecimientos de sacerdotes cismáticos a municipios que se encontraban privados de sus curas porque las municipalidades habían tenido dificultades con los obispos[1]. Pronto, apareció un boletín titulado *Le Rèveil Catholique*, que tuvo exactamente cuatro números, de marzo a agosto de 1914, y cuya publicación fue interrumpida por la guerra y la movilización del "arzobispo metropolitano"[2]. A fin de establecer la "sucesión apostólica" de Mons. Mathieu, consagrado por Mons. Gérard Gul, arzobispo jansenista de Utrecht, ese boletín enumeró toda la línea de los arzobispos y obispos jansenistas holandeses; partiendo de éstos, y pasando por diversos intermediarios, se remontaba a Bossuet, y después al Cardenal Barberini, sobrino del Papa Urbano VIII. Pronto se pudo ver la "división religiosa" de Francia en un arzobispado y ocho obispados "regionales"; varios de estos últimos tenían ya titulares designados, entre los cuales figuraban dos obispos de una pretendida "Iglesia Ortodoxa Latina", MM. Giraud, antiguo hermano lego de la Trapa y Joanny Bricaud. Este, que es muy conocido en los medios ocultistas, se hacía llamar precedentemente "S. B. Jean II, Patriarca de la Iglesia Gnóstica Universal" y hoy se pretende el sucesor de Papus a la cabeza de la "Orden Martinista" y de varias otras organizaciones; conviene agregar que estos títulos le son contestados por otros ocultistas; por lo demás, sería difícil enumerar todas las Iglesias y todas las Órdenes a las que M. Bricaud ha afirmado que está vinculado sucesiva o incluso simultáneamente. Si señalamos especialmente la presencia de este ocultista entre el personal de la Iglesia de la que aquí se trata, lo hacemos porque es un ejemplo más de las relaciones que existen entre una serie de agrupaciones de las que, a primera vista, se podría creer que son extrañas entre sí. No obstante, no hubo teosofismo ni se trató de sus representantes en la "Iglesia Católica Francesa", que, como la mayoría de agrupaciones cismáticas análogas, parece haber tenido una existencia

---

[1] Entre los municipios que recibieron tales ofertas podemos citar al de Chevrières, en el departamento del Isère.

[2] La administración se hallaba en la rue du Pré-aux-Cleres, 5; el culto se celebraba en la "iglesia Juana de Arco", pasaje Elysèe des Beaux-Arts, 18.

efímera; fue en la Iglesia "vieja-católica" de Inglaterra, que le había dado nacimiento, donde los teosofistas comenzaron a introducirse entonces.

El jefe de esta Iglesia vieja-católica, el arzobispo Mathieu, que se llama en realidad Arnold Harris Matthews, nacido en Montpellier de padres irlandeses, se había preparado primero para recibir las órdenes en la Iglesia episcopaliana de Escocia; pero en 1875 se había hecho católico, y, en junio de 1877, había sido ordenado sacerdote de Glasgow. En julio de 1889 abandonó el sacerdocio, y, en octubre de 1890, tomó el nombre italiano de Arnoldo Girolamo Povoleri; hizo aparecer incluso un aviso en el *Times* para anunciar este cambio de nombre. Se casó en 1892; entonces de hacía llamar reverendo conde Povoleri di Vicenza, y es por esta misma época cuando tomó el título de conde de Landaff; agregamos aún que, recientemente, se le vio figurar bajo el nombre de marqués de Povoleri, en compañía de su hijo y de su hija, en algunas recepciones de la emperatriz Eugenia en Bayswater, donde, por lo demás, se reunía una sociedad más bien mezclada [3]. En un cierto momento, pareció reconciliarse con la Iglesia Católica, pero tan sólo por poco tiempo. En 1908, M. Mathew (es así como escribía ahora su nombre) se hizo consagrar Obispo por el Dr. Gérard Gul, que estaba a la cabeza de la Iglesia vieja-católica de Holanda, formada con los restos del jansenismo, más algunos disidentes que, en 1870 se habían negado a aceptar el dogma de la infalibilidad pontifical; las diversas Iglesias vieja-católicas (incluida la dirigida actualmente por los teosofistas) reconocen al Papa únicamente como "Patriarca y Primado de Occidente". El nuevo obispo consagró a su vez a otros dos sacerdotes ingleses desviados, MM. Ignacio Beale y Arturo Howorth; y al cabo de tres años escasos, fundó una "Iglesia Católica Ortodoxa de Occidente", repudiando toda subordinación tanto respecto de Utrecht como de Roma. Esta Iglesia tomó sucesivamente diversas denominaciones, que sería poco útil y poco interesante enumerar aquí, al tiempo que su jefe procuraba entrar

---

[3] *L'Indépendance Belge*, 10 de mayo de 1918.

en negociaciones, ora con la Santa Sede por medio del Cardenal Merry del Val, ora con la Iglesia Anglicana por medio del Arzobispo de Canterbury y el Obispo de Londres, ora incluso con la Iglesia Ortodoxa de Oriente a través del Arzobispo de Beirut[4]; finalmente, en 1911, fue excomulgado formalmente por la Santa Sede[5].

En 1913 el clero de la "Iglesia vieja-católica de Gran Bretaña e Irlanda" (esa era la denominación que había prevalecido finalmente) se aumentó con varios miembros, todos ellos antiguos ministros anglicanos y teosofistas más o menos famosos: M. James Ingall Wedgwood, secretario general de la sección inglesa de la Sociedad Teosófica (designado en las "vidas de Alción" bajo el nombre de Lomia), M. Rupert Gauntlett, secretario de una "Orden de los Curadores" vinculada a la Sociedad Teosófica, M. Robert King, especialista en "consultas psíquicas" basadas en el examen del horóscopo, y M. Reginal Farer. En 1915, el arzobispo Mathew, que ignoraba todo del teosofismo, se quedó espantado al percatarse de que M. Wedgwood y sus asociados esperaban la venida de un Nuevo Mesías; cerró entonces su Iglesia vieja-católica y ofreció su sumisión a Roma, pero pronto se recuperó y casi enseguida fundó otra "Iglesia Católica Uniata de Occidente". Wedgwood, por su lado, no pudiendo obtener de Mons. Mathew la consagración episcopal que ambicionaba, se dirigió, aunque vanamente, al obispo Vernon Herford, que dirigía una suerte de capilla nestoriana en Oxford; pero fue más feliz ante Mons. Frederick Samuel Willoughby, consagrado por Mons. Mathew en 1914, y expulsado de la Iglesia vieja-católica al año siguiente. M. Willoughby consagró primeramente a MM. King y a Gauntlett (el primero de los cuales fundó una rama de la Iglesia

---

[4] A este propósito, señalaremos incidentalmente que actualmente se prosiguen tentativas de alianza entre la Iglesia Anglicana y algunas fracciones de la Iglesia Ortodoxa, pero por razones probablemente más políticas que religiosas.

[5] Estas notas biográficas, al igual que una parte de los detalles que siguen, han sido tomados de un folleto documentado aparecido en Inglaterra con este título: *Some Fruits of Theosophy: The Origins and Purpose of the so-called Old Catholic Church Disclosed*, por Stanley Morison.

vieja-católica en Escocia), y después, con la asistencia de estos dos, consagró a M. Wedgwood el 13 de febrero de 1916, pero en el curso de ese mismo año se sometería a la Santa Sede. M. Wedgwood partió en seguida para Australia; en Sydney, consagró como "obispo para la Australasia" a Charles Webster Leadbeater, antiguo ministro anglicano él también, como ya hemos tenido la ocasión de decirlo; y éste, asistido por M. Wedgwood, consagró a su vez, como "auxiliar para la Australasia", al "Jongheer" Julián Adrián Mazel, de origen holandés. El 20 de abril de 1916, una asamblea de los obispos y del clero de la Iglesia vieja-católica de Gran Bretaña adoptó una nueva constitución, que fue publicada con la firma de M. Wedgwood, y en la que, por lo demás, no se hace ninguna alusión al teosofismo, ni tampoco al futuro Mesías[1*].

[1*] El obispo Mathew murió hace ya algunos años; por otra parte, hemos tenido noticia, a principios de 1928, de la muerte del "Jongheer" Mazel. Otros obispos de la "Iglesia católica liberal", especialmente Irving S. Cooper, fueron, a continuación, igualmente consagrados en Sidney; la razón de ello es que allí se refugió Leadbeater, obligado a dejar la India tras el escandaloso proceso de Madrás. Se podría creer que la inmoralidad reprochada a Leadbeater no constituía más que un caso aislado en el medio teosofista; pero puede verse que, lamentablemente, no es así; los hechos que vamos a referir son aquellos a los cuales alude Mme Besant al final del pasaje que hemos reproducido en la nota adicional de las pp. 217-218. Son los incidentes que constituyen la principal causa de la escisión de la rama "*Agni*", de Niza (ver nota adicional de la p. 214); esta rama, presidida por la condesa Prozor, había enviado a todas las restantes ramas francesas, el 19 de noviembre de 1922, una circular anunciando su intención de realizar "un esfuerzo de saneamiento" en la Sociedad Teosófica, y especialmente de arrojar luz sobre "los abusos de poder, la duplicidad y la conducta eminentemente inmoral reprochada a nuestro Presidente y a C. W. Leadbeater". Esta iniciativa fue muy mal acogida, y el "*Bulletin Théosophique*" de enero de 1923 publicó una nota según la cual "el Consejo de administración (de la sección francesa) ha juzgado que debía desaprobarla", entendiendo que era susceptible de "sembrar la turbación y la división en el seno de la S. T. de Francia". La rama "*Agni*" no dejó de editar toda una serie de panfletos "para uso exclusivo de los miembros de la Sociedad Teosófica", serie que terminó con una carta colectiva de dimisión datada el 11 de febrero de 1923. Estos panfletos contienen documentos muy sustanciosos; es cierto que se había puesto cuidado en negar su exactitud incluso antes de que hubieran aparecido todos, pero no se había encontrado nada mejor para responder a ellos que ciertas declamaciones de las que reproducimos el siguiente extracto aparecido en el "*Bulletin Théosophique*" de

febrero de 1923: "Nosotros, teósofos, ¿nos alinearemos entre los calumniadores o entre los calumniados? ¿Quién de entre nosotros se cree lo bastante puro, lo bastante impecable, como para arrojar la piedra a uno de nuestros hermanos, cuando éste se haya equivocado gravemente? De esta crisis que nos rodea, extraigamos una lección. Si esta lección, esta prueba, amplía nuestros horizontes, nos conduce a una mayor tolerancia, a una mayor comprensión y a un más alto ideal de fraternidad, será noblemente útil, será benigna...". Con seguridad es muy difícil, a menos de estar cegado por los prejuicios, considerar esta perorata como constituyendo una respuesta válida y satisfactoria. El primero de los panfletos editados por la rama "*Agni*" contiene especialmente una carta de T. H. Martyn, de Sydney, dirigida a Mme Besant, carta fechada el 20 de mayo de 1921 (anterior a la dimisión de su autor), y de la cual extraemos lo que sigue: "En 1906 yo estaba en Londres y combatía por vuestra causa y por la de Leadbeater. Este último estaba amenazado de procedimientos judiciales. Uno de los jóvenes de su entorno vino a mí desesperado y me suplicó que intentara impedir esas diligencias, pues habría sido obligado a dar testimonio de las prácticas inmorales de Leadbeater. El procedimiento no tuvo lugar... En 1914, Leadbeater se estableció con nosotros en Sydney. Acepté su opinión, que era también la de Vd., y lo consideré como un Arhat, me sometí voluntariamente a su influencia y desempeñé con alegría todos sus proyectos. A continuación, muchas cosas me asombraron de él... Por ejemplo, cierto día del mes de julio de 1917 se nos dijo a cinco de nosotros que habíamos recibido distintas iniciaciones. Ninguno recordaba nada... En esta época, Mme Martyn sufría mucho por la estancia de Leadbeater en nuestro domicilio... Más tarde (1918-1919), hubo un brote de fiebre escarlatina en casa, que fue la causa de la momentánea partida de Leadbeater y de sus muchachos; todos mis esfuerzos de persuasión no bastaron para inducir a Mme Martyn a reabrir nuestro hogar... En 1919 yo estaba en América. El joven Van Hook se encontraba en Nueva York. Hablaba libremente de la inmoralidad de Leadbeater y de la tontería de las 'vidas' (se trata de las famosas *Vidas de Alcyon*). Ya tenemos pues los testimonios de dos jóvenes acerca de Leadbeater, el de aquel que encontré en 1906 y el del joven Van Hook; si a ellos añado los comprometedores hechos ocurridos en mi casa (y no hago más que esbozar el tema en esta carta), una conclusión se impone: Leadbeater es un pervertido sexual. Su manía reviste una forma particular que no he descubierto sino hace poco tiempo, pero que es muy conocida y muy común en los anales de la criminología sexual". Desconocemos si el joven de 1906 es el mismo que se presentaba entonces como "Pitágoras reencarnado" (ver pp. 202-204), y si debe ser identificado con aquel que envió una declaración en el proceso de Madrás firmada solamente con las iniciales D. D. P., y que terminaba con las siguientes líneas muy significativas: "Hago esta declaración con la intención de advertir a los padres y que puedan así preservar a sus hijos de las perniciosas enseñanzas dadas por personajes que ante el mundo se presentan como siendo guías morales, pero cuyas prácticas degradan y destruyen tanto a niños como a adultos". En cuanto al joven Van Hook, es probablemente un pariente cercano del Dr. Weller Van Hook, secretario general de la sección americana de la Sociedad Teosófica, que había sido uno de los más ardientes defensores de Leadbeater, y que, en una supuesta carta dictada por un "Maestro" y aprobada por Mme Besant, había declarado que "no era del todo un crimen o un error enseñar a los muchachos las prácticas en cuestión, sino solamente el consejo de un sabio preceptor", consejo inspirado por otra parte "por instructores superiores", que "la introducción de este asunto en el pensamiento del mundo teosófico no es sino el preludio de su introducción en el pensamiento del mundo exterior", y que estas prácticas "constituirán el régimen futuro de la humanidad". Añadamos que el Dr. Van Hook ha sucedido, como secretario general de la sección americana, a Alexander Fullerton, quien había reemplazado a Judge, ya disidente (ver p. 165), y que fue detenido el 18 de febrero de 1910 por haber mantenido una correspondencia inmoral con un adolescente, internado poco después en el asilo de alienados del Estado de Nueva York (existe sobre este asunto un opúsculo de J. H. Fussell). Leadbeater escribió a Fullerton, el 27 de febrero de 1906, una carta en la que le indicaba explícitamente los consejos dados por él a sus discípulos para ayudarles a "desprenderse de pensamientos indeseables", y para "evitarles más tarde que frecuentaran a las mujeres"; y añadía: "Un médico quizás objetaría a esta práctica que podría degenerar en un abuso irrefrenado de sí mismo (*"self-abuse"*), pero este peligro fácilmente puede ser evitado mediante una franca explicación". Mas regresemos a la carta de Martyn: "Esto, prosigue, me ocurrió en 1919 durante mi visita a Londres... En octubre de 1919 visité a Mme Saint-John. La encontré con una gran turbación, porque la policía buscaba, me dijo, a cuatro sacerdotes de la Iglesia católica liberal: Wedgwood, King, Farrer y Clark. Ella había querido advertir a Wedgwood en Australia, pero no sabía cómo hacerlo, ante el temor de verse acusada de complicidad. Farrer, me dijo, había dejado la región, y estaba segura de que la policía no lo encontraría; King había decidido permanecer en Londres hasta el final, puesto que Farrer estaba a salvo... Naturalmente, durante mi estancia en Londres, conocí las acusaciones de homosexualidad lanzadas contra Wedgwood por el mayor Adams y otros; informaciones sobre el mismo asunto me habían llegado igualmente desde Sydney, pero me sorprendieron las palabras de Mme Saint-John. Una semana después... me dijo Vd. que deseaba comunicarse con Wedgwood en Sydney, pero que actuando directamente corría el riesgo de ser acusada de complicidad; me fue confiado un mensaje de Vd. para Raja (abreviación del nombre de Jinarâjadâsa, vicepresidente de la Sociedad Teosófica). Wedgwood deba abandonar la S. T. y la E. S., etc. Me explicó Vd. que estaba seriamente comprometido y que creía deber proteger el buen nombre de la Sociedad. Pensé entonces una charla que Vd. había dado en la E. S. el domingo anterior acerca de la magia negra y de los excesos sexuales, y le pregunté si había querido aludir al caso de Wedgwood; Vd. me respondió que sí... Surgió entonces la cuestión de la iniciación de Wedgwood. Me dijo Vd. que no era un iniciado... En América, después de dejarla a Vd., recibí las visitas de algunas personas: sabían que la verdad concerniente a Wedgwood había sido finalmente desvelada, y me explicaron que en Londres había confesado su vicio a una de ellas... Cuando regresé a Sydney, Raja recibió el mensaje con una repugnancia evidente... Lo más importante para él era el desmentido que Vd. aportaba respecto a la iniciación de Wedgwood, y rápidamente me percaté de que la caída de este último implicaba para Raja nada menos que el hundimiento de Leadbeater en tanto que Arhat, de la divina autoridad de la Iglesia católica liberal, de toda creencia en la realidad de las supuestas iniciaciones, del reconocimiento de ciertas personas como discípulos, etc., todas ellas cosas que concernían a muchas personas. Desde el punto de vista de Raja, esto no debía ser admitido a ningún precio, se trataba de la paz entre los miembros y de la causa en general... Posteriormente he descubierto que Raja es un eco de Leadbeater; éste le comunica directamente su ocultismo y Raja lo acepta ciegamente... En verdad, no quisiera tener que considerar a Leadbeater y a Wedgwood como monstruos que ocultan sus prácticas ilícitas bajo el velo de los intereses humanitarios y que actúan con la astucia y la hábil fachada de ingenuidad que a menudo hay en semejantes casos. Tal es sin embargo la opinión de mucha gente; quisiera evitar el tener que reconocer la exactitud de tales críticas, y me aferraría con placer a cualquier otra explicación razonable de estos hechos". En el curso de los dos años que siguieron a los incidentes que acabamos de leer, los dignatarios de la Iglesia católica liberal comprometidos en esta sucia historia no parecen haber sido seriamente inquietados; si bien la policía inglesa los buscaba, ciertas influencias sin duda actuaron para impedir que los encontrara. El 28 de febrero de 1922, uno de ellos, Reginald Farrer, envió a Mme Besant su dimisión como miembro de la "Co-Masonería", acompañada de estas confesiones: "La imputación llevada contra mí, así como contra Wedgwood, King y Clark, contenida en la carta de Martyn, es fundada. Pero le ruego que tome en consideración que fui incitado al vicio por aquellos a quienes consideraba mis superiores moral y espiritualmente... Escribo esto con la esperanza de aligerar mi conciencia... Wedgwood se niega absolutamente a dejar de hacer lo que hace... Incluso una vez Acuna, que también está aquejado de este vicio, fue el padrino de uno de sus "amigos" en la Logia Emulation". Esta carta le fue confiada a W. Hamilton Jones, que refiere que, el mismo día, Farrer dejó Inglaterra, mientras que él mismo se encontró con Wedgwood, que había sido prevenido por una carta anónima de que sería detenido si no dejaba Europa antes del 1 de marzo; él protestaba por su inocencia, pero desapareció la misma tarde. Y Hamilton Jones añade: "Yo tenía fe en Wedgwood hasta que, muy recientemente, tuve conocimiento de hechos de tal naturaleza que me quitaron mis últimas ilusiones con respecto a él". Dejando Inglaterra, Wedgwood llegó a París, donde estableció una rama de la Iglesia católica liberal, que, el 5 de marzo, fue instalada provisionalmente en la Iglesia anglicana, calle Auguste-Vacquerie, 7, y que, con el nombre de "Iglesia libre católica de Francia", se constituyó después en asociación declarada conforme a la ley; esta declaración apareció en el "Diario Oficial" del 13 de abril de 1922. Algunos dijeron que Wedgwood había pasado seguidamente a América, mientras que otros pretendieron que simplemente se ocultaba en Francia; como quiera que sea, se estuvo bastante tiempo sin saber lo que era de él; pero, como ha reaparecido desde entonces, no solamente en París, sino incluso en Londres, hay que creer que su asunto ha terminado por arreglarse, sin duda gracias a ciertas influencias políticas. En cuanto a su iglesia parisiense, fue trasladada, al cabo de poco tiempo, a la calle Sèvres, 72, y publicó entonces un manifiesto del que reproduciremos este pasaje: "La Iglesia libre católica no quiere oponerse a ninguna Iglesia, a ningún grupo religioso o laico, sino, al contrario, trabajar en la paz y en la caridad, ofreciendo su ministerio a todas las almas de buena voluntad. Aspira a estudiar de acuerdo con todas las confesiones cristianas las bases de la unión necesaria para que la Iglesia universal pueda trabajar efectivamente en la obra del Reino de Dios; también se adhiere plenamente al programa de la conferencia "Fe y Disciplina" que agrupa a la mayor parte de las Iglesias cristianas. Lejos pues de aislarse en un egoísmo estéril, tiende a realizar una "catolicidad" verdaderamente tradicional basada en la Fe "apostólica", unida, no por una uniformidad anterior e impuesta, sino por un respeto mutuo y un afecto fraterno, trabajando en educar al mundo hasta la "santidad", la unión con Dios, cuyo reino de justicia y de amor es el fin de la creación". La obra del "Reino de Dios" es el advenimiento del nuevo Mesías teosofista; por lo que atañe a la "santidad" de la Iglesia de Wedgwood y de Leadbater, se podrá, por lo que precede, apreciarla... ¡con pleno conocimiento de causa! Añadiremos aún la información siguiente, sacada de un artículo aparecido en una revista americana ("*The O. E. Library Critic*", del 5 de febrero de 1919), y que nos llama la atención por añadidura sobre el valor de su "apostolicidad": "Los hechos prueban en realidad que la sucesión apostólica de Wedgwood es fraudulenta, habiendo sido recibida de un prelado prohibido, un tal Willoughby, que ha sido expulsado de la Iglesia viejo-católica (del obispo Mathew), como ya lo había sido anteriormente de la Iglesia anglicana, a causa de la grosera inmoralidad de su vida, inmoralidad que, en resumen, consistía en relaciones viciosas con los muchachos confiados a su cuidado. Es de este excomulgado y de este pervertido que Wedgwood recibió el derecho a ser considerado como siguiendo la línea directa de los Apóstoles y de Cristo mismo y de pasar este derecho a otro, incluido Leadbeater y diversos sacerdotes en América. Cada sacerdote de la Iglesia católica liberal debe hacer remontar su ascendencia espiritual hasta esta cloaca moral, y un miembro de la Logia de Sydney, en una noticia sobre "la validez de la Iglesia católica liberal", escrita en 1921, concluye irónicamente: "Leadbeater ha proclamado muy frecuentemente que, gracias a su clarividencia, sabía distinguir entre un verdadero sacerdote de la sucesión apostólica y un disidente. Sólo el primero sabría tornar luminosa la forma consagrada durante la celebración de la misa. Y he aquí que en la primera prueba pública, ¡él se ha dejado "consagrar" por un falso sacerdote sin darse cuenta!". En lo que concierne a la "Iglesia libre católica de Francia", hay que añadir que los teosofistas han tenido algunas dificultades: el obispo Winnaert, que había sido puesto a su cabeza tras haber sido consagrado por Wedgwood, es un antiguo sacerdote católico romano (fue párroco en Viroflay) que se pasó al cisma de Utrecht y que había servido durante algún tiempo en la capilla "vieja-católica" situada en el boulevard Blanqui; cuando aparecieron las cartas de los "*Mahâtmâs*" dirigidas a Sinnett (ver nota adicional de las páginas 61-62), alzó una protesta contra el espíritu que inspiraba tales cartas, al que juzgaba ateo y materialista; Mme Besant llegó a

París expresamente para explicarse con él, y tuvo lugar una reconciliación, aunque no duró demasiado. Finalmente, Winnaert abandonó la obediencia teosofista en 1924, por el mismo motivo, tras la publicación del libro de Jinarâjadâsa titulado "Les premiers enseignements des Maîtres"; se explicó ampliamente sobre este tema en su boletín ("*L'Unité Spirituelle*", julio-agosto de 1924), y su carta de dimisión, dirigida a Wedgwood el 30 de julio, finalizaba con estas líneas: "Me veo forzado a renunciar a cualquier vínculo, por pequeño que sea, con la "Iglesia católica liberal", que no es desde ahora para mí más que una parodia de Iglesia y una empresa muy poco leal destinada a atraer a las almas y a hacer penetrar, según sus propias palabras, las enseñanzas teosóficas en los púlpitos cristianos. Jamás habría aceptado una consagración episcopal de semejante origen si hubiera podido sospechar toda la mística secreta que existía tras la "Iglesia liberal"; debo señalar el hecho de que se me ha dejado ignorar por completo acerca de bajo qué tipo de influencias ocultas fue fundada, y por quién se pretendía orientada. Creía haber encontrado una Iglesia tradicional, pero liberada de una teología caduca; de hecho, se trataba de deslizar bajo etiquetas cristianas ideas totalmente ajenas al Cristianismo, y ello cuando no le eran opuestas. A pesar de mis sentimientos de simpatía con respecto a las personas, no puedo ser cómplice, siquiera de una manera vaga, de semejante empresa". Los teosofistas han debido entonces, cuando Wedgwood pasó de nuevo por París, reorganizar su "Iglesia católica liberal", que posee ahora su sede en la rue Campagne-Première. En la carta colectiva que dirigieron a Mme Besant el 11 de febrero de 1923, los miembros de la rama *Agni* no dudaron en estigmatizar a la Iglesia católica liberal, que tiende cada vez más a identificarse con el propio teosofismo, como "una secta provista de una moral particular que ninguna religión ha enseñado todavía y cuya propagación sería una de las obras de las tinieblas que el Cristianismo atribuye a los sicarios de Satán y el ocultismo teosófico a los adeptos de la magia negra". Ahora bien, es innegable que la propagación de esta moral especial tiene celosos partidarios: en su apología de Leadbeater, que Mme Besant ha declarado haber sido escrita bajo "una alta influencia", el Dr. Van Hook presenta la explicación de los métodos supuestamente "profilácticos" de este extraño educador como una revelación mediante la cual "la teosofía hará al mundo un servicio cuyas consecuencias se extenderán hasta el más lejano porvenir del progreso humano". Por otra parte, se nos dice que "los miembros de la E. S. se encuentran ya en la alternativa de defender estas abominaciones y de solidarizarse con ellas, o de dimitir". He aquí, muy probablemente, las "cosas contrarias a su conciencia" de las que hablaba Chevrier, que, por su parte, ha preferido dimitir, lo cual dice algo en su honor; en tales condiciones, los dimisionarios de Niza tienen razón en prever "un siniestro porvenir para la Sociedad Teosófica". En otros medios análogos, espiritistas y ocultistas, existen también interioridades bastante repugnantes; las hemos señalado en *L'Erreur spirite* (pp. 316-327), limitándonos, por lo demás, como aquí, a citar hechos y testimonios; pero lo más novedoso del asunto del que nos ocupamos ahora, y lo que le aporta una particular gravedad, es la pretensión de extender en el "mundo exterior" las teorías y las prácticas de Leadbeater y sus asociados; ¿qué intenciones verdaderamente "diabólicas" pueden ocultarse en ello? Algunas de las cuestiones planteadas por los miembros de Agni a Mme Besant quizá nos ayuden a penetrar en ellas: "No es ya sólo Leadbeater quien actúa, y el sistema según el cual han tratado de "curar a los adolescentes de sus costumbres viciosas", ese sistema por él practicado, preconizado, con su aprobación, por el Dr. Van Hook, es adoptado por la comunidad entera. Toma así cuerpo la concepción de orden especulativo que expuso Vd. en su artículo del *Teosophist*. Una regla de moral se desprende de él, con una lógica capciosa: los Seres que presiden la evolución, ¿no han liberado a Mme Blavatsky de sus malos elementos kármicos haciéndolos resolverse en actos? ¿Por qué entonces sus discípulos, los iniciados de Sydney, no usarían un medio análogo para liberar a sus hijos de los futuros vicios que perciben en su aura? Una objeción se presenta no obstante al espíritu de aquellos mismos que proponen tales argumentos: las prácticas de que se trata, unidas al temor a la mujer que al mismo tiempo se inspira en los "sujetos", ¿no tienden a destruir en ellos un atractivo que, cuando se transforma en amor, da al acto procreador un carácter sublime y divino? ¿Con qué derecho se impondría un freno a ese móvil que actúa sobre todos los planos y que forma parte del *Dharma* (la ley) de nuestra humanidad? En diversos países, especialmente en Inglaterra, ¿no ha tenido la legislación la intuición de ello castigando como un crimen la depravación que afecta al instinto genésico al que la raza debe su conservación? Esta objeción, al parecer, la había Vd. previsto. Como para detenerla de antemano, comenzó Vd. por hacerla conocer a aquellos que podrían demostrar su incompetencia en esta materia que hoy en día preocupa tanto al mundo religioso como al mundo científico, y de la cual uno de los principales puntos es el neo-malthusianismo, que Vd. predicaba antaño, pero que combatió más tarde, y del que constata Vd. hoy su progreso en la opinión pública, apenas aún alzada contra él. O esta alusión no tiene ningún sentido, o el sentido es éste: el mismo viraje se cumplirá pronto con respecto a la doctrina Leadbeater-Van Hook y las prácticas que ésta formula. Este cambio se acentuará a medida que "el proceso de desarrollo mental determine el debilitamiento del instinto sexual y del poder creador físico". ¿Es esto entonces lo que Vd. considera deseable al final de nuestra subraza? ¿Prepara esto, según Vd., el advenimiento de una nueva rubraza, la sexta, en la que comenzará, en una humanidad que trabaje para la evolución búdica, el retorno de la androginia inicial y final? Y, entonces, ¿estima Vd. moral, es decir, conforme a la evolución, todo lo que se haga para acceder a este fin y a este acontecimiento? Ello podría creerse según algunos de esos propósitos que se filtran a través de las paredes de la E. S. para expandirse sutilmente por todo el cuerpo de la S. T.". Ni podemos ni queremos desarrollar aquí todo lo que implican las últimas líneas de esta cita; se encontraría aquí, bajo la fraseología propia de los teosofistas, un eco de ciertas ideas que parecen venir de mucho más lejos, pero que han sido, como siempre, groseramente materializadas. Solamente añadiremos que un escritor que parecía bien informado ha señalado que el "cambio de opinión", en el sentido que acaba de ser indicado, se presenta como formando parte de un plan bien definido, que "todo pasa ahora como si

En noviembre de 1918, hubo aún otra declaración de principios, en la que el título de Iglesia vieja-católica se encuentra reemplazado por el de "Iglesia Católica Liberal". Esta denominación nos trae a la memoria un conato de otra "Iglesia Católica Liberal", habido en Francia en 1910[6], bajo el patronazgo de algunos ocultistas, concretamente de M. Albert Jounet, que es de aquellos que se encuentran en muchas organizaciones diversas, y a veces poco compatibles entre sí, en apariencia al menos; fue incluso el fundador de una "Alianza Espiritualista" que se jactaba de operar la conciliación de todas las doctrinas, y que, naturalmente no tuvo mayor éxito que el "Congreso de la Humanidad"[7].

En el *Theosophist* de octubre de 1916, Mme Besant, hablando de algunos movimientos que están destinados, según ella, a adquirir importancia mundial, menciona entre ellos "el movimiento poco conocido llamado viejo-católico: es una iglesia cristiana viva[2*], que crecerá y se multiplicará con los años, y que tiene ante sí un gran

---

algunos protagonistas de malas costumbres obedecieran a una palabra de orden" (Jean Maxe, "Cahiers de l'Anti-France", fascículo sexto). Esta consigna no son con seguridad los dirigentes del teosofismo quienes la han emitido; ellos obedecen también, y, conscientemente o no, trabajan en la realización de dicho plan, así como otros trabajan igualmente en sus dominios respectivos.

¿Qué formidable empresa de desequilibrio y de corrupción se oculta tras todo lo que actualmente se agita en el mundo occidental? Quizá un día llegue a saberse; pero es de temer que entonces sea demasiado tarde como para combatir eficazmente un mal que sin cesar gana terreno y cuya gravedad no escapará más que a los ciegos: recuérdese la decadencia romana...

[6] Esta Iglesia tenía su sede en la antigua capilla swedenborgiana de la rue Thouin.

[7] En estos últimos años, M. Jounet se había adherido a la Sociedad Teosófica, pero se retiró de ella al cabo de muy poco tiempo.

[2*] Es curioso observar que la expresión de "Iglesia viviente", aplicada por Mme Besant a su "Iglesia católica liberal", debía más tarde servir de denominación, en Rusia, a una organización "modernista" constituida con el apoyo del gobierno bolchevique para hacerle la competencia a la Iglesia ortodoxa. Quiere insinuarse así que esta última debe, por oposición, ser considerada como una "Iglesia muerta"; y sin duda Mme Besant ha tenido precisamente la misma intención con respecto a la Iglesia católica romana.

porvenir; verosímilmente está llamada a convertirse en la futura Iglesia de la Cristiandad *cuando Él venga*". En el mismo artículo se habla de otros dos movimientos, que son el "Theosophical Educational Trust", es decir, el conjunto de obras de educación dirigidas por la Sociedad Teosófica, y la "Co-Masonería", de la que hablaremos más adelante. Es la primera vez que se haya mencionado oficialmente a la Iglesia vieja-católica en un órgano teosofista, y las esperanzas que se cifraban en esta organización se encuentran ahí claramente definidas. Por lo demás, M. Wedgwood mismo, que se muestra tan reservado en sus declaraciones episcopales, es al contrario muy explícito ante sus colegas de la Sociedad Teosófica; en efecto, se expresa así en un informe a la Convención Teosófica de 1918: "La Iglesia vieja-católica trabaja por extender las enseñanzas teosóficas en las cátedras cristianas; y la parte más importante de su tarea consiste en reparar los corazones y los espíritus de los hombres para la venida del Gran Instructor"[8]. Así pues, el objetivo de los teosofistas, al apoderarse de esta Iglesia, es exactamente el que hemos indicado: es el mismo para el que se ha fundado precedentemente la "Orden de la Estrella de Oriente", con esta sola diferencia, a saber, que esta Orden se dirige a todos sin distinción, mientras que la Iglesia vieja-católica está destinada especialmente a atraer a aquellos que, sin tener quizás principios religiosos bien definidos, persisten no obstante en llamarse cristianos y en conservar al menos todas sus apariencias exteriores.

He ahí, pues, la última transformación de M. Leadbeater, al menos hasta este día, y las nuevas ocupaciones a que este "clarividente" se

---

[8] *The Vahan*, órgano oficial de la Sociedad Teosófica, 1 de junio de 1918; *The Messenger*, de Krotona (California), septiembre de 1918. — Los teosofistas norteamericanos que permanecieron fieles a Mme Besant han elegido Krotona como sede de su cuartel general, porque el nombre de esta ciudad es el mismo de aquella en la que Pitágoras instituyó su escuela, y también porque California, estado donde las sectas ocultas son numerosas y florecientes, está señalado como debiendo ser la cuna de la "sexta raza-madre". En agosto de 1917, M. Wedgwood instaló en Crotona una iglesia vieja-católica, que tiene como cura al Reverendo Charles Hampton.

dedicaba ahora: "El obispo Leadbeater hace investigaciones en el lado oculto de la misa, y prepara un libro completo sobre la ciencia de los sacramentos… El libro acerca de la misa estará ilustrado con diagramas de los diversos estadios del edificio eucarístico (*sic*), a medida que toma forma en el curso de la misa. El objetivo y el papel de cada parte van siendo explicados, de modo que la obra no contendrá sólo la teoría y la significación de los sacramentos, sino también la forma completa o el lado arquitectónico del asunto (*sic*)[3*]…

[3*] La obra de Leadbeater sobre *La Science des Sacrements* ha aparecido no sólo en inglés, sino también en traducción francesa; además de las supuestas explicaciones obtenidas por "clarividencia", este grueso volumen contiene una comparación entre la liturgia de la Iglesia católica liberal y la de la Iglesia católica romana, comparación que es instructiva en tanto que demuestra que la primera ha sido modificada bastante hábilmente para preparar a los espíritus a aceptar las teorías teosofistas, sin que no obstante éstas se enseñen abiertamente, pues, por supuesto, no es en absoluto necesario adherirse a la Sociedad Teosófica para formar parte de la Iglesia católica liberal; se ha deslizado entonces en esta liturgia una multitud de alusiones poco comprensibles para el gran público, pero muy claras para quienes conocen las teorías en cuestión. Por otra parte, debemos señalar también que el culto al Sagrado Corazón es utilizado de la misma forma, como estando en estrecha relación con la llegada del nuevo Mesías (ya hemos visto que Krishnamurti y su entorno, considerados como los discípulos directos del Bodhisattwa, dicen "pertenecer al corazón del mundo"): según una información que nos llega de España, se pretende que "el Reino del Sagrado Corazón será el del Espíritu del Señor Maitreya, y, anunciándolo, no se hace otra cosa que decir bajo una forma velada que su advenimiento entre los hombres está próximo". Hay todavía más: no sólo es la liturgia, es ahora el Evangelio mismo lo que se ha alterado, y ello con el pretexto de un retorno al "Cristianismo primitivo"; está en circulación, a este efecto, un pretendido *Évangile des Douze Saints*, del que se afirma que es el "Evangelio original y completo". Su presentación fue hecha en un pequeño volumen titulado *Le Christianisme primitif dans l'Évangile des Douze Saints*, de E. Francis Udny, "sacerdote de la Iglesia católica liberal"; es oportuno hacer notar que, en el momento en que se escribió este libro, todavía se dejaba subsistir cierta ambigüedad acerca de la persona del futuro Mesías, puesto que se dice que es posible que el Cristo "escoja, en cada país, una individualidad a la que guiaría e inspiraría de una manera especial", de forma que pudiera, "sin necesidad de recorrer corporalmente el mundo, hablar cuando quisiera en el país de su elección que mejor conviniera a su acción" (p. 59 de la traducción francesa). El título nos había hecho suponer en un principio que se trataba de algún Evangelio apócrifo, tal como en gran número existen; pero no hemos tardado

mucho en darnos cuenta de que no era sino una simple mixtificación. Este pretendido Evangelio, escrito en arameo, habría sido conservado en un monasterio budista del Tíbet, y la traducción inglesa habría sido transmitida "mentalmente" a un sacerdote anglicano, Ouseley, que posteriormente la publicó. Se nos dice además que el pobre hombre era entonces "entrado en años, sordo, físicamente débil; su vista era muy mala y su mentalidad muy lenta; estaba más o menos estropeado por la edad" (p. 26); ¿no es esto confesar que su estado le disponía a desempeñar en este asunto un papel de víctima engañada? Dejemos de lado la fantástica historia que se relata para explicar el origen de esta traducción, que sería debida al "Maestro R.", el cual, como anteriormente se ha visto (nota adicional de la p. 147), fue antaño Francis Bacon; se pretende incluso que se reconoce el estilo de éste, comparando esta traducción con la "Versión autorizada" de la Iglesia anglicana o *Biblia del rey Jacques*, de la que sería el principal autor. Notemos de paso, a propósito de ello, que la Iglesia católica liberal está situada bajo el patronazgo especial de san Albano, que sería también una "antigua encarnación del Maestro" (p. 39), y ello porque Bacon portaba, entre otros títulos, el de vizconde de San-Albano. Habría por indicar en todo esto afirmaciones verdaderamente extraordinarias, especialmente en lo que concierne a ciertas "muertes fingidas" de los "Maestros" o de sus discípulos "avanzados"; nos limitaremos aquí a citar una a título de curiosidad: "En el curso del último siglo, otra muerte fingida a señalar fue la del mariscal Ney, un Hermano (*sic*), el bravo de los bravos, que vivió muchos años tras su supuesta ejecución en Francia, como respetable ciudadano de Rowan County, en Carolina del Norte" (p. 136). Pero lo más interesante es saber cuáles son las especiales enseñanzas contenidas en el Evangelio en cuestión, del que se dice ser "una parte esencial del Cristianismo original, cuya ausencia tristemente ha empobrecido y empobrece aún a esta religión" (p. 4). Ahora bien, tales enseñanzas se reducen a dos: la doctrina teosofista de la reencarnación y la prescripción del régimen vegetariano y antialcohólico tan caro a cierto "moralismo" anglosajón; esto es lo que se quiere introducir en el Cristianismo, pretendiendo que estas mismas enseñanzas se encontraban también antes en los Evangelios canónicos, de donde fueron suprimidas en el siglo IV, pues tan sólo el *Évangile des Douze Saints* ha "escapado a la corrupción general". A decir verdad, la superchería es bastante grosera, pero lamentablemente hay demasiadas personas que se dejan engañar; es preciso conocer muy mal la mentalidad de nuestra época para persuadirse de que algo de este género no tenga ningún éxito. En otro lugar se nos hace prever una empresa de mayor envergadura aún: "El autor -se dice en efecto en el mismo libro- opina que una Biblia nueva y mejor será, en poco tiempo, puesta a nuestra disposición, y que probablemente será adoptada por la Iglesia católica liberal; pero él es el único responsable de esta opinión, ya que no ha sido autorizado por la Iglesia a afirmarla. Para que la cuestión pueda plantearse, es preciso naturalmente que esa Biblia mejor haya aparecido" (p. 41). No hay aquí más que una simple sugerencia, pero es fácil comprender lo que quiere decir: la falsificación se extenderá a todo el conjunto de los Libros sagrados; estamos pues prevenidos, y, cada vez que se anuncie el descubrimiento de algún manuscrito que

Para algunos, el principal acontecimiento de la semana, en Sidney, es la misa mayor del domingo por la mañana, en la que el Obispo Leadbeater siempre está presente, y generalmente oficia o predica el sermón"[9]. ¿Qué sinceridad puede haber en todo esto? La grandísima habilidad de los jefes teosofistas para disimular sus designios y para conducir descaradamente las empresas más aparentemente opuestas, con tal de que piensen que pueden hacerlas servir a la realización de sus designios, no permite, ciertamente, hacerse muchas ilusiones a este respecto.

---

contenga textos bíblicos o evangélicos, hasta ahora desconocidos, sabremos que es conveniente desconfiar más que nunca.
[9] *The Messenger*, de Krotona, noviembre de 1918.

CAPÍTULO XXV

TEOSOFISMO Y FRANCMASONERIA

Paralelamente a su obra religiosa, o más bien seudorreligiosa, que acabamos de exponer, Mme Besant llevaba a cabo otra de un carácter completamente diferente, a saber, una obra masónica. Ya hemos visto que, desde el origen, había muchos masones en la Sociedad Teosófica y alrededor de ella; por lo demás, el ideal de "fraternidad universal", cuya realización es presentada por esta Sociedad como el primero de sus fines, le es común con la Masonería. No obstante, en esto sólo se trataba de relaciones puramente individuales, que no comprometían a ninguna organización masónica, y no ha habido nunca otras entre la Sociedad Teosófica y la Masonería dicha "regular"; quizás es así porque ésta encuentra que el teosofismo es demasiado comprometedor, o quizás sea por otras razones: nosotros no emprenderemos resolver aquí esta cuestión. Es probable que algunos masones, que son al mismo tiempo y sin lugar a dudas ante todo teósofos, vayan demasiado lejos y tomen demasiado fácilmente sus deseos por la realidad cuando escriben cosas de este género: "La Francmasonería y la Teosofía, se diga lo que se diga de ésta, se encuentran, se completan y se unen por sus lados iniciáticos, absolutamente idénticos; desde este punto de vista, ambas son una sola y misma cosa, vieja como el mundo"[1]. Si el punto de vista de que se trata es exclusivamente doctrinal, aquí se debe ver tan sólo una expresión de la pretensión de los teosofistas a poseer la doctrina que es

---

[1] *Le Temple de la Vérité ou la Franc-Maçonnerie restituée dans sa véritable doctrine*, por A. Micha, p. 59. — Georges Pécuol, al citar esta frase en el artículo que ya hemos mencionado a propósito de M. Bergson, comete el error de aceptar sin restricciones la afirmación ahí contenida (*Les Lettres*, diciembre de 1920, pp. 676-678).

la fuente de todas las demás, pretensión que aplican aquí a la Masonería como lo hacen en otras partes respecto de las religiones, pero que carece de todo fundamento puesto que el teosofismo, nunca se repetirá esto demasiado, no es más que una invención esencialmente moderna. Por otra parte, si nos colocamos en el punto de vista histórico, es demasiado cómodo, y también demasiado simple, hablar de la Masonería en general como de una suerte de entidad indivisible; la realidad es que las cosas son mucho más complicadas, y, ahí como cuando se trata del Rosacrucianismo (cosa que ya hemos hecho observar precedentemente a propósito de este último), siempre es menester saber hacer las distinciones necesarias y decir de qué Masonería se quiere hablar, cualquiera que sea, por lo demás, la opinión que se pueda tener sobre las relaciones o la ausencia de ellas de las diversas Masonerías entre sí. Es por eso por lo que hemos cuidado de precisar que lo que decíamos hace un momento no concierne más que a la Masonería "regular"; en efecto, el caso es muy diferente si se considera la Masonería "irregular", mucho menos conocida por el gran público, y que comprende organizaciones muy variadas, algunas de las cuales están estrechamente ligadas al ocultismo; en general son agrupaciones ordinarias, pero que se pretenden muy superiores a la Masonería ordinaria, mientras que ésta, por su parte, afecta tratarlas con el más profundo menosprecio, llegando a considerarlas incluso como vulgares "falsificaciones".

Una de las figuras más curiosas de esta Masonería "irregular" fue el inglés John Yarker, que murió en 1913; autor de numerosas obras sobre la historia y el simbolismo masónico, profesaba sobre estos temas ideas muy particulares, y sostenía, entre otras opiniones extravagantes, que "el Masón iniciado es sacerdote de todas las religiones". Creador o renovador de varios ritos, estaba vinculado al mismo tiempo a una multitud de asociaciones ocultas, con pretensiones iniciáticas más o menos justificadas; era concretamente miembro honorario de la *Societas Rosicruciana in Anglia*, cuyos jefes formaban parte igualmente de sus propias organizaciones, perteneciendo, no obstante, a esa Masonería "regular" que él mismo había abandonado desde hacía mucho tiempo. Yarker había sido amigo de Mazzini y de Garibaldi, y, en su entorno, había conocido antaño a Mme Blavatsky; ésta le nombró miembro de honor de la Sociedad Teosófica desde que la hubo fundado[1*]. A cambio, después de la publicación de *Isis Dévoilée*, Yarker confirió a Mme Blavatsky el grado de "Princesa Coronada", el más elevado de los grados "de adopción" (es decir, femeninos), del Rito de Menfis y Misraïm, del que él mismo se autotitulaba "Gran Hierofante"[2]. Estas cortesías recíprocas son de uso común entre los jefes de semejantes agrupaciones; se puede encontrar que el título de "Princesa Coronada" convenía muy mal a la mala presencia legendaria de Mme Blavatsky, hasta el punto de que parecía casi una ironía; pero hemos conocido a otras personas a quienes se les había conferido el mismo título, y que no poseían siquiera la instrucción más elemental. Yarker pretendía haber recibido de Garibaldi su dignidad de "Gran Hierofante", pero la legitimidad de esta sucesión fue contestada siempre en Italia, donde existía otra organización del Rito de Menfis y Misraïm, que se declaró independiente de la suya. En sus últimos años, Yarker tuvo como principal auxiliar a un cierto Theodor Reuss, de quien ya hemos hablado a propósito de la "Orden de los Templarios Orientales", de la que se instituyó jefe. Este Reuss, que se hace llamar ahora Reuss-Willsson, es un alemán establecido en Londres, donde, por espacio de mucho tiempo, ha desempeñado funciones oficiales en la "Theosophical Publishimg Company", y que, así nos ha sido afirmado, no podría volver

---

[1*] La pretensión esgrimida por los teosofistas con respecto a la Masonería, considerándola como una especie de emanación o, si se quiere, de manifestación más o menos velada de su propia doctrina, está estrechamente ligada, en su espíritu, a la afirmación según la cual "el Maestro R. es el verdadero Jefe de la Masonería" (ver nota adicional de la p. 147), afirmación que conocíamos mucho antes de escribir este libro, pero de la cual no habíamos querido ocuparnos en tanto que no la hubiéramos encontrado escrita por uno de los dirigentes del teosofismo.

[2] Se puede encontrar una alusión a este hecho en el *Lotus Bleu* del 7 de julio de 1890, al comienzo de un artículo sobre *Le Maillet du Maître*, que debía abrir una serie consagrada al simbolismo masónico, pero cuya continuación no apareció jamás.

a su país sin exponerse a persecuciones judiciales por ciertas indelicadezas cometidas anteriormente; eso no le ha impedido fundar, sin salir de Inglaterra, un supuesto "Gran Oriente del Imperio de Alemania", que contó entre sus dignatarios al Dr. Franz Hartmann[2*]. Volviendo a Yarker, debemos señalar también que este mismo personaje constituyó un cierto Rito Swedenborgiano, que, aunque supuestamente "primitivo y original" (del mismo modo que el Rito de Menfis, por su lado, se titulaba "antiguo y primitivo"), era todo entero de su invención, y no tenía ningún vínculo con los ritos masónicos que, en el siglo XVIII, se habían inspirado más o menos completamente en las ideas de Swedenborg, y entre los cuales se puede citar concretamente el rito de los "Iluminados Teósofos", establecido en Londres, en 1767. por Bénédict Chastanier, y el de los "Iluminados de Avignon", fundado por el benedictino Don A.-J. Pernéty. Por lo demás, es enteramente cierto que Swedenborg mismo no había instituido nunca ningún rito masónico, ni tampoco ninguna Iglesia, aunque, por otro lado, exista actualmente una "Iglesia Swedenborgiana", llamada "de la Nueva Jerusalén", y que es una secta claramente protestante. En lo que concierne al Rito Swedenborgiano de Yarker, poseemos una lista de sus dignatarios, que data de 1897, o, según la cronología que es particular a este rito, de 7770 A. O. S. (*Ab Origine Symbolismi*); en esa lista figura el nombre del Coronel Olcott como representante del Consejo Supremo ante la Gran Logia y Templo de Bombay. Agregamos que, en 1900, Papus intentó establecer en Francia una Gran Logia Swedenborgiana vinculada al mismo rito, tentativa que tuvo muy poco éxito; Papus había nombrado a Yarker miembro del Supremo Consejo de la Orden Martinista[3], y Yarker, por reciprocidad, le había hecho un sitio, con el

---

[2*] Sobre Theodor Reuss y su "Orden de los Templarios Orientales", ver también *L'Erreur spirite*, pp. 324-325.

[3] Este Supremo Consejo debía contar únicamente con veintiún miembros, pero las credenciales fueron distribuidas de un modo tan generoso que hemos conocido a más de sesenta.

título de "Gran Mariscal", en el Supremo Consejo de su Rito Swedenborgiano.

Lo que precede es todo lo que es menester observar, desde el punto de vista masónico, en lo que concierne a Mme Blavatsky y al Coronel Olcott; pero conviene recordar aquí que este último, anteriormente a la creación de la Sociedad Teosófica, pertenecía a la Masonería norteamericana "regular". Pero lo que había contentado a los fundadores de la Sociedad no podía bastar a Mme Besant, y eso por dos razones: primero, su temperamento de propagandista a ultranza la inducía a dirigirse preferentemente a una organización más ampliamente extendida, y, además, quería desempeñar en ella un papel activo, y no puramente honorífico; después, su feminismo ardiente se acomodaba mal a los grados "de adopción", especie de anexo donde a las mujeres se las mantiene apartadas de los trabajos serios, y, por consiguiente, le era menester una Masonería que admitiera, al contrario, a las mujeres al mismo título que los hombres y en situación de igualdad completa. Eso es una cosa contraria a los principios masónicos generalmente reconocidos, y, sin embargo existía una tal organización: era la Masonería mixta fundada en Francia, en 1891, por María Deraismes y el Dr. Georges Martin, y conocida bajo la denominación de "Derecho Humano". María Deraismes, que había sido en su tiempo una de las dirigentes del movimiento feminista, había sido iniciada en 1882, contrariándose las constituciones, por la Logia *Les Libres-Penseurs*, del Pecq, que dependía de la Gran Logia Simbólica Escocesa; esta iniciación fue declarada nula, y la Logia donde había tenido lugar fue "puesta en sueño" por este hecho. Pero, algunos años más tarde, el Dr. Georges Martin, antiguo consejero municipal de París y antiguo senador de la Seine, que, como hombre político, se hizo conocer sobre todo por su insistencia en reclamar el derecho al voto para las mujeres, y que había visto fracasar todos sus esfuerzos para hacer admitir a éstas en la Masonería "regular", se asoció con María Deraismes para fundar una Masonería nueva, que, naturalmente, no fue reconocida por ninguna de las obediencias ya existentes, ni en Francia ni en el extranjero. María Deraismes murió en 1894; después de ella, es Mme Georges Martin quien fue colocada a la cabeza de la Masonería Mixta, que entonces era únicamente "simbólica", es decir, que no practicaba más que tres grados; después, se introdujeron en ella los altos grados, según el sistema escocés de treinta y tres grados, y en 1899, se fundo el "Supremo Consejo Universal Mixto", que, desde entonces, es su poder director. Este Supremo Consejo es famoso por su autocracia, que, en Francia, provocó un cisma en 1913: una parte de las Logias formaron una nueva obediencia independiente, llamada "Gran Logia Mixta de Francia", que solo reconocía los tres grados simbólicos, tal como se había procedido en el comienzo. No obstante, la Masonería mixta se ha extendido poco a poco en diversos países, concretamente en Inglaterra, Holanda, Suiza y los Estados Unidos; su primera Logia inglesa fue consagrada en Londres, el 26 de septiembre de 1902, bajo el título de *Human Duty* (Deber Humano), mientras que las Logias francesas llevan todas la denominación uniforme de "Droit Humain", seguida simplemente de un número de orden.

Es en esta Masonería mixta donde entró Mme Besant, y, allí como en la Sociedad Teosófica, obtuvo rápidamente los grados más altos y las funciones más elevadas: venerable de honor de la Logia de Londres, fundó otra en Adyar con el título *Rising Sun* (El Sol Levante); después devino vicepresidenta del Supremo Consejo Universal Mixto, y "delegada nacional" del mismo Supremo Consejo de Gran Bretaña y sus dependencias. En esta última cualidad, organizó la rama inglesa, con el nombre de "Co-Masonería", y llegó a darle un gran desarrollo, con una cierta autonomía; las concesiones que obtuvo del Supremo Consejo para realizar esta organización como ella la entendía son quizás la prueba más evidente de la influencia considerable que supo adquirir en ese medio. Ella dio estatutos a su rama que, bajo pretexto de adaptación a la mentalidad anglosajona, fueron sensiblemente diferentes de los que estaban y están en uso en la rama francesa: así, restableció todas las antiguas formas rituales que conservó siempre con cuidado la Masonería inglesa y norteamericana, concretamente el uso de la Biblia en las Logias, y también la fórmula: "A la gloria del Gran Arquitecto del Universo", que el Gran Oriente de Francia suprimió en 1877, y que la Masonería mixta francesa reemplazó por "A la gloria de la Humanidad". En 1913, la Co-Masonería británica tenía a su cabeza un Gran Consejo, cuya Gran Maestra era naturalmente la S∴ Annie Besant, asistida por la S∴ Ursula M. Bright, en cuya casa reside habitualmente cuando permanece en Inglaterra, y cuyo Gran Secretario era el F∴ James I. Wodgwood, hoy día obispo de la Iglesia vieja-católica; su representante para las Indias era la S∴ Francesa Arundale, tía del antiguo director del "Central Hindú College", quien a su vez es un miembro eminente de la Co-Masonería. La influencia teosofista se ejerce también de una manera muy sensible en la rama norteamericana de la Masonería mixta: es la S∴ Annie Besant quien instaló, el 21 de septiembre de 1909, la Logia de Chicago[4]; otra teosofista notoria, la S∴ Alida de Leeuw, es vicepresidenta de la Federación norteamericana (cuyo presidente es el F∴ Louis Goaziou, de origen francés). Por el contrario, en la rama francesa, los teosofistas y los ocultistas no habían sido hasta estos últimos años más que una pequeña minoría, aunque, entre los fundadores de la primera Logia del "Derecho Humano", había ya al menos una teosofista, Mme María Martin, hermana de Francesca Arundale; más tarde devino Gran Secretaria General del Supremo Consejo Universal Mixto, y, cuando murió fue reemplazada en sus funciones por otra teosofista, Mme Amelia Gédalge. Esta última ha llegado hoy día a la presidencia del Supremo Consejo, donde reemplaza a Mme Georges Martín, muerta en 1914; así pues, es menester creer que, incluso en Francia, los teosofistas han llegado a asegurarse en adelante

---

[4] Tomado del *Bulletin Mensuel de la Franc-Maçonnerie Mixte*, reproducido en la *Acacia*, enero de 1910, pp. 70-78.

la preponderancia⁽³*⁾. Además, los jefes del teosofismo parecen esperar que la rama inglesa está llamada a suplantar a la rama francesa, de la que ha salido, y a devenir un día u otro el organismo central de la "Co-Masonería Universal"; pero, incluso si el centro permanece oficialmente en Francia, por eso no está menos sometido a su influencia directa: en esto se ve un nuevo ejemplo de esos procedimientos de acaparación que hemos visto precedentemente en obra en la Iglesia vieja-católica.

En su origen, la Masonería mixta no tenía nada de ocultista ni de "espiritualista": en cuanto a su espíritu y a su meta, he aquí la concepción del Dr. Georges Martin (cuyo estilo respetamos escrupulosamente): "La Orden Masónica Mixta Internacional es la primera potencia masónica mixta filosófica, progresista y filantrópica, organizada y constituida en el mundo, que se coloca por encima de todas las preocupaciones de ideas filosóficas o religiosas que puedan profesar aquellos que piden devenir sus miembros... La Orden quiere interesarse principalmente en los intereses vitales del ser humano sobre la tierra; quiere estudiar sobre todo en sus Templos los medios para realizar la Paz entre todos los pueblos y la Justicia social, que permitirá a todos los humanos gozar, durante su vida, de la mayor suma posible de felicidad moral así como de bienestar material"[5]. Y leemos también en otra parte: "No ateniéndose a ninguna revelación divina, y afirmando bien alto que no es más que una emanación de la razón humana, esta institución fraternal no es dogmática; es racionalista"[6]. A pesar de todo, e independientemente incluso de toda intervención teosofista, la Masonería mixta ha sido llevada poco a poco, por la fuerza de las cosas, a mantener relaciones más o menos continuadas con la mayor parte de las demás organizaciones masónicas "irregulares", incluso con aquellas

---

[3*] En 1926, el senador belga Wittemans (ver nota adicional anterior) estableció una Logia del "Derecho Humano" en Anvers; ya existía una en Bruselas, pero parece no haber tenido nunca demasiada vitalidad.

[5] *La Lumière Maçonnique*, noviembre-diciembre de 1912, p. 522.

[6] *Ibidem*, pp. 472-473.

que tienen carácter ocultista más pronunciado. Y así, por ejemplo, en una lista de los *Past Grand Masters* (Grandes Maestros Honorarios) del Rito Nacional Español, fundado por el F∴ Villariño del Villar, y en estrechas relaciones con las organizaciones del F∴ JohnYarker (que, en los últimos años de su vida, devino colaborador de la revista inglesa *The Co-Mason*), vemos a los jefes de la Masonería Mixta, inclusive a Mme Besant, figurando junto a los jefes de las principales escuelas del ocultismo, cuyas querellas, como ya lo hemos observado, no excluyen algunas alianzas de este género[7]. Lo que resulta bastante curioso, es ver con qué insistencia, con qué violencia incluso, todos estos grupos reivindican la posesión de las más puras doctrinas masónicas; y la Co-Masonería, que es completamente "irregular", se jacta de restaurar la tradición primera, como se ve por esta frase con que termina su declaración de principios: "La Co-Masonería Universal restablece la costumbre inmemorial de admitir en pie de igualdad a los hombres y a las mujeres a los *Misterios* de los que se deriva la Franc-Masonería, fundados en la Fraternidad, la Verdad y la práctica de todas las virtudes morales y sociales"[8]. Por lo demás, es un hábito constante de todos los cismas y de todas las herejías, en cualquier orden que sea, presentarse como un retorno a la pureza de los orígenes: el protestantismo mismo, ¿no quiere hacerse pasar como una manifestación del puro espíritu evangélico, tal como era en los tiempos del cristianismo primitivo?

La restauración de los Misterios, a la que alude la frase que acabamos de citar, es igualmente como ya lo hemos visto, una de las razones de ser del "Cristianismo esotérico", de suerte que éste y la Co-Masonería

---

[7] Por un error de consecuencias bastante cómicas, se escribió con todas sus letras, en esa lista, *Monsieur* Annie Besant y *Monsieur* Marie Georges Martin.

[8] La primera frase de la misma declaración merece ser citada como una clara muestra de la jerga pomposa que se encuentra frecuentemente en los documentos de este género: "La Orden de la Co-Masonería Universal, fundada sobre la Libertad de Pensamiento, la Unidad, la Moral, la Caridad, la Justicia, la Tolerancia y la Fraternidad, está abierta a los hombres y a las mujeres, sin distinciones de raza y de religión".

aparecen, bajo esta relación al menos, como las dos caras complementarias de una misma empresa. Convendrá recordar también la pretensión que tiene la Masonería, de una manera general, de constituir un lazo entre todos los pueblos y entre todos los cultos (lo que la Masonería Escocesa, en particular, entiende por el "Sacro Imperio"); y desde entonces se podrá comprender toda la significación de estas palabras pronunciadas, hace ya algún tiempo, por Mme Besant: "Lo que queremos hacer ahora, es embarcarnos en un período constructivo, durante el cual la Sociedad Teosófica se esforzará en hacerse el centro de la Religión del mundo, Religión de la que el budismo, el cristianismo, el islamismo y todas las demás sectas son sólo partes integrantes… De hecho, consideramos, y no sin un sólido fundamento por nuestra creencia, que sólo nosotros representamos a la Iglesia Universal ecléctica y realmente católica, reconociendo como hermanos y como fieles a todos aquellos que, bajo cualquier forma de culto, buscan la verdad y la justicia"[9]. Estas pretensiones podrían parecer entonces muy extravagantes, y lo son en efecto, pero uno se siente menos tentado a reírse de ellas cuando se piensa hoy en la perseverancia encarnizada con la que, desde hace un cuarto de siglo, aquella que las emitía ha trabajado para hacerlas realidad.

---

[9] Declaración de Mme Besant a W. T. Stead: *Borderland*, octubre de 1897, p. 401.

CAPÍTULO XXVI

LAS ORGANIZACIONES AUXILIARES DE LA SOCIEDAD TEOSÓFICA

Hemos señalado ya la existencia de múltiples agrupaciones anexas de la Sociedad Teosófica, que la permiten penetrar y actuar en los medios más diversos, y lo más frecuentemente sin hacer la menor alusión a sus doctrinas especiales, sin hacer aparecer ningún otro objetivo que el de la "fraternidad universal" y algunas tendencias moralizadoras que pueden parecer poco comprometedoras. Es menester guardarse de asustar, con afirmaciones demasiado extraordinarias, a las gentes a quienes se desea atraer insensiblemente para hacer de ellas auxiliares más o menos inconscientes; la historia de la Iglesia vieja-católica nos ha proporcionado un ejemplo de esta disimulación. Los teosofistas están animados por un ardiente espíritu de propaganda, en lo cual se manifiestan muy occidentales, a pesar de sus pretensiones contrarias, porque el proselitismo repugna profundamente a la mentalidad oriental, particularmente a la mentalidad hindú; y sus métodos de infiltración recuerdan extrañamente a los que son comunes a muchas sectas protestantes.

Por lo demás, sería menester no creer que esta manera de actuar sea exclusivamente propia del período más reciente de la Sociedad Teosófica; esta acción exterior se ha desarrollado al paso de la Sociedad misma. Así, en una obra de Mme Blavatsky, leemos esto: "¿No habéis oído hablar del partido y de los círculos "nacionalistas", que se han formado en Norteamérica desde la publicación del libro de Bellamy?[1] Comienzan a destacar y lo harán cada vez más, a medida que pase el tiempo. ¡Pues bien!, el origen de este movimiento y de estos círculos se debe a los Teósofos: así, el presidente y el secretario del círculo nacionalista de Boston (Massachusetts) son teósofos, y la mayoría de los miembros de su dirección ejecutiva pertenecen a la Sociedad Teosófica. La influencia de la Teosofía y de la Sociedad Teosófica es evidente en la constitución de todos estos círculos y del partido que forman, pues han tomado como base y como primer principio fundamental la Fraternidad de la Humanidad, tal como lo enseña la Teosofía. He aquí lo que se halla en la declaración de sus principios: "El principio de la Fraternidad de la Humanidad es una de las verdades eternas que deciden el progreso del mundo, estableciendo la distinción que existe entre la naturaleza humana y la naturaleza animal". ¿Qué cosa hay más teosófica?"[2]. Por otra parte, hacia la misma época, se formó en Nantes una "Sociedad del Altruismo", cuyo programa se repartía en temas diversos: higiene, moral, filosofía, sociología, y que comprendía también una sección de estudios teosóficos, que no tardó en constituirse en "Rama Altruista de la Sociedad Teosófica"; fue la segunda rama de la Sociedad Teosófica en Francia[3].

Tenemos ahí un ejemplo de cada uno de los dos tipos de organizaciones cuya naturaleza debemos precisar aquí; en efecto, las hay que, sin tener ningún lazo oficial con la Sociedad Teosófica, no por ello son menos dirigidas o inspiradas por los teosofistas, como los "círculos nacionalistas" norteamericanos de los que hablaba Mme Blavatsky. Para limitarnos a las asociaciones de este género que existen en Francia, o que existían al menos en una fecha reciente, citaremos las siguientes, cuyos nombres hemos encontrado al azar en algunas publicaciones teosofistas: "Sociedad Vegetariana de Francia"; "Liga para la

---

[1] Looking Backwards.
[2] La Clef de la Théosophie, p. 65-66.
[3] Lotus Bleu, 7 de abril de 1890.

Organización del Progreso"; "Asistencia Moral Independiente" (Los ancianos asistidos); "Asociación de Veraneos Femeninos"; "Sociedad de Criminología (sic) y de Defensa Social"; "Sociedad Idealista, Unión Internacional para la realización de un ideal superior en las letras, las artes y el pensamiento"; y hay, ciertamente, muchas más. En el mismo orden de ideas, ya hemos observado el papel que los teosofistas han desempeñado en la difusión del "Scoutismo"; agregaremos que son también muy numerosos en diversas agrupaciones de tendencias más o menos claramente protestantes, como, por el ejemplo, la sociedad "Fe y Vida"[1*].

En cuanto a las asociaciones que, como lo era la "Sociedad del Altruismo" de Nantes, son propiamente organizaciones auxiliares de la Sociedad Teosófica y le están enteramente subordinadas, aunque sin llevar siempre su etiqueta, ya hemos dicho más atrás que, en su mayoría, hoy están reunidas en lo que se llama la "Orden de Servicio de la Sociedad Teosófica", que se define como "un ensayo de aplicación de la teosofía en vistas de proveer a las necesidades de todas las clases de la humanidad". He aquí una enumeración de las principales ramas de esta "Orden de Servicio" con la indicación de la sede de cada una de ellas[4]:

Educación: "La Reeducación de las clases deprimidas", Alepo; "Liga de la Educación", Rangún (Birmania); "Educación Teosófica", Amsterdam; "Educación Moral", París; "Educación Armoniosa", La Haya, "Educación Nacional", Muzaffurpur (India); "Liga para la

---

[1*] Algunos de los dirigentes de "Fe y Vida" nos han hecho saber de modo muy cortés que ellos no experimentaban ninguna simpatía por el teosofismo, y que, por otra parte, los elementos "conservadores" del Protestantismo francés eran, de manera general, resueltamente contrarios a las actuales tendencias del Protestantismo anglosajón y a los "movimientos" de ellas surgidos; es un placer para nosotros registrar aquí esta declaración.

[4] La mayor parte de esta enumeración ha sido tomada de un informe publicado en el *Théosophe* del 1º de agosto de 1913; hemos añadido varias nuevas organizaciones creadas después de esa fecha.

Educación de las Jóvenes", Benarés; "Liga para la Educación", Bruselas: "Cadena de Oro" y "Tablas Redondas", para la juventud e infancia.

Reforma de los males sociales: "Abolición de la Vivisección, de la Vacuna y de la Inoculación", Londres, Manchester y Bournemouth; "Antivivisección", Nueva York; "Medical", Londres; "La Sociología y el Problema Social", Manchester; "Desarrollo de la Pureza Social", Chicago; "Desarrollo de la Temperancia y de la Moralidad", Surat, (India); "Ideales Elevados", Spokane (Estados Unidos); "Trabajos de Hospital y de PrisionesW, Seattle (Estados Unidos); "Abolición de los Matrimonios entre niños" (India); "Protección a los Animales", Adyar; "Las Siete *M*"[5], Buitenzorg (Indias Holandesas); "Liga Mental Internacional de la Paz", Río de Janeiro; "Liga de la Unión Mental para la Paz", Cuba; "Wereldvrede" (Paz Universal), La Haya; "Liga Teosófica Belga para la Paz Universal", Bruselas.

Propagación de la Teosofía: "Traducción de obras sobre la Sabiduría del Islam" (es decir, el sufismo)[6], Muzaffurpur; "Liga Braille" (edición de obras teosóficas para los ciegos), Londres y Boston; "Universidad Teosófica", Chicago; "El Oasis, para difundir la teosofía entre los obreros del arsenal", Tolón; "La Unión Fraternal, para difundir la

---

[5] Estas siete *M* son iniciales de nombres malayos de siete cosas de las que los adherentes deben comprometerse a abstenerse.

[6] Existe también una supuesta "Orden de los Sufis" que está estrechamente ligada a la Sociedad Teosófica; esta organización, fundada en Norteamérica en 1910 por Inayat Khan, hoy tiene ramas en Inglaterra y en Francia; conviene decir que los verdaderos Sufis no han formado nunca una Orden ni una asociación cualquiera. — Sobre el Sufismo acomodado a las concepciones teosofistas, ver también *L'Islamisme Esotérique*, por Edmond Bailly. Agregado en la segunda edición:
Inayat Khan murió en 1927; al parecer, en los últimos tiempos, se había disgustado con los teosofistas, no sabemos exactamente por qué razones; después de su muerte, su organización, en la que predominaban los elementos femeninos y anglosajones, parecía amenazada de disolución debido a las discrepancias que surgieron entre diversos pretendientes a la sucesión del "Maestro", tal como casi siempre ocurre en semejantes agrupaciones. La Orden tiene como órgano la revista *Soufisme*, dirigida por la baronesa de Eichthal.

teosofía entre las clases trabajadoras", París; "Ciencia, Religión y Arte", Brooklyn; "Bodhalaya"; Bombay; "Misión Teosófica"; Nueva York; "Liga del Pensamiento Moderno", Adyar; "Liga Teosófica Esperantista"[7], Londres; "Liga de la Meditación Diaria", Londres.

Objetivos diversos: "Esculapio", Benarés y Manchester; "Fraternidad de los Sanadores", Leyde; "Orden de los Ayudantes"[8], Melbourne; "Liga de la Unidad", París; "Disminución del Sufrimiento", París; "Liga de los Servidores Suizos, para el desarrollo de la Fraternidad y de la Unión", Neuchâtel; "Liga Idealista Belga", Amberes; "Asociación del Pensamiento, para preparar al mundo para el Advenimiento del *Maestro*", Ciudad del Cabo; "Orden Independiente de la Estrella de Oriente" y "Servidores de la Estrella"; "Liga de San Cristóbal para ayudar a aquellos que tienen un pesado karma físico", Londres; "Liga de la Redención, para la protección de la mujer y de la joven"; "Orden de la Lira, para realizar, por un contacto cada vez más íntimo con la Naturaleza, el desarrollo progresivo del sentido interno que da la percepción de la Vida", Ginebra; "Liga Europea para la organización de Congresos Teosóficos"[2*].

---

[7] El interés por el *esperanto* y su difusión, demostrado por los teosofistas al igual que por los masones, merece ser señalado especialmente; este movimiento tiene relaciones también con el del "Scoutismo", y, por otra parte, la asociación de "La Paz por el Derecho" ha creado una "Biblioteca Esperantista Pacifista".

[8] Se trata sin duda de "ayudantes invisibles", instituida con vistas al "trabajo astral" por M. Leadbeater; se ha visto que éste está establecido actualmente en Australia, donde se encuentra la sede de la Orden en cuestión.

[2*] A la lista de organizaciones que forman la "Orden de Servicio" de la Sociedad Teosófica, debe añadirse la "Liga de Correspondencia Internacional", fundada en 1920, y que "se proponía colaborar en la realización del primer objetivo de la S. T., que es el de constituir un núcleo de fraternidad universal, creando y estrechando los lazos de amistad y de afecto entre los teósofos de todo el mundo". El secretario para Francia es J.-C. Demarquette, que al mismo tiempo es presidente de otra asociación denominada *"Le Trait d'Union"* ("El Vínculo"); ésta, que es de aquellas que no llevan abiertamente la etiqueta de teosofista, y que recurre especialmente a la "Juventud Idealista", se califica de "Sociedad Naturista de Cultura Humana", y está afiliada a la "Liga Nacional contra el Alcoholismo". Además, el

Volveremos sobre el carácter más general de estas asociaciones, que puede resumirse en la palabra "moralismo"; pero primero debemos señalar, en lo que se puede llamar la actividad externa de la Sociedad Teosófica, el lugar considerable que ocupan las obras de educación, sin hablar siquiera de los colegios y escuelas que, en la India y en otras partes, son también fundaciones teosofistas. Ya hemos mencionado los esfuerzos que se hacen para enrolar indirectamente a los niños desde su más tierna infancia, y las organizaciones que han sido formadas especialmente con esta intención; también haremos notar que, antes de la guerra de 1914, existía en París un periódico mensual llamado *Le Petit Théosophe*, "que se dirige a la juventud, desde los siete a los quince años". Pero es menester agregar que, entre las obras llamadas de educación, no todas se dirigen exclusivamente a los niños o a los jóvenes, y que las hay también que están destinadas a los adultos: es así como se

---

propio Demarquette acaba de organizar, en 1928, una "Universidad Popular Naturista", cuyo objetivo es aparentemente el mismo, aunque sin duda se dirige a otros medios. Sobre la cuestión de la lengua internacional, los teosofistas parecen algo divididos, siendo unos partidarios del esperanto, mientras que otros prefieren el "ido"; así, junto a la "Liga Teosófica Esperanto", existe ahora una "Unión Internacional de los Teósofos Idistas", de formación más reciente. Con respecto al interés que los teosofistas manifiestan por las obras de educación, es oportuno indicar que se han convertido muy particularmente en los propagadores del "Método Montessori", llamado así por la doctora italiana, teosofista también, que lo ha inventado. En octubre de 1911, una escuela de párvulos, llamada "Centro de Educación Teosófica", en la que dicho método era aplicado, fue inaugurada en Champ-de-Mars, 5, avenida del Général-Tripier (*"Le Théosophe"*, 16 de diciembre de 1911). En un discurso presidencial de Mme Besant leemos además lo siguiente: "El Gran Instructor nos ha ordenado infundir en los sistemas de educación las ideas teosóficas. Esto ha sido hecho de una manera muy efectiva en Europa, y el sistema Montessori es uno de los resultados... No pretendemos imponer etiquetas teosóficas en las nuevas ideas que conciernen a la educación, otorgándonos así, en cierto modo, la patente; las ideas son de libre propiedad de cada uno, y basta con que se hayan extendido en la atmósfera mental para que sean de paso asimiladas por todos los cerebros receptivos" (*"Adyar Bulletin"*, enero de 1918, reproducido en el *"Bulletin Théosophique"* de enero-febrero-marzo de 1918). El sentido de la última frase es transparente: se trata de sugerir a la gente ciertas ideas sin que conozcan su procedencia; la propaganda teosofista será tanto más eficaz cuanto menos etiquetas lleve y más hábilmente sea disimulada.

vio a los teosofistas desplegando un vivo interés en la obra de las "Escuelas de verano", que son "reuniones de hombres animados por un mismo ideal, que aprovechan sus vacaciones para pasar algún tiempo juntos, para dedicarse a una enseñanza mutua y para beber en el contacto de almas simpatéticas nuevas fuerzas para las luchas de la vida cotidiana". He aquí algunos extractos de un artículo consagrado por un órgano teosofista a este "admirable medio de propaganda, aprovechado cada vez más por los movimientos que tienden a ayudar al progreso de la humanidad": "Hay dos tipos de Escuelas de verano. Unas son la obra de una sociedad determinada, y se dirigen sobre todo a los miembros de esa sociedad, como las Escuelas que han tenido tanto éxito y que son reunidas cada año en Inglaterra por la Sociedad Vegetariana de Manchester o la Sociedad Fabiana. Hay un gran número de ellas en Gran Bretaña y en los Estados Unidos. Otras, al contrario, hacen llamada a todos los hombres que tienen como lazo común, más o manos elástico por lo demás, compartir las mismas opiniones sobre un tema determinado. Se han visto así Escuelas de verano espiritualistas que reúnen a representantes de casi todas las sectas protestantes de Inglaterra, unidos por un mismo deseo de fraternidad. Igualmente, la Escuela de Verano humanitaria con sede en Brighton en los dos últimos años, han reunido a librepensadores, espiritistas, teósofos, ocultistas, antivivisecionistas, vegetarianos, ciudad-jardinistas (*sic*) e incluso materialistas... Se puede decir que, dadas las facilidades de expresión y de intercambio que se brindan en ellas, las Escuelas de verano constituyen una verdadera "Cooperación de Ideas". Pensamos que ha llegado el momento de dotar a Francia de un instrumento de progreso parecido. Tenemos la intención intentar abrir este año una Escuela de verano en los alrededores de París, probablemente en el bosque de Fontainebleau. El éxito, desde el punto de vista del número de los participantes, ya está asegurado; numerosos Teósofos, Vegetarianos, Ritmicistas, Esperancistas, Armonistas, Naturistas, nos han asegurado ya su adhesión"⁽⁹⁾. La guerra impidió dar continuidad a este proyecto, pero sería menester no asombrarse de verle retornar algún día bajo una forma o bajo otra; se puede imaginar fácilmente qué extrañas asambleas deben formar hombres reclutados en todos esos medios, ciertamente disparatados, pero ligados a pesar de todo por misteriosas afinidades.

Otro punto importante que conviene hacer notar, es que la propaganda, y no sólo la de ideas más o manos vagas de "fraternidad" y de "moralidad", sino incluso la propaganda teosofista claramente caracterizada, busca gustosamente ejercerse en los medios obreros. En la nomenclatura que hemos dado, se puede ver que existe en París una sociedad que se propone formalmente ese objetivo, y que hay otra cuya acción, cosa digna de mención, apunta exclusivamente a los obreros del arsenal de Tolón, los cuales, por lo demás, parecen constituir un medio predilecto para toda suerte de propagandas más o menos sospechosas, ya que se sabe que este arsenal se ha revelado frecuentemente como un activo foco de desórdenes revolucionarios. Nos agradaría saber cómo aprecian los obreros algunos puntos de la enseñanza teosofista, si es que se les expone; nos preguntamos si pueden sentirse halagados al saber, por ejemplo, que son "animales lunares", que no han llegado a la humanidad más que en la presente "cadena planetaria", y algunos incluso en el curso de la "ronda" actual, mientras que los "burgueses" eran ya hombres en la "cadena" precedente; no inventamos nada, es M. Leadbeater mismo quien cuenta todo esto con la mayor seriedad del mundo (la palabra "burgués" está incluso en francés en su texto)⁽¹⁰⁾, pero estas cosas, probablemente, son las que se juzga preferible pasar en silencio cuando se habla a un auditorio obrero⁽³*⁾. Sea como sea, en este

---

⁽⁹⁾ *Le Théosophe*, 1 de marzo de 1914.
⁽¹⁰⁾ *L'Occultisme dans* …, pp. 226-230 y 331-333.
⁽³*⁾ Son las tendencias "democráticas" y "pacifistas" de los teosofistas lo que explica la simpatía que testimonian hacia movimientos tales como el de Marc Sagnier; he aquí, a este respecto, una declaración muy significativa: "Acaba de tener lugar, en París, del 4 al 11 de diciembre (1921), un Congreso democrático internacional organizado por el diario "*La Jeune République*", y presidido por Marc Sagnier. Dieciocho estados europeos estaban

terreno eminentemente "democrático", el teosofismo se halla en competencia, y en condiciones más bien desventajosas, con el espiritismo, que está más al alcance de los espíritus incultos (mientras que el teosofismo está hecho más bien para seducir a aquellos que poseen una cultura media), y cuya propaganda, no menos encarnizada, hace, sobre todo en algunas regiones, numerosas víctimas en el mundo obrero. Es así como existe (o al menos existía antes de la guerra, que ha debido haber ocasionado algunas perturbaciones) una secta espiritista denominada "Fraternismo", cuyo centro estaba en Douai, y que había reclutado millares de adherentes entre los mineros del Norte de Francia; otra secta espiritista bastante similar existía en Bélgica con el nombre de "Sinceridad", y tenía como jefe a un masón de alto grado, el caballero Le Clément de Saint-Marcq. Sin abandonar estas regiones, encontramos otro ejemplo muy llamativo en el caso del "Antonismo", esa seudoreligión que adquirió en Bélgica un desarrollo tan extraordinario, y que posee incluso un templo en París desde 1913: su fundador, al que se llamaba el "Pere Antoine", muerto en 1912, era él mismo un antiguo obrero minero casi iletrado; era un "curandero" como se encuentran muchos entre los espiritistas y magnetizadores, y sus "enseñanzas", que sus discípulos consideran como un nuevo evangelio, no contienen más que una suerte de moral protestante mezclada con espiritismo, y que es de la más lamentable banalidad. Esas "enseñanzas", redactadas a veces en una jerga casi incomprensible, y en las que la "inteligencia" es

---

representados. Este Congreso tenía por objetivo afianzar los lazos comunes que unen a todos los hombres, igualmente deseosos de la justicia y de la fraternidad internacional. A este programa muy bien podrían adherirse los miembros de la S. T., y sabemos que muchos de los nuestros han asistido a estos debates. No faltaba a este Congreso, para ser enteramente de espíritu teosófico, más que ser también interconfesional" ("*Bulletin Théosophique*", enero de 1922). Sobre el "Sincretismo" y su jefe, el caballero Le Clément de Saint-Marcq, ver, en *L'Erreur spirite* (pp. 321-327) la exposición de un asunto que debe ser relacionado con los escabrosos fondos del teosofismo, tanto más cuanto que el personaje en cuestión creyó bueno invocar, como en apoyo de su tesis, las teorías reprochadas a Leadbeater. Por otra parte, hemos dedicado también en el mismo volumen (pp. 349-362) un capítulo entero al "Antoinismo".

denunciada constantemente como el mayor de los males, son enteramente comparables a algunas "comunicaciones" espiritistas. Antoine había estado precedentemente a la cabeza de un grupo espiritista, llamado "Viñadores del Señor", y sus discípulos creen en la reencarnación como los espiritistas ordinarios y los teosofistas. En el momento en que estalló la guerra (de 1914), la "religión antonista" estaba a punto de ser reconocida oficialmente; a este efecto, había sido presentado un proyecto de ley por dos de los jefes de la Masonería belga, los senadores Charles Magnette y Globet d'Alviella. A partir de entonces, se han contado cosas singulares sobre el respeto especialísimo testimoniado por los alemanes respecto a los templos antonistas, y que los adherentes de la secta atribuyen a la protección póstuma del "Padre". Esta secta de "curanderos" no es la única en su género: hay otra, de origen norteamericano, conocida con la denominación de "Christian Science", que busca actualmente implantarse en Francia, y que parece haber obtenido algunos éxitos en ciertos medios[11]; su fundadora, Mme Baker Eddy, había anunciado que resucitaría a los seis meses después de su muerte; esta profecía no se ha realizado, lo que no ha impedido a su organización continuar prosperando; tan grande es la

---

[11] La revista *La Science et la Vie*, órgano de vulgarización científica e industrial, en la que no se esperaría encontrar cosas de este género, ha publicado, desde comienzos de 1919, toda una serie de artículos consagrados a la propaganda de la "Christian Science".
La misma institución se ha establecido en Suramérica; en Buenos Aires cuenta con varios templos, algunos muy importantes como el ubicado en la calle Sargento Cabral, y realiza profusa propaganda escrita mediante folletos y publicaciones. Con motivo de visitas realizadas al país por dirigentes extranjeros, ha dado conferencias públicas en locales tradicionales, como el "Consejo y Biblioteca de Mujeres" situado en la calle Charcas (Nota del Traductor).
Agregado en la segunda edición:
La publicación de artículos de propaganda en favor de la "*Christian Science*" en la revista *La Science et la Vie* se explica por un hecho del que tuvimos conocimiento posteriormente: esta revista es, en realidad, una simple dependencia del *Petit Parisien*; ahora bien, su director, Paul Dupuy, era un entusiasta adherente de la "Christian Science".

credulidad de algunas gentes⁽¹²⁾. Mas, volviendo al Antonismo, lo más notable en él desde el punto de vista en que nos colocamos aquí, es que los teosofistas le testimonian una viva simpatía, como lo prueba este extracto de uno de sus periódicos: "Puesto que la Teosofía tiene un alcance a la vez moral, metafísico, científico y esotérico, no se puede decir que las enseñanzas teosóficas y antonistas sean idénticas; pero sí se puede afirmar que la moral antonista y la moral teosófica presentan entre sí numerosos puntos de contacto. Por lo demás, el *Padre* no pretende otra cosa que renovar la enseñanza de Jesús de Nazaret, demasiado materializada en nuestra época por las religiones que se avalan en ese gran Ser"⁽¹³⁾. Un acercamiento de esa índole es, en el fondo, bastante poco halagador para el teosofismo; pero es menester no asombrarse de nada, ya que el "Père Antoine", a pesar de la ignorancia y de la mediocridad intelectual de que hizo siempre prueba, fue considerado por algunos ocultistas más bien ingenuos, como "uno de los doce Grandes Maestros Desconocidos de la Rosa-Cruz"; y los mismos ocultistas atribuían esa cualidad a muchos otros "curanderos" del mismo género, concretamente a Francis Schlatter, un alsaciano emigrado a Norteamérica, que desapareció de una manera bastante

---

[12] Señalamos también la existencia, en Norteamérica, de otra secta análoga, la de los "Mental Scientists", que pretenden curar las enfermedades por su simple negación; por esta razón se les llama también *Deniers* (Negadores).
Agregado en la segunda edición:
De la "*Mental Scientists*" o "*Mentalists*" procedía Emile Coué, que ha dado mucho de qué hablar, en estos últimos tiempos, al hacerse el propagador de un método de curación por autosugestión que, en el fondo, difiere muy poco de estas concepciones americanas, y que tiene sobre todo como característica propia el pretender fundarse en el empleo, no de la voluntad, sino exclusivamente de la imaginación.
[13] Artículo titulado *Une Religion Spirituelle*, aparecido en el *Théosophe* del 1º de diciembre de 1913.

misteriosa hacia 1897[14]; ¿por qué no se iba a llegar también a hacer de estas gentes una suerte de "Mahâtmâs"?

Una propaganda teosofista de un género completamente diferente del que nos ha llevado a esta disgresión, es la que se ejerce en los medios artísticos y literarios[4*]; he aquí un ejemplo completamente reciente. A comienzos de 1918 apareció un periódico titulado *L'Affranchi*, que, por

---

[14] *Historie des Rose-Croix*, por Sédir, pp. 55 y 123; por lo demás, el autor declara que esta afirmación es errónea. — El escritor ocultista Auguste Strindberg ha contado, en *Inferno* (pp. 110-113), una historia fantástica a propósito de este Schlatter.

[4*] Sería interesante investigar las huellas de la influencia del teosofismo en la literatura actual bajo sus diversas formas, incluida la novela (citaremos como ejemplo el *Saint Magloire* de Roland Dorgelès); esta influencia se ejerce por otra parte muy a menudo sin que los propios escritores se percaten de ello. Naturalmente, los teosofistas comprueban con satisfacción los resultados en notas como ésta: "En la literatura, se habla cada vez más de fenómenos psíquicos, de ocultismo y de teosofía; desde América se nos ha señalado la aparición de un cierto número de películas psíquicas (*sic*), de grandes efectos, en la línea del *Nos Morts nous frôlent*, que recientemente ha sido presentada" ("*Bulletin Théosophique*", enero de 1922).

Cosa curiosa, las líneas que preceden inmediatamente a éstas están dedicadas al anuncio de la aparición de una primera edición del presente libro; las reproducimos a título documental: "Acaba de aparecer una obra que constituye una crítica muy rigurosa contra la Teosofía y sus instructores: *Le Théosophisme, histoire d'une pseudo-religion*, por René Guénon. No podemos pasarla bajo silencio, pues está hábilmente escrita y ciertamente confundirá a aquellos que conocen mal la historia de nuestra Sociedad y que todavía no poseen un conocimiento suficiente de la propia Teosofía. No nos dejemos turbar por lo que se pueda decir o escribir; la verdad está en marcha, nadie puede detenerla, y nosotros tenemos un poco de esta verdad. La gran boga de las ciencias psíquicas experimentales y del espiritismo bien demuestra que nuestra humanidad busca liberarse de las cadenas dogmáticas de las Iglesias y que está madura para comprender la reencarnación y el karma". Se reconocerá aquí el habitual procedimiento que consiste en responder a acusaciones precisas con declamaciones y frases comunes: "la verdad en marcha", ¿no ha sido usada y abusada desde el asunto Dreyfus? Pero lo más interesante es comprobar que el teosofismo se solidariza así con el espiritismo, cuya "gran boga" simplemente prueba el desorden mental de nuestra época y el desequilibrio de gran número de nuestros contemporáneos. Por otra parte, si el autor anónimo de esta nota no ha sido "turbado", al menos da prueba de cierta irreflexión: si la humanidad "se libera de las cadenas dogmáticas de las Iglesias", sin excepción, ¿en qué se convertirá la "Iglesia católica liberal"?

la manera en que contaba sus años de existencia, se daba como la continuación del antiguo *Théosophe*, pero en el que la palabra misma "teosofía" no se pronunció nunca. Este periódico, que tenía como divisa: "Jerarquía, Fraternidad, Libertad", no contenía más que artículos firmados con seudónimos, de los que una gran parte estaba consagrada a las cuestiones sociales; en él se hacían discretísimas alusiones al "Mesías futuro", del que se presentaban como precursores, con palabras veladas, a algunos personajes de fama, entre quienes estaban Wilson y Kerensky. Al lado de tales artículos, había otros que trataban del arte y de su papel en la "evolución", y también extravagantes poemas decadentes; y el grupo de los "Affranchis" (Liberados), del que este periódico era el órgano, se manifestaba al mismo tiempo por representaciones y exposiciones del modernismo más avanzado (hubo incluso un "Guignol Affranchi"); se anunciaba también la aparición de dos nuevas publicaciones especializadas, *L'Art* y *Le Travail*, y se organizaba incluso en la sede social un servicio de consultas jurídicas. Al mismo grupo pertenecía también la *Revue Baltique*, "consagrada a la defensa particular de las cuestiones de los países bálticos, que serán la llave de la paz mundial", lo que demuestra que ahí se mezclaban las preocupaciones políticas y diplomáticas con la literatura[15]. En agosto de 1918, el grupo tomó en alquiler la casa de Balzac, amenazada de destrucción, cuyo administrador, M. Carlos Larronde[16], devino "Conservador", declarándose al mismo tiempo que se quería hacer de ella la sede de una "Corporación de los Artistas" y un "centro de renacimiento intelectual y artístico". Es menester no olvidar que los teosofistas tienen a su disposición fondos considerables, lo que da a su propaganda una fuerza muy real que sería vano contestar; se tiene otra prueba de ello en la importancia del inmueble que han hecho edificar en estos últimos años en París, en la plaza Rapp, para establecer en él su

---

[15] Entre los principales miembros del grupo figuraba el señor De Lubiez-Milosz, que hoy día es representante oficial del gobierno lituano en París.

[16] En castellano, en el original (N. del T.)

"cuartel general"; este inmueble es propiedad de la "Sociedad Inmobiliaria Adyar", cuyo presidente es M. Charles Blech, secretario general de la sección francesa de la Sociedad Teosófica (o "Sociedad Teosófica francesa", para emplear la designación que ahora ha prevalecido oficialmente). En el interior de la organización de los "Affranchis", y por encima de ella, había otras dos más cerradas, el "Grupo Místico *Tala*" (El Lazo) y el "Centro Apostólico"; éstas, bien entendido, eran claramente teosofistas. Finalmente, en mayo de 1919, se anunció "la intención de establecer en Saint-Rémi-les-Chevreuse una *Escuela Sintética de Educación,* donde todas las facultades del niño recibirían un desarrollo paralelo y donde todos los dones particulares serán cultivados hasta su completo florecimiento: cada uno se clasificará según sus aptitudes y su trabajo". Hoy día, el grupo de los "Affranchis" ha cambiado de nombre: ha devenido el grupo de los "Veilleurs" (Vigilantes)[17] (sin duda aludiendo a los *Egrêgoroi* del Libro de Enoc, cuya interpretación ha preocupado siempre fuertemente a los ocultistas)[5*], y se ha librado a ensayos de vida en comunidad que hacen pensar en las utopías socialistas de la primera mitad del siglo XIX; no sabemos si tendrán más éxito que estas últimas, pero bien podemos dudar de ello, ya que hemos oído decir que ya había habido algunas

---

[17] La asociación fue declarada bajo este título el 19 de julio de 1920; en su sede social – Boulevard de Boulogne, 17, Parc des Princess– funciona una obra de educación física llamada "Instituto Euritmoterápico", dirigido por Mme Madeleine Leprince y el Dr Thiers.

[5*] Por una singular coincidencia, el nombre de "*Veilleurs*" ha sido dado a una "Tercera Orden protestante" fundada en 1922 por el pastor Wilfred Monod ("*Etudes*", 5 de agosto de 1924; "*La Croix*", 4 de septiembre de 1924). Las dos agrupaciones teosofistas que llevaban este título han dejado de existir; al parecer, desde entonces, René Schwaller ha constituido en Suiza una nueva organización. El "Instituto Euritmoterapéutico" se ha instalado en la antigua dirección del "*Affranchi*", en el nº 5 de la rue Schoelcher, con el nombre de "Escuela de Euritmia"; ésta se ha alineado junto al "antroposofismo" de Steiner y se ha convertido así en una filial de la Escuela homónima que existe en Dornach; a Mme Madeleine Lefèvre (y no Leprince, como se ha impreso erróneamente) ha sucedido como directora Mlle. Simone Rihouet, que es, creemos, una antigua estudiante de filosofía del Instituto Católico de París.

escisiones (concretamente entre los grupos dirigidos por MM. Gastón Revel y René Schwalles), hechos que hacen augurar un mal porvenir.

Citamos incidentalmente un testimonio de la admiración que los teosofistas profesaron respecto al presidente Wilson; la idea de la "Sociedad de las Naciones", en efecto, era ciertamente de aquellas que no podían dejar de seducir y de entusiasmar a estos "humanitarios". Así, en 1918, se formó una "Unión para la Liberación de los Pueblos", cuyo "comité permanente" tenía su sede en las oficinas del *"L'Affranchi"*, y que, en su manifiesto, "rindió el homenaje del mundo agradecido al presidente Wilson, portavoz de la conciencia humana", agregando: "Una era nueva comienza para la humanidad. El período atroz de las guerras ha concluido. La Sociedad de las Naciones se opondrá irresistiblemente a las amenazas de la violencia y al despertar del espíritu de conquista. Sólo el programa de paz formulado por el presidente Wilson, sobre la base del derecho de los pueblos a disponer de sí mismos, puede garantizar al mundo el establecimiento definitivo de la justicia y de la concordia... Durante el período liberador que comienza, la Unión para la Liberación de los Pueblos será, ante la opinión universal, la intérprete sincera y el órgano imparcial de las nacionalidades. Ella secundará los esfuerzos de todas las colectividades humanas en su evolución hacia el bien"[6*]. En septiembre del mismo

---

[6*] Durante la guerra, los teosofistas no dejaron de ejercer su propaganda junto a los soldados; en Francia, publicaron a este propósito un "diario de las trincheras" titulado *Kouroukshetra*, en alusión a la gran batalla descrita en el *Mahâbhârata* (*Adyar Bulletin*, enero de 1918). Además de las diferentes formas de propaganda de las que se ha tratado en este capítulo, es necesario mencionar aún otra que parece muy especial al teosofismo y a algunas sectas americanas más o menos emparentadas con éste: es lo que se llama la "propaganda mental". He aquí cómo Mme Besant explica lo que por ello debe entenderse: "Un grupo de hombres que tienen convicciones comunes, un grupo de teósofos, por ejemplo, puede contribuir en gran medida a extender las ideas teosóficas en su entorno inmediato, si quieren dedicar, al mismo tiempo, diez minutos diarios a la meditación sobre alguna enseñanza teosófica. No es necesario que sus personas estén reunidas en un mismo lugar, con tal de que sus espíritus estén unidos.

año, esta agrupación teosofista hizo aparecer aún otra publicación llamada *Le Drapeau Bleu*, "periódico del Mundo Nuevo" y "órgano de la Sociedad de las Naciones y de las Clases", con esta divisa: "Evolucionar hacia la Unidad, en la Jerarquía, por el Amor"; como se ve, la idea de la evolución constituye para los teosofistas una verdadera obsesión[18]. Parece que la bandera azul es un "símbolo de sinergia, de simpatía, de síntesis en el orden nacional e internacional"[19]; volvemos a encontrar aquí un ejemplo de las fórmulas pomposas y vacías que tienen curso en todos los medios de este género, y que bastan para imponerse a los ingenuos. También se fundó, un poco más tarde, un grupo italiano de "La Bandera Azul", llamada "Società per l'Evoluzione Nazionale", cuyo órgano, era la revista *Vessillo*, y cuya divisa era: "Para la Nación como Individuo, para la Humanidad como Nación". Todo

---

Supongamos que un pequeño grupo ha decidido meditar sobre la reencarnación durante diez minutos al día, a una hora convenida, durante tres o seis meses. Formas-pensamiento muy potentes vendrían a acosar en muchedumbre la región escogida, y la idea de la reencarnación penetraría en un considerable número de espíritus. Se buscaría información, libros sobre este tema, y una conferencia sobre ello, tras una preparación de este género, atraería a un público muy ávido de informaciones y muy interesado de antemano. Un progreso desproporcionado en relación con los medios físicos empleados se realiza allá donde los hombres y las mujeres se aplican seriamente a esta propaganda mental" (*Le Pouvoir de la Pensée, sa maîtrise et sa culture*, pp. 178-179). Hecho importante a señalar es que con prácticas de este género se vincula el origen de la famosa costumbre de los "minutos de silencio", que ha sido importada a Europa por los americanos, y que se ha convertido, tras la guerra, en uno de los principales elementos de casi todas las conmemoraciones oficiales; habría por lo demás mucho que decir, de una manera más general, acerca de las desviaciones pseudo-religiosas inherentes a esa especie de "culto cívico" del que esta costumbre forma parte.

[18] Dos teosofistas franceses, los D^{res} A. Auvard y M. Schultz, han llegado a inventar una doctrina especial a la que han dado el nombre más bien bárbaro de "evoluísmo".

[19] Los esperantistas, por su parte, han tomado como emblema la bandera verde, cuyo color corresponde al nombre dado a la "lengua auxiliar internacional" que se esfuerzan por propagar; también tienen como insignia una estrella de cinco rayos, completamente análoga a la "estrella llameante" de la Masonería y a la estrella de plata que lucen los miembros de la "Orden de la Estrella de Oriente". ¿Sería acertado establecer una relación del mismo género para la estrella azul que sirve de marca distintiva a algunas sociedades antialcohólicas?

esto nos recuerda al famoso "Congreso de la Humanidad", del que hemos hablado más atrás: la inspiración es la misma y los resultados no serán sin duda mucho más brillantes; ¿podría ser de otra manera, cuando incluso la "Sociedad de las Naciones", oficialmente constituida, no puede vivir y cuando asistimos ya a su hundimiento? En todo caso, hay un hecho cierto: es que los medios de los que nos ocupamos aquí y aquellos con los que tienen afinidades son todos más o menos pacifistas e internacionalistas; pero, si el internacionalismo de un gran número de los teosofistas, de aquellos que forman la masa, es ciertamente real y sincero, podemos preguntarnos si ocurre lo mismo con el de sus jefes, que ya nos han dado tantas razones para dudar de su sinceridad en todas las cosas; más adelante, intentaremos responder a esta pregunta.

CAPÍTULO XXVII

EL MORALISMO TEOSOFISTA

Ya hemos tenido la ocasión de indicar que, después de la muerte de Mme Blavatsky, el lado doctrinal del teosofismo había perdido su importancia en provecho del lado moral y sentimental; por lo demás, esto no quiere decir que este último hubiera estado ausente en el origen, puesto que la "fraternidad universal" ha sido siempre el primero de los tres objetivos proclamados por la Sociedad Teosófica. Bajo este aspecto, si no en lo que concierne a la propaganda teosofista propiamente dicha, fue Mme Blavatsky misma quien tomó concretamente la iniciativa de una acción en algunos medios obreros; he aquí en efecto lo que escribía en 1890: "En Londres, en el verdadero centro del materialismo más lujoso, hemos fundado, en el *Eeast End*, el primer club de Mujeres Obreras, completamente libre de condiciones y de creencias teológicas. Hasta este día, otros esfuerzos similares habían sido sectarios y habían impuesto ciertas creencias religiosas especiales; las nuestras se basan sólo en la *fraternidad humana*, y no reconocen ninguna diferencia de creencia como barrera"[1]. Así pues, en el pensamiento de la fundadora, se trataba de una competencia directa a las instituciones caritativas de carácter confesional, y esa competencia debía llevarse igualmente a otros terrenos, particularmente al de la educación; es en este sentido como es menester entender declaraciones como ésta: "Teniendo este objetivo en vista (la fraternidad universal), el deber de todos los teósofos es propagar una educación *no-sectaria*, en todos los países y por todos los medios prácticos"[2]. Pero, según la

---

[1] *Lotus Bleu*, 7 de octubre de 1890, p. 237.
[2] La Clef de la Théosophie, p. 64.

confesión misma de numerosos teosofistas hoy disidentes, las obras de educación y otras de la Sociedad Teosófica, han tomado al contrario, con Mme Besant, un carácter "sectario" muy pronunciado; por lo demás, por nuestra parte, creemos que esta "evolución" enojosa era inevitable, ya que la Sociedad Teosófica, se quiera o no, es una secta como cualquier otra, y siempre lo ha sido aunque su cariz "seudorreligioso", ciertamente, se haya ido acentuando. Es precisamente para dar a su movimiento el carácter de una religión, aunque, no obstante, se asegura que esa no es su intención, por lo que los jefes actuales del teosofismo insisten tanto en el "moralismo", ya que, conformemente a la concepción protestante, creen que eso es lo esencial de toda religión: "Todas recomiendan las mismas virtudes y condenan los mismos vicios, dice M. Leadbeater, ...y los miembros de todas las religiones están de acuerdo en declarar que un hombre, para merecer el calificativo de hombre de bien, debe ser justo, benévolo, generoso y veraz"[3]. Y es con la misma intención como los teosofistas desarrollan, sobre todo hoy día, teorías tales como las del "karma" y de la reencarnación, y como se extienden complacidamente en lo que las mismas tienen de "consolante"[4], al menos, son ellos los que las encuentran tales, mientras que otros pueden apreciarlas de una manera completamente opuesta: en el fondo, se trata de una simple diferencia en las disposiciones sentimentales de cada uno; pero cuando se quiere entender la mentalidad teosofista, lo importante es ver cuánto contribuye este carácter "consolante" a hacer aceptar teorías como ésas, independientemente de toda justificación lógica que no se podría intentar sin pecar de imprudencia. En el hecho mismo de haber adoptado una tal actitud, hay ya el signo incontestable de una debilidad intelectual en los dirigentes del teosofismo; pero hay todavía algo más: se trata de la competencia religiosa, que se prosigue bajo una forma diferente de la que se practicaba en los comienzos; para poder rivalizar

---

[3] L'Ocultisme dans la Nature, p. 379.

[4] Ver por ejemplo un folleto titulado *A ceux qui souffrent*, por Mlle Aimée Blech.

con las religiones, era menester ofrecer ventajas comparables a las que encuentran en éstas el común de sus fieles. Por consiguiente, más pronto o más tarde, el teosofismo debía llegar, por la fuerza de las cosas, a presentarse como una secta religiosa. El hecho de que lo confiese o de que lo niegue, no cambia nada; y esta secta, si se tienen en cuenta los orígenes de sus jefes, debía tener forzosamente tendencias análogas a las de las sectas protestantes; es lo que se ha producido efectivamente y esas tendencias tienen, en la preponderancia del "moralismo", una de sus manifestaciones más significativas.

Si nos remitimos a la lista de organizaciones auxiliares de la Sociedad Teosófica, que hemos dado en el capítulo presente, es fácil darse cuenta de que el objetivo declarado de casi todas esas asociaciones, poniendo aparte las que tienen un carácter muy especial y abiertamente teosofista, se refiere casi exclusivamente a un cierto número de ideas directrices de base sentimental: humanitarismo, pacifismo, antialcoholismo, vegetarianismo, que son particularmente queridas por la mentalidad esencialmente "moralista" del protestantismo anglosajón. Algunos movimientos actuales, algunas campañas antialcohólicas, por ejemplo, tienen trasfondos muy curiosos de estudiar; sería muy instructivo seguir en ellas, por una parte, la influencia del protestantismo, y, por otra, la de la masonería y de las sociedades secretas; y agregaremos que el estudio del movimiento feminista, incluso fuera de la "co-masonería" de la que ya hemos hablado, no sería menos interesante desde el mismo punto de vista. Aquí nos limitaremos a citar algunos ejemplos en lo que concierne al antialcoholismo y al vegetarianismo; entiéndase bien que las organizaciones que vamos a mencionar no tienen ningún lazo directo con el teosofismo, pero por eso no es menos incontestable que proceden del mismo espíritu.

Hay en Norteamérica dos sociedades secretas, una masculina y la otra femenina, llamadas "Hijos de Jonadab" e "Hijas Unidas de Réchab", que basan su organización en este versículo bíblico: "No beberemos vino, porque Jonadab hijo de Réchab, nuestro padre, nos ha dado esta orden diciendo: No beberéis vino, ni vosotros ni vuestros hijos nunca jamás"[5]; ningún miembro que haya roto su compromiso puede ser reintegrado después. Otra asociación análoga es la "Orden de los Hijos de la Temperancia", que está reservada a los hombres, pero a la que se unen la de las "Hijas de la Temperancia", para las mujeres, y la de los "Cadetes de la Temperancia" para los jóvenes. A la pregunta: "¿Por qué esta Orden posee secretos?", he aquí la respuesta que se da: "Una antigua alegoría enseñaba que el *Deseo* y la *Ociosidad* se casaron cierto día, y que tuvieron un hijo, cuyo nombre fue *Curiosidad*. Este hijo vive aún en la tierra, donde es como una suerte de ser omnipresente que asegura su subsistencia robando un poco a uno, otro poco a otro, y algo a todos. Es para evitar las incursiones demasiado frecuentes de esta criatura indiscreta e inoportuna por lo que los secretos fueron introducidos en nuestra Orden". Damos esta cita porque es bastante característica de la mentalidad especial que reina en todas esas agrupaciones; creemos que, antes de la época contemporánea, no se había pensado nunca en formar sociedades secretas para objetivos tan pueriles[1*]. Por otra parte, en la masonería inglesa, hay Logias especiales, llamadas "Logias de la temperancia", cuyos miembros se comprometen a abstenerse rigurosamente de toda bebida alcohólica. En fin, señalaremos también la "Orden independiente de los Buenos Templarios", otra asociación de origen norteamericano, que exige también el juramento formal del secreto, bajo pretexto de habituar a sus miembros a ser dueños de sí mismos, y que tiene numerosos lazos con la Masonería; al lado de las Logias de adultos, en las que se admite a miembros de los dos sexos a partir de dieciséis años, esta Orden posee también Logias infantiles o "Templos de la Juventud". Existen varias ramas de esta organización en diversos países de Europa: Inglaterra, Países Escandinavos, Alemania,

---

[5] *Jeremías*, XXV, 6.
[1*] No cabe duda de que las sociedades secretas americanas que hemos mencionado han inspirado en gran parte las campañas que han desembocado en la adopción de leyes "prohibicionistas" en casi todos los Estados Unidos.

Hungría, Suiza, Bélgica y Francia; en 1906, el "Gran Jefe Templario Internacional" era M. Wawrinski, diputado del Parlamento sueco; el jefe de la rama francesa es el Dr. Legrain, médico jefe del asilo de Ville-Evrard[6][2*].

El antialcoholismo forma parte también de las enseñanzas teosofistas: "El alcohol, ha escrito Mme Blavatsky, es un enemigo peor que la carne para el avance espiritual y moral, pues, cualquiera que sea la forma en que se sirva, la condición psíquica del hombre siente su influencia directa, muy marcada y muy perjudicial"[7]. En cuanto al vegetarianismo, las razones por las que los teosofistas le preconizan son de diferentes tipos; ante todo, también aquí se saca a relucir la cuestión de la "evolución espiritual": "El hombre que se alimenta de la carne de los animales absorbe también algunas de las propiedades del animal del que proviene esa carne. La Ciencia Oculta enseña y prueba a sus discípulos, por una demostración ocular (*sic*), que el efecto "embrutecedor" y "animal" producido en el hombre por ese alimento, tiene más fuerza cuando se trata de la carne de los animales grandes, menos cuando se trata de las aves, menos aún si es la de los peces y otros animales de sangre fría, pero que el alimento que tiene menos influencia de este género, es el que proviene de los vegetales… A aquellos que quieren dedicarse a un estudio serio, les aconsejamos realmente que no tomen más que el alimento que sea menos pesado para sus cerebros y para sus cuerpos y que contribuya menos a retrasar y a dificultar el desarrollo de su intuición, así como de sus poderes y facultades interiores"[8]. Como lo muestran estas últimas palabras, es sobre todo en vista de algunos "entrenamientos psíquicos" por lo que se recomienda

---

[6] El Dr Legrain pertenece al mismo tiempo a la Masonería; en 1901, fue venerable de la Logia *La Jérusalem Ecossaise*.

[2*] La Logia "Tierra y Libertad", de la "Orden Independiente de los Buenos Templarios", se reúne en el "Hogar Vegetariano", en el nº 40 de la rue Mathis; este "Hogar Vegetariano" es calificado de "obra preservadora de las miserias humanas".

[7] La Clef de la Théosophie, p. 369.

[8] La Clef de la Théosophie, pp. 367-368.

muy especialmente el vegetarianismo, cuando no se impone incluso, a los miembros de la "sección esotérica"; pero si Mme Blavatsky lo hubiera creído realmente tan necesario para el efecto que pretendía, es probable que hubiera comenzado por adoptarlo para su uso personal, lo que no hizo nunca; también es verdad, que no se puede dirigir el mismo reproche a Mme Besant. Las razones precedentes son ciertamente muy discutibles, pero, en todo caso, son mucho menos ridículas que las consideraciones sentimentales que se agregan a ellas para justificar el vegetarianismo de una manera más general, y que son incluso aquellas sobre las que los teosofistas actuales parecen insistir más: somos los hermanos de los animales, dicen, uno no debe devorar a sus hermanos, incluso si son menos "evolucionados" que nosotros; se les podría responder que, según la manera en que comprenden la evolución, también somos hermanos de los vegetales, e incluso de los minerales, de modo que su razonamiento, seguido y aplicado rigurosamente, nos condenaría a morir de hambre pura y simplemente. Pero, a pesar de esto, la mayoría de los teosofistas se atienen mucho al régimen vegetariano, al que, sin embargo, agregan ordinariamente leche y huevos, que son, no obstante, sustancias animales; es cierto que, en el vegetarianismo, hay varias variedades y varios grados. En nuestro pensamiento, no se trata de condenar absolutamente el vegetarianismo en sí mismo, pero lo que se puede decir razonablemente, es que el régimen alimentario debe ser únicamente cuestión de clima, de raza y de temperamento; Papus ha podido escribir muy justamente que "es menester ser ignorante como un teosofista para imponer a los ingleses el mismo régimen alimentario que a los hindúes"[9], y cuenta a este propósito el hecho siguiente: "En Londres, en el cuartel general de la sociedad mística (la Sociedad Teosófica), hemos visto a dos de sus miembros, la condesa de W… y Mme M…[10], muriéndose literalmente de hambre para evitar comer "seres vivos", mientras que los fundadores,

---

[9] Traité Elémentaire de la Magie Pratique, p. 128.
[10] La primera debe ser la Condesa Wachtmeister; no sabemos quién es la otra.

bajo pretexto de enfermedad, engullían a mantel tendido grandes trozos de pescado, seguidos de monumentales platos de arroz y de legumbres diversas. Las damas susodichas deseaban tener "visiones"; y, a la espera de ellas, se habían procurado una buena dosis de anemia cerebral"[11].

Entre las creaciones teosofistas, hemos mencionado a la "Sociedad Vegetariana de Francia", que tiene como órgano la revista *Hygie*, conjuntamente con la "Sociedad Belga para el Estudio de la Reforma Alimentaria"; existió anteriormente otra publicación similar, titulada *La Réforme Alimentaire*, que se proponía además: "combatir la vacuna y los métodos pasteurianos". Sobre este último punto, ya hemos hecho notar la animosidad de la doctora Anna Kingsford contra Pasteur, y también la existencia, en la "Orden de Servicio de la Sociedad Teosófica", de una asociación inglesa que tenía como objetivo la "abolición de la vivisección, de la vacunación y de la inoculación". Se trata de opiniones que pueden ser perfectamente sostenibles en sí mismas, pero uno se sorprende de verlas tan estrechamente mezcladas con toda suerte de necedades sentimentales y "humanitarias" (o mejor *humane*, como dicen los ingleses con una palabra que expresa un matiz casi intraducible), lo que, necesariamente, les hace perder todo carácter de seriedad a los ojos de muchas gentes sensatas.

Respecto al vegetarianismo, podemos encontrar la ocasión de aproximaciones enteramente análogas a las que hemos hecho para el antialcoholismo; y, para comenzar, diremos que la doctrina antonista, de la que se trató en el capítulo precedente, recomienda igualmente el régimen vegetariano. Por otra parte, conocemos una sociedad secreta inglesa, llamada "Orden de la Reconciliación" (*Order of the Atonement*), cuya sede está en Brighton, y que posee "Grandes Templos" en París, en Jerusalén y en Madrás; esta organización se define como "una Orden estrictamente templaria y vegetariana", dos cosas entre las que, ciertamente, es difícil encontrar la más mínima relación lógica; por lo

---

[11] *Ibidem*, pp. 130-131.

demás, no se explica mucho mejor la denominación "Buenos Templarios" aplicada a una asociación antialcohólica. Esta "Orden de la Reconciliación" pretende derivar su origen "del Templo de *Ioua* (*sic*) en la Ciudad Santa", es decir, del Templo edificado por Salomón en Jerusalén, exactamente como la Masonería; sus miembros adquieren el compromiso de dedicar todos sus esfuerzos a apresurar el advenimiento de la "Edad de Oro". Esta última expresión, que designa evidentemente la época en que los hombres se abstendrán de todo alimento animal, hace pensar en otra asociación fundada en Inglaterra en 1895, y que lleva precisamente el nombre de "Orden de la Edad de Oro"; los miembros de esta organización, que se califican modestamente como "Caballeros de la Redención", van mucho más lejos que los teosofistas en el sentido de un estricto vegetarianismo: no sólo proscriben toda sustancia de origen animal, sino que, además, son "frugívoros" y se abstienen de todo alimento cocido; sería difícil mostrarse más rigurosos. Esta Orden, que expresa su "ideal" con fórmulas particularmente pomposas y declamatorias, tiene adherentes en Norteamérica, lo que no tiene nada de sorprendente, e incluso en la India; en este último país, sus adherentes se reclutan casi exclusivamente entre los jainistas. La misma Orden cuenta entre sus miembros más eminentes al Dr. Wu-ting-fang, que, en China, fue ministro en el gobierno provisional revolucionario de Sun-yat-sen (que, después de haberse refugiado algún tiempo en el Japón, recientemente se ha hecho elegir presidente de una República china del Sur y que, digámoslo de paso, es protestante y pertenece a la Masonería norteamericana[3*]. En fin, éste reivindicaba también como

---

[3*] Tras la muerte de Sun-Yat-Sen, sus antiguos colaboradores se han dividido, y algunos de ellos se han pasado al comunismo; lo curioso es que éstos son en su mayor parte protestantes, sobre todo metodistas, y, además, están afiliados a la Y.M.C.A., cuyo papel en los acontecimientos que actualmente se desarrollan en el Extremo Oriente es con seguridad bastante extraño. Con las organizaciones secretas de las que hemos hablado en este capítulo debe ser también relacionada aquella que se designa con las iniciales V.P.A. (*Vie Plus Abondante*), "Asociación Cosmopolita, Vegetariana y Oculta", cuyo "Guardián" es J. Canguilhem, de Burdeos.

"frugívoro" al presidente de la República mexicana, Francisco Madero (asesinado en 1913), que era al mismo tiempo un ocultista y un masón de alto grado: en todo esto hay relaciones muy inesperadas. Pero basta ya con lo dicho sobre este tema, que algunos estimarán quizás poco serio y poco digno de retener la atención; si nos hemos detenido en él no obstante, es porque estas cosas, por extravagantes que sean, están lejos de ser tan inofensivas y tan desdeñables como podría creerlo un observador algo superficial; y también porque muestran, con bastante claridad, cuáles son las corrientes de la mentalidad moderna a las que está emparentado el teosofismo, y pensamos que no será inútil insistir aún más en este último punto.

CAPÍTULO XXVIII

TEOSOFISMO Y PROTESTANTISMO

Nos parece fuera de duda que algunas de las tendencias que se afirman en la propaganda teosofista, sobre todo las que hemos calificado de "moralistas", llevan la marca del espíritu protestante, y, más especialmente, del espíritu del protestantismo anglosajón. Ciertamente, no queremos decir que esas tendencias sean el monopolio exclusivo del protestantismo, pero es en él donde son preponderantes, y es desde él desde donde se han extendido más o menos ampliamente en el mundo moderno. Por lo demás, encontramos otra analogía entre el teosofismo y las corrientes actuales del protestantismo (sobre todo del "Protestantismo liberal", que es su forma extrema y su conclusión lógica) en el hecho de sustituir la religión propiamente dicha por una "religiosidad" vaga, haciendo predominar los elementos sentimentales sobre la intelectualidad, hasta el punto de llegar a eliminar a ésta casi enteramente; ¿no es eso también lo que han querido hacer, en el seno del catolicismo mismo, los modernistas, cuya mentalidad, ya lo hemos dicho antes, es en el fondo completamente protestante? Todas estas tendencias se relacionan estrechamente, y no hay que asombrarse de que los teosofistas que se dicen católicos (pues hay algunos), proclamen en todas las oportunidades posibles sus simpatías modernistas o "modernizantes"[1]. Hemos dicho también que, de una manera general, el "neoespiritualismo" está emparentado con el protestantismo; es sobre todo en los países protestantes donde las sectas que se vinculan a él toman nacimiento, se desarrollan y se multiplican

---

[1] Ver por ejemplo un folleto anónimo titulada La Compagnie de Jésus et la Théosophie: Réponse d'une Catholique aux "Etudes" (artículos del R. P. de Grandmaison).

de una manera inverosímil, lo que es el indicio de un grave desequilibrio de la mentalidad religiosa; pero, de todas esas sectas, el teosofismo es quizás, junto con algunas agrupaciones espiritistas a las que se podría calificar de "pietistas", aquella donde la influencia del espíritu protestante aparece más manifiestamente.

Si se examinan los métodos que emplea el teosofismo para su difusión, es fácil ver que son idénticos a los que usan las sectas protestantes: por una y otra parte, se ve la misma persistencia en la propaganda, y también la misma sutileza insinuante para llegar a los diversos medios a los que apunta esta propaganda, creando toda suerte de asociaciones, más o menos independientes en apariencia, pero destinadas todas a concurrir a la misma obra. ¿Es menester recordar aquí, por ejemplo, la acción protestante que se ejerce en todos los países por medio de esas "Uniones Cristianas de Jóvenes" (Y.M.C.A.) y de sus filiales[2], donde se admite a todos sin distinción de confesión religiosa, a fin de hacer lo más amplio posible el campo de un proselitismo que, no por estar disfrazado, es menos ardiente?[1*] Y eso no es todo: asociaciones como ésas, aunque niegan ser "confesionales", manifiestan no obstante la inspiración protestante que las dirige; pero, al lado de ellas, hay otras que proclaman una neutralidad absoluta, y que no les están menos estrechamente ligadas, que a veces tienen a su cabeza una parte del mismo personal, o que, en todo caso, cuentan con una mayoría protestante entre sus dirigentes. Tales son las asociaciones "neutras" de los "boy-scouts", junto a asociaciones abiertamente protestantes[3]; lo mismo acontece en las ligas antialcohólicas; y las diversas sociedades

---

[2] Entre estas, en Francia, es menester citar la obra de los *Foyers du Solda*.

[1*] Las letras Y.M.C.A. significan "*Young Men's Christian Associations*"; cabría decir muchas cosas curiosas acerca de la manía de las designaciones mediante iniciales que reina actualmente; es ciertamente de origen anglosajón, principalmente americano, y algunos quieren ver en ello, no sin algo de razón, el indicio de una influencia de múltiples sociedades secretas o semisecretas más o menos relacionadas con la Masonería, o al menos constituidas a imitación de ella.

[3] Ver *La Question des Boy-Scouts ou Eclaireurs en France*, por Copin-Albancelli.

secretas o semisecretas de las que hemos hablado en el capítulo precedente, aunque son "neutras" en su mayoría, por eso no tienen menos un origen esencialmente protestante. Ahora bien, éstos son los mismos caracteres que se encuentran en las múltiples organizaciones auxiliares que han instituido los teosofistas: que estas organizaciones tengan una meta de propaganda teosofista confesada, que se proclamen independientes y abiertas para todos aunque reconociendo su origen, o incluso que disimulen éste más o menos cuidadosamente, todas están sometidas, de hecho, a una dirección única, todas están consagradas al "servicio" del teosofismo, directa o indirectamente, y a veces ignorándolo un gran número de sus miembros, perfectamente inconscientes del papel que se les hace desempeñar.

Esta identidad de tendencias y de métodos puede explicarse, de una manera bastante natural, por los orígenes protestantes de los jefes del teosofismo y de la mayoría de sus adherentes; hay incluso entre ellos un buen número de antiguos "clergymen" (ministros o pastores protestantes), que, si han abandonado su ministerio, no por eso han cambiado su mentalidad, y que la conservan intacta incluso bajo la máscara de "viejos católicos" que han adoptado en último lugar. Pero, ¿es menester quedarse en eso, y se debe creer que el espíritu de competencia religiosa opone el teosofismo al protestantismo propiamente dicho, como lo opone, se diga lo que se diga, al catolicismo? El caso no es el mismo, ya que es menester tener en cuenta la multiplicidad indefinida de sectas, que es esencialmente inherente al protestantismo, como consecuencia de su afirmación del "libre examen", es decir, en suma, de su ausencia de principios y de autoridad tradicional; ahora bien, las sectas protestantes están también en competencia entre ellas, lo cual no les impide estar unidas por lazos muy reales, ya que no son más que expresiones diversas de una misma mentalidad general; y aquí, la rivalidad no implica necesariamente una hostilidad básica, porque no hay nada que sea comparable a la unidad católica. Es por las mismas razones que las Iglesias cismáticas que se dicen Católicas, (entiéndase bien que aquí no hablamos de las Iglesias ortodoxas orientales) tienden invenciblemente a acercarse al protestantismo, y, por lo demás, presentan el mismo fenómeno de dispersión; incluso sería difícil trazar, entre esos cismas y las comuniones protestantes, una línea de demarcación bien clara: a los anglicanos, por ejemplo, ¿no les agrada llamarse católicos? En el fondo, la actitud del teosofismo respecto a las sectas protestantes no difiere sensiblemente de la que tienen estas diferentes sectas en sus relaciones entre ellas; y es por eso por lo que los hindúes pueden considerarlo, en su orientación actual al menos, como una secta protestante nueva, que ha venido a sumarse a todas las que ya existían: una mas o menos, en multitud tan grande, sólo puede tener una importancia bastante mediocre. Por lo demás, hemos conocido a gentes que habían pasado sucesivamente por diversas sectas protestantes, y de ellas al teosofismo, o a la inversa; son gentes de esas de las que un teosofista belga dimisionario ha podido decir muy justamente que "dan a algunos grupos un aire de Ejército de Salvación", y se tiene exactamente la misma impresión al leer algunos pasajes de las publicaciones teosofistas, cuyo tono es completamente semejante al de las predicaciones protestantes. Tales afinidades podrían ser accidentales; no queremos decir, bien entendido, que el teosofismo proceda de tal o cual rama definida del protestantismo; pero, cuando hablamos del protestantismo en general, como lo hacemos aquí, es menester entender sobre todo un cierto estado de espíritu, una mentalidad especial. Son precisamente ese estado de espíritu y esa mentalidad los que ponen de manifiesto precisamente todas las analogías que hemos señalado: son los propios de los teosofistas, como lo son, en grados diversos, los de muchos otros "neoespiritualistas", como lo son también, lo repetimos, los de los modernistas y de los "inmanentistas" supuestamente católicos, e incluso, en el dominio filosófico, lo son de los pragmatistas y de los intuicionistas contemporáneos. Por lo demás, eso no impide que en estas corrientes de pensamiento o en su punto de partida, pueda haber influencias individuales o colectivas que se ejerzan de una manera más o menos oculta, favorecidas en su acción por la confusión de todas esas agrupaciones y de todas esas escuelas. Las divergencias, si no son todas superficiales, son en todo caso mucho menos fundamentales que las tendencias comunes; y se puede decir que todo acontece como si se estuviera en presencia de una multitud de esfuerzos que tienden, cada uno en su dominio y según sus medios propios, a la realización de un plan único.

A propósito de las relaciones del teosofismo con el protestantismo, se plantea una cuestión más: si se estima que el teosofismo es anticristiano en principio, y que lo sigue siendo a pesar de sus actuales apariencias "neocristianas", ¿será entonces necesario concluir de ello que el protestantismo, cuando sus tendencias sean llevadas al extremo, debe concluir lógicamente en el anticristianismo? Por paradójica que parezca una tal conclusión quizás a primera vista (y sobre todo si recordamos que a muchas sectas protestantes les agrada llamarse "cristianas" sin epíteto, o incluso "evangélicas"), hay sin embargo hechos que al menos son susceptibles de darle alguna verosimilitud[4]: tal es, sobre todo, el caso del "protestantismo liberal", que ya no admite siquiera la divinidad de Cristo, o que no la admite más que como "una manera de hablar", y que, en el fondo, ya no es más que un simple "moralismo" disfrazado de "seudorreligión"; y esta degeneración es más lógica, a nuestro juicio, que el término medio en que se detiene el protestantismo que se califica de "ortodoxo", ¡como si pudiera haber

---

[4] Esta conclusión es, precisamente, la de un artículo consagrado a M. Leadbeater y firmado por Timothée (Charles Godard), publicado en el *Echo du Merveilleux*, del 15 de julio de 1912; este artículo, que, por lo demás, no concuerda enteramente con nuestra propia manera de ver, concluye así: "Después de haber soñado por las páginas que Mme Besant escribió sobre el tema de la venida próxima del *Instructor del Mundo*, del gran revelador de una religión mundial, ellos (los teosofistas), estarán dispuestos a reconocerle en el Anticristo. El protestantismo tendrá al anticristianismo como consecuencia final".

una ortodoxia allí donde ninguna regla puede intervenir eficazmente para limitar la arbitrariedad de las interpretaciones individuales!

Por otra parte, es menester subrayar también que las ideas mesiánicas y milenaristas están tomando actualmente una singular extensión en algunas sectas protestantes: tal es, por ejemplo, en la de los "Adventistas", que anuncian para una fecha poco lejana el fin del mundo y el retorno de Cristo glorioso[2*]. Además, hoy más que nunca, los supuestos profetas y mesías pululan extrañamente en todos los medios donde se practica el ocultismo; nosotros hemos conocido un cierto número de ellos, aparte de Alción y del teosofismo, y se anuncian otros más; la idea de una próxima "reencarnación de Cristo" se expande actualmente en los círculos espiritistas; ¿es menester ver en eso un signo de los tiempos?[3*] Sea como sea, y sin pretender arriesgar la menor predicción, es muy difícil, en presencia de todas estas cosas, no pensar en estas palabras del Evangelio: "Se elevarán falsos Cristos y falsos profetas, que harán grandes prodigios y cosas sorprendentes, hasta seducir, si fuera posible, a los mismos elegidos"[5]. Ciertamente, todavía no estamos en eso: los falsos Mesías que hemos visto hasta aquí no han hecho más que prodigios de una calidad muy inferior, y aquellos que les han seguido

---

[2*] La propia Mme Besant ha indicado que "la secta de los "Irwingistas" sostenía de una forma muy precisa la idea de un segundo advenimiento de Cristo" (*Vers l'Initiation*, p. 150); ésta es una confirmación muy clara de las relaciones existentes entre el mesianismo de estas sectas protestantes y el de los teosofistas.

[3*] Los esfuerzos realizados, por lo demás en vano, por Krishnamurti para sustraerse a su papel de Mesías (ver la nota adicional de la p. 215) muestran claramente que no es más que un simple instrumento, y gustosamente diríamos una víctima, de empresas en las que su voluntad personal no cuenta para nada. El presente desarrollo del mesianismo teosofista, que por otra parte no parece hacer en el "mundo exterior" tanto ruido como se esperaba, no aporta pues ninguna modificación a aquello que escribíamos antes de los últimos acontecimientos; y debe añadirse que, incluso aunque los jefes del teosofismo consideren ahora que se trata de algo más que una simple tentativa, muy bien puede ocurrir que, para otros, su movimiento mismo no sea sino uno de los múltiples elementos que deben concurrir a preparar la realización de un plan mucho más vasto y complejo.

[5] *San Mateo*, XXIX, 24.

no eran probablemente muy difíciles de seducir; pero, ¿quién sabe lo que nos reserva el porvenir? Si se reflexiona en que esos falsos Mesías no han sido nunca más que instrumentos más o menos inconscientes entre las manos de aquellos que los han suscitado, y si nos remitimos en particular a la serie de tentativas hechas sucesivamente por los teosofistas, nos vemos llevados a pensar que todo eso no son más que ensayos, en cierto modo experiencias, que se renovarán bajo formas diversas hasta que se obtenga el éxito, y que, mientras tanto, siempre tienen como resultado inyectar una cierta perturbación en los espíritus. Por lo demás, no creemos que los teosofistas, ni tampoco los ocultistas ni los espiritistas, tengan la fuerza necesaria para triunfar plenamente por sí mismos en una tal empresa; pero, detrás de todos estos movimientos, ¿no habrá algo mucho más temible, que ni sus propios jefes mismos conocen quizás, y de lo que no son a su vez más que simples instrumentos? Nos contentaremos con plantear esta última cuestión sin buscar resolverla aquí; para eso, sería menester hacer intervenir consideraciones extremadamente complejas, y que nos llevarían mucho más allá de los límites que nos hemos fijado para el presente estudio.

CAPÍTULO XXIX

Papel político de la Sociedad Teosófica

Nos queda hablar ahora del papel político que desempeña la Sociedad Teosófica, particularmente en la India: Este papel ha sido diversamente apreciado[1] y sin duda es difícil hacerse una idea muy clara de él, porque forma parte de las cosas que los teosofistas mantienen realmente secretas, mucho más secretas que su seudoesoterismo; siempre han afirmado que, en tanto que teosofistas al menos, no hacían política, alegando que "su organización es esencialmente internacional"[2]. Sin embargo, ese papel político existe, y si la Sociedad tomada en su conjunto es en efecto internacional, su dirección, en cambio, ha devenido puramente inglesa; además, cualesquiera que hayan podido ser a veces las apariencias externas, tenemos la convicción, podríamos decir incluso la certeza, de que el teosofismo, considerado bajo este aspecto, es sobre todo un instrumento al servicio del imperialismo británico. Ha debido ser así incluso desde el comienzo o desde poco después, ya que testigos dignos de fe nos han asegurado que Mme Blavatsky, durante su estancia en la India, recibía del gobierno inglés una subvención anual bastante importante (se nos ha indicado la cifra de doce mil rupias): era, parece, el precio de algunos servicios prestados contra su país de origen; por lo demás, ella repudiaba gustosamente su calidad de rusa y le agradaba llamarse norteamericana (ya hemos visto que, efectivamente, se había naturalizado tal en 1878).

---

[1] Así, el Dr Ferrand cree que la Sociedad Teosófica es realmente internacional, y le atribuye incluso tendencias hostiles a todo gobierno establecido; el P. de Grandmaison, aunque reconoce que ha servido frecuentemente al poderío inglés en la India, piensa sin embargo que algunas veces ha podido variar en su actitud a este respecto.

[2] La Clef de la Théosophie, p. 327.

Hodgson, que era mucho menos competente en estas materias que en lo que concierne al estudio de los fenómenos psíquicos, cometió pues un grave error al sospechar que ella era una espía rusa, y si, como hay lugar para creerlo, esta sospecha le fue inspirada por algunos funcionarios, se debió a que éstos no sabían más que él: en la India, la policía política es enteramente ajena a los servicios administrativos oficiales, aunque algunos de sus agentes pertenecen al mismo tiempo a estos últimos; es cierto que el gobierno, que debía saber la realidad, no tuvo en cuenta para nada la acusación de Hodgson. En esa época, la Sociedad Teosófica trabajaba ya para Inglaterra; y he aquí, a este propósito, una nota bien significativa que Sinnett (él mismo funcionario del gobierno) insertó en su primera obra: "Muchos de los viejos indios, y varios libros sobre la revuelta de la India, hablan de la manera incomprensible en que las noticias de acontecimientos que tienen lugar en lugares distantes llegaban a veces a los bazares de los nativos antes de llegar a los europeos, en los mismos sitios, a pesar de la utilización de medios de comunicación más rápidos de los que éstos podían disponer. La explicación que se me ha dado de este hecho es que los Hermanos (es decir, los "Mahâtmâs"), que en aquella época deseaban conservar el poderío británico porque le consideraban como preferible para la India a cualquier otro sistema de gobierno procedente de los nativos, distribuían rápidamente las noticias, utilizando sus métodos particulares, cuando esas noticias eran de naturaleza tal como para calmar la excitación popular y desanimar las nuevas sublevaciones[3]. El sentimiento que entonces les animaba es el mismo que les anima también hoy, y el gobierno actuaría sabiamente favoreciendo el desarrollo de la influencia de la Sociedad Teosófica en la India. Las sospechas que se dirigieron en el principio contra sus fundadores, aunque mal informadas, eran bastante excusables, pero, hoy en día,

---

[3] El hecho al que se alude es muy real y ha sido constatado frecuentemente, no sólo en la India, sino también en los países musulmanes; en cuanto a la explicación dada, naturalmente es tan fantasiosa como la personalidad misma de los "Mahâtmâs".

cuando se comprende mejor el carácter del movimiento, los funcionarios del gobierno británico en la India harían bien, cuando se presente la oportunidad, demostrando simpatía hacia los promotores de la Sociedad, que necesariamente tienen que desempeñar una tarea ingrata si son privados de toda muestra de simpatía"[4][1*].

De hecho, el apoyo moral y financiero del Gobierno, si no de todos sus funcionarios, no le faltó nunca a la Sociedad Teosófica, ni tampoco el de algunos príncipes indígenas cuyos sentimientos anglófilos son bien conocidos. Así, el Mahârâja de Cooch-Behar, alto dignatario de la Masonería británica, que murió en Inglaterra en 1911, era miembro de la Sociedad Teosófica; éste organizó una rama de ella en la capital de sus Estados en 1890, y fue elegido en 1893 presidente de la rama de Darjeeling[5]. Era yerno de Keshab Chander Sen, fundador de una de las sectas del *Brahma Samâj*, llamada "Iglesia de la Nueva Dispensación", y que es quizás aquella donde las tendencias hacia el cristianismo protestante fueron más pronunciadas. Su hijo sucesor, el Mahârâja actual, pertenece igualmente a la Masonería inglesa, y es uno de los dignatarios de la Orden del *Secret Monitor*, que es una de sus dependencias. La Sociedad Teosófica cuenta igualmente, si no entre sus miembros, al menos entre sus protectores y benefactores, con el Mahârâja de Kapurthala, otro alto dignatario de la Masonería británica, que, en 1892 hizo donación de una suma de dos mil rupias al "Fondo conmemorativo de H. P. B. [6], destinado a la publicación de traducciones orientales"[7]. Y, puesto que acabamos de hacer alusión a la Masonería en la India, he aquí un simple hecho que permitirá darse

---

[4] Le Monde Occulte, p. 157.

[1*] "Sinnet es el antiguo editor del periódico *The Pioneer*, órgano oficial publicado en las Indias Inglesas" (Jules Lermin, *Magie pratique*, p. 249).

[5] *Lotus Bleu*, 7 de diciembre de 1890 y 27 de marzo de 1893.

[6] Los teosofistas designan muy frecuentemente a Mme Blavatsky sólo por sus iniciales.

[7] *Lotus Bleu*, 27 de septiembre de 1892. — Mencionaremos también al Mahârâja de Durbungha, miembro de la Sociedad Teosófica, a la que dio una suma de 25.000 rupias (*Le Lotus*, marzo y julio de 1888).

cuenta de lo que puede ser su papel allí: el jefe de la policía secreta indígena era, en 1910, Diputado Gran Maestre de la Gran Logia del Distrito de Bengala, función que había desempeñado precedentemente el Mahârâja de Cooch-Behar.

Naturalmente, el apoyo gubernamental toma como pretexto las obras de educación que ha fundado la Sociedad Teosófica; pero, en realidad, se justifica sobre todo por la lucha que lleva, precisamente por medio de esas obras, y de otras diversas organizaciones también, contra las instituciones tradicionales hindúes, en especial contra la institución de las castas, a cuyo respecto los europeos demuestran generalmente tanta hostilidad porque son incapaces de comprender los principios profundos sobre los cuales reposa; por lo demás, la civilización hindú se basa toda entera sobre una tradición que se vincula a principios de orden puramente metafísico. Bien entendido, los verdaderos hindúes, que son esencialmente tradicionales, y que, por la razón que acabamos de decir, no pueden no serlo, se guardan bien de entrar en contacto con un tal medio, tanto más cuanto que no podrían perdonarle al teosofismo la desnaturalización de las doctrinas orientales; así pues, testimonian un profundo desprecio a aquellos de sus compatriotas, bien raros, por lo demás, que se han afiliado a esa Sociedad, y que, al contrario, como aquellos que consienten en entrar en la Masonería, son muy bien vistos por el gobierno británico, del que obtienen a veces situaciones ventajosas. Así, por ejemplo, al frente del servicio arqueológico de Kashmir, fue puesto hace algunos años el teosofista J. C. Chatterji, autor de varias obras[8] que, a pesar de sus títulos y pretensiones, se inspiran más en la filosofía evolucionista (y muy "exotérica") de Herbert Spencer que en la antigua doctrina oriental.

En cuanto a Mme Besant, sus proclamas de amistad con los hindúes jamás han sido tomadas en serio por éstos: Desde 1894, en la época en que declaraba todavía que "convertirse al cristianismo es aun más malo

---

[8] Philosophie Esotérique de l'Inde; Vision des Sages de l'Inde; La Réalisme Hindou.

que ser un escéptico o un materialista", aunque se proclamaba convertida al hinduismo⁽⁹⁾, M. S. C. Mukhopâdyâya escribía, en la revista *Light of the Eeast*, que ese hinduismo era "pura pacotilla", y que, alrededor de esta "budista de fantasía", apenas había más que algunas centenas de teosofistas frente a los doscientos cincuenta millones de hindúes; y, considerando a Mme Besant como un simple agente político inglés, concluía poniendo a sus compatriotas en guardia contra ella, y aconsejándoles resistir más que nunca contra toda intrusión extranjera. Mucho más tarde, he aquí con qué enérgica severidad fue juzgada la obra de Mme Besant por patriotas hindúes: "Mme Besant se ha hecho señalar por muchas cosas en su vida aventurera, pero su último papel es el de una enemiga sutil y peligrosa del pueblo hindú, en el cual revolotea como un murciélago en las tinieblas de la noche... Lo mismo que las sirenas arrastran con sus cantos a los hombres hacia la ruina, así esta mujer elocuente y dotada atrae a la juventud hindú a su destrucción, con sus palabras melosas y mendaces. El veneno de su palabra argentada, bebido por sus oyentes hechizados, es más mortal que el veneno de la serpiente... Desde el establecimiento del "Central Hindú College", en Benares, Mme Besant se ha hundido cada vez más en el fango de la hipocresía y de la mentira. Tal vez la pasión orgullosa de la superioridad imaginaria de su raza ha vencido a su fervor religioso. Siempre ha sido inestable e inconstante en su apego a las ideas y a las causas. Esta cualidad de su mentalidad ha llevado a M. W. T. Stead a nombrarla "la mujer sin convicción estable". Sea como sea, lo cierto es que en la actualidad ella está completamente de acuerdo con los planes de la casta extranjera que gobierna a la India, y debe ser contada entre los enemigos de la India... ¿Cuál es, pues, la función de Mme Besant entre las filas de los agentes oficiales? ¿Qué método sigue? Se le ha confiado la delicada misión de controlar el sistema religioso hindú desde el interior. El gobierno no puede tocar nuestra religión directa y abiertamente. Pero la burocracia extranjera no puede dejar tranquila a una organización tan

---

⁽⁹⁾ *The Two Worlds*, 20 de abril de 1894.

vasta y tan influyente, porque teme a toda institución que pueda unificar a la raza conquistada. Por consiguiente, los espías y los impostores son enviados disfrazados para entrar en esa fortaleza y engañar a los guardianes. Mme Annie Besant y sus colegas de Benares, como el Dr. Richardson y M. Arundale, son imperialistas ingleses, que trabajan con la idea de controlar la vida religiosa hindú. Son como lobos con pieles de cordero, y se les ha de temer y condenar aun más que a los enemigos brutales y groseros de la India... Es por esto por lo que ella ha traducido el *Bhagavad Gita* y ha fundado el "Central Hindú College"[10]. Ahora ha consagrado toda su energía a la propaganda imperialista de la Gran Bretaña"[11][2*]. Y, por el contrario, aquellos a quienes estos mismos patriotas hindúes consideran como traidores a su causa, no tienen más que elogios para Mme Besant y su obra: para probarlo, no aduciremos más que el caluroso alegato publicado en su favor, en junio de 1913, y en la ocasión de los procesos de Madrás, por el *Rajput Herald*, revista que aparece en Londres, que se proclama "consagrada al Imperialismo" y en cuya portada campea un mapa de "El Imperio en el que siempre brilla el sol" (*The Empire on which the sun ever shines*); he ahí, ciertamente, una amistad bien comprometedora. Por lo demás,

---

[10] Agregamos que este establecimiento se encuentra en competencia con el "Dayânanda Anglo-Vedic College" de Lahore, fundación del *Arya Samâj*; es así como Mme Annie Besant, al mismo tiempo que realiza su propio trabajo, venga las injurias hechas antaño a Mme Blavatsky.

[11] *La Sirène indienne*, tomado del periódico hindú *Bande Mâtaram*, marzo de 1911.

[2*] He aquí también, en el mismo orden de ideas que los diversos hechos que hemos señalado, una información bastante curiosa: "Tras haber ido a recibir a Krishnamurti y Nityânanda, en Bombay, y haberlos acompañado a Adyar, nuestra Presidenta partió de Adyar el 9 de diciembre (1921) hacia el norte de la India, y llegó en primer lugar a Benarés, donde el Instituto nacional hindú le otorgó el título de doctor en letras, en reconocimiento a los servicios prestados a la educación nacional, al día siguiente en que esta misma distinción le había sido conferida al príncipe de Gales" (*Bulletin Théosophique*, febrero de 1922). Esta relación entre Mme Besant y el príncipe de Gales es muy significativa, especialmente cuando se sabe que, durante el curso de este viaje que realizó entonces a la India el príncipe de Gales, todos los verdaderos hindúes acordaron hacer un completo vacío a su alrededor.

Mme Besant misma, ¿no debía crear en Adyar, en enero de 1914, un nuevo periódico titulado *The Commonwealth*, destinado más particularmente a la India, y que ostentaba esta divisa: "Por Dios, la Corona y el País" (*For God, Crown and Country*)? Mucho tiempo antes, se había vanagloriado ya de haber obtenido, para su "Central Hindú College", un retrato firmado del Rey Eduardo VII, mediante la graciosa intervención de la Princesa de Gales[12]; y, ¿no fue ella también la que hizo inscribir, en los estatutos de la Co-Masonería Británica, que ésta (comprendidas las Logias de la India) "exige de sus miembros lealtad hacia el Soberano"?[13] Se sabe en qué sentido entienden los ingleses, en materia política, los términos "lealtad" y "lealismo". Por consiguiente, todo esto es perfectamente concluyente y no nos dejaría ninguna duda, incluso si no tuviéramos otras informaciones directas, y todas concordantes, que han venido a reforzar más aún nuestra convicción.

Por lo demás, podemos citar algunos textos que, en el mismo orden de ideas, son también bastante edificantes: hace una decena de años, Mme Besant declaraba, en una conferencia pronunciada en Lahore, "que la invasión extranjera ha servido frecuentemente al desarrollo, y que los hindúes deben cesar de odiar a los ingleses". Esta declaración se ha de relacionar con un documento más reciente, el juramento que deben prestar los "Hermanos de Servicio", es decir, los adherentes a una rama de la "Orden de Servicio de la Sociedad Teosófica" que fue organizada en la India, hacia 1913, "entre los miembros más devotos de la Sociedad", supuestamente "para hacer entrar la Teosofía en la práctica de la vida, y para asociar la Teosofía a la solución de las reformas sociales". He aquí el texto de ese juramento, cuyo encabezamiento no deja lugar a ningún equívoco: "*Estimando que el interés primordial de la India es desarrollarse libremente bajo el pabellón británico*, liberarse de toda costumbre que pueda perjudicar a la unión de todos los habitantes y dar al hinduismo un poco de flexibilidad social y de fraternismo

---

[12] Carta a Leadbeater, 14 de julio de 1906.
[13] Artículo 7º de los Estatutos de la Co-Masonería.

vivido, yo prometo: 1º, *no tener en cuenta ninguna de las diferencias de casta*; 2º, no casar a mis hijos mientras sean menores, ni a mis hijas antes de que hayan alcanzado su decimoséptimo año; 3º, dar instrucción a mi mujer y a mis hijas, así como a las otras mujeres de mi familia, mientras se presten a ello; promover la instrucción de las hijas y oponerme a la reclusión de la mujer; 4º, promover la instrucción del pueblo en cuanto me sea posible; 5º, en la vida social y en la política no tener en cuenta para nada las diferencias de color y de raza; hacer cuanto pueda por favorecer el libre ingreso de las razas de color en todos los países, en el mismo pie de igualdad que los inmigrantes blancos; 6º, combatir activamente todo ostracismo social en lo que concierne a las viudas que se vuelven a casar; 7º, promover la unión de los trabajadores en todos los dominios del progreso espiritual, educativo, social y político, bajo la dirección del Congreso Nacional Hindú"[14]. Este pretendido "Congreso Nacional Hindú", es bueno decirlo, fue creado por la administración inglesa con la cooperación de los teosofistas, si no lo fue bajo la inspiración de éstos, y eso en vida de Mme Blavatsky: ésta escribió que ese Congreso era "un cuerpo político con el que nuestra Sociedad nada tiene que hacer, aunque estuviera organizado por nuestros miembros, indios y anglo-indios"; pero, en el mismo artículo agregaba un poco más adelante: "Cuando comenzó la agitación política, el Congreso Nacional convocado fue modelado *de acuerdo con nuestro plan*, y fue conducido principalmente por nuestros miembros que habían servido como delegados a nuestra Convención"[15]. Hasta estos últimos tiempos, ese Congreso ha permanecido sometido casi enteramente a la influencia de Mme Besant; su verdadero objetivo era poner un dique a las aspiraciones a la autonomía, dándoles una apariencia de satisfacción, por lo demás casi completamente ilusoria; el proyecto del "Home Rule" Irlandés (y se sabe cómo es acogido) procede exactamente de la misma política, que se intenta aplicar también a Egipto. Volviendo a los

---

[14] Tomamos este texto del *Bulletin Théosophique* de diciembre de 1913.
[15] *Lotus Bleu*, 7 de octubre de 1890, pp. 235 y 236.

"Hermanos de Servicio", no es una institución como ésta la que seria susceptible de dar al teosofismo, incluso si la cosa fuera posible, un poco de prestigio a los ojos de los verdaderos hindúes; éstos apenas se inclinan a creer en todas esas necedades de "progreso" y de "fraternismo", y tampoco en los beneficios de la "instrucción obligatoria"; se preocupan muy poco en hacer de sus esposas e hijas "sufragistas" (que es el objetivo declarado de las Logias "co-masónicas" en la India, igual que en Europa y en América) y no consentirán nunca, bajo pretexto de "asimilación" a sus dominadores extranjeros, en dejarse persuadir de que pisoteen sus costumbres más sagradas: el compromiso "de no tener en cuenta diferencias de casta" equivale, para un hindú, a una verdadera abjuración.

Pero aun hay algo mejor, y, en el proceso de Madrás, Mme Besant, para impresionar favorablemente a los jueces, no dudó en exhibir ante ellos al menos algunos de los servicios que ella había prestado al gobierno, pretendiendo que era menester ver en eso el verdadero motivo de la campaña dirigida contra ella. En la memoria alegada para su defensa, leemos lo que sigue: "La demandada expone que esta instancia ha sido emprendida por motivos políticos y una malevolencia personal, a fin de perjudicar a la demandada, en virtud de un complot elaborado para destruir su vida o su reputación, porque ella había contenido a la población estudiosa de la India de participar en los complots de los "Extremistas", y se ha esforzado en inspirarles la lealtad al Imperio. Desde que ella intervino para poner fin a los ejercicios hechos en secreto por los jóvenes y a la acumulación de armas en el Mahârâshtra, durante el gobierno del virrey Lord Curzon, ha sido considerada como un obstáculo a toda propaganda de violencia entre los estudiantes, y su vida misma ha sido amenazada a la vez en las Indias y en Europa... La demandada pide que estos jóvenes (sus dos alumnos) sean protegidos por la Corte contra esa renovación de influencias que les harían odiar a los ingleses, en lugar de amarlos y estarles dedicados como lo están hoy día, y que harían de ellos malos ciudadanos"[16]. Por otra parte, he aquí el comienzo de una exposición de las causas del proceso, redactada por M. Arundale: "No se podría comprender el proceso intentado contra Mme Besant si se le considerara como un hecho aislado, en lugar de considerarle como formando parte de un movimiento comenzado desde hace mucho tiempo, y que tiene como objetivo destruir la influencia que ella ejerce sobre la juventud en la India, ya que esta influencia, ella siempre la ha ejercido para impedir que la juventud participe en cualquier violencia política y para impedir que los jóvenes se afilien a las numerosas sociedades secretas que actualmente constituyen el verdadero peligro en la India. La campaña contra Mme Besant había sido comenzada por el famoso Krishnavarma, que en su periódico aconsejaba asesinarla, porque la consideraba como el mayor obstáculo para el partido extremista[17][3*]. Los ataques de M. Tilak en la India, sin

---

[16] Le Procès de Madras, pp. 46-47.

[17] En una carta fechada el 15 de septiembre de 1913, Mme Besant debió reconocer que el partido "extremista" no había alentado nunca ningún asesinato, y también que Mme Tingley (continuadora de Judge), a quien había acusado de proporcionar dinero a sus adversarios, "jamás se había mezclado en la política de la India".

[3*] Una nueva prueba del papel político de Mme Besant es su actitud hostil respecto al movimiento anti-inglés de Gandhi; ya hemos visto que ella declaró la adhesión a este movimiento como siendo incompatible con la cualidad de miembro de la E. S. o "sección esotérica"; y he aquí lo que ella misma ha escrito a este respecto: "Cuando se mostró el primer signo del espíritu de revolución en la pequeña tentativa de desobediencia civil (*sic*) conducida por Gandhi en 1919, yo me alcé contra tal espíritu, viendo en él al destructor de la verdadera libertad, al enemigo del proceso político, del ideal por el que había luchado en las Indias durante veintiséis años" (*The Theosophist*, marzo de 1922; traducción aparecida en el *Bulletin Théosophique* de abril de 1922). En otras palabras, no puede haber para la India "progreso político" ni "verdadera libertad" más que bajo la dominación británica; ¿no es esto llevar el cinismo demasiado lejos?

En la época del ministro Ramsay Macdonald, Mme Besant elaboró un proyecto de constitución para la India y lo remitió al gobierno; dicho proyecto, que procedía del mismo espíritu que el de la institución del "Congreso Nacional Hindú" (ver p. 294), parece no haber tenido secuelas, al menos hasta ahora; pero el hecho reviste un significado muy particular cuando se sabe que los verdaderos hindúes cuentan precisamente a Ramsay Macdonald entre los "enemigos brutales y groseros de la India".

llegar a aconsejar el asesinato de Mme Besant, tenían como objetivo destruir su influencia sobre los jóvenes hindúes. El movimiento extremista tenía a su frente hombres de una ortodoxia estricta, tales como los dos jefes principales, Arabindo Ghosh[4*] y Tilak. M. Ghosh se encuentra actualmente en la India Francesa y M. Tilak está en prisión. Sin embargo, los periódicos de M. Tilak han continuado sus ataques contra Mme Besant, y, en Madrás mismo, el *Hindú* ha colaborado con ellos tanto como ha podido"[18]. Y he aquí aún la conclusión de la misma exposición: "Cualquiera que sea el resultado de este proceso, no hay ninguna duda de que si el complot contra Mme Besant logra destruir su influencia en la India, habrá desaparecido uno de los principales factores de acercamiento entre Inglaterra y la India"[19].

En el fondo, no es precisamente al gobierno británico al que se debe culpar de servirse de tales auxiliares, a los que siempre es posible desautorizar, por lo demás, si se vuelven molestos o cometen alguna torpeza: durante el proceso de Madrás, el 7 de mayo de 1913, el *Times* emitía el voto de "que el gobierno se guarde de dar su aprobación, e incluso cualquier apariencia de aprobación, al movimiento teosofista", lo que, para cualquiera que estuviera al corriente, daba a entender que hasta entonces lo había aprobado y favorecido efectivamente. Por lo demás, en una carta escrita como respuesta a este artículo, que fue insertada el 9 de mayo, M. Wedgwood tuvo cuidado de recordar que "ha sido reconocido por altos funcionarios de la India que la influencia de la Sociedad Teosófica y el trabajo personal de Mme Besant en la India han sido de los más eficaces para inspirar en la juventud hindú sentimientos de fidelidad hacia el gobierno inglés". Se trata de medios políticos que, por repugnantes que puedan parecer a algunos, son en todos los países de un uso más o menos corriente: es así como, hace algunos años, se introdujeron en Bohemia diversas organizaciones

---

[4*] Así en el original (N. del T.)

[18] *Ibidem*, pp. 7-8.

[19] *Ibidem*, p. 13.

ocultas, en las que se hacían esfuerzos por hacer entrar a patriotas checos que eran particularmente sospechosos para el gobierno de Viena; pues bien, uno de los jefes de esas organizaciones era simplemente el director de la policía secreta austríaca; la historia contemporánea del ocultismo en Rusia proporcionaría también curiosos ejemplos de hechos más o menos similares. Aquellos que son culpables en parecido caso, son las gentes que consienten en encargarse de este papel tan poco honorable, y que no siempre está exento de todo peligro: acabamos de ver cómo Mme Besant se quejaba de que su vida había sido amenazada, y si, de hecho, no hubo nunca contra ella ningún atentado verdadero, no es menos cierto que, a pesar de todas las precauciones tomadas, ha sido apedreada en el curso de sus recorridos por la India. En 1916, para rehabilitarla a los ojos de los hindúes y hacer que confiaran en ella, se ha intentado un simulacro de internamiento en su propia villa de Gulistán, lo que no le ha impedido lo más mínimo hacer reuniones allí; pero este subterfugio bastante burdo no ha podido engañar a nadie, y tan sólo en Europa ha habido algunos que han creído que esta medida había sido motivada por un cambio real en la actitud política de Mme Besant. Ahora se puede comprender por qué algunos hindúes asocian gustosamente su nombre al de Rudyard Kipling, que es ciertamente un gran escritor (y Mme Besant no está desprovista tampoco de todo talento), pero a quien diversas aventuras que hacen poco honor a su carácter le impedían regresar a su país natal; y, además, hay esta circunstancia agravante, que los dos son de origen irlandés. Y ya que hemos mencionado a Rudyard Kipling, señalaremos que ha escrito una novela titulada *Kim*, que, salvo algunos detalles, puede ser considerada como una verdadera autobiografía; en particular, es rigurosamente histórico lo que cuenta sobre la rivalidad entre los rusos y los ingleses en las regiones septentrionales de la India. Entre otras cosas, encontramos también curiosos detalles sobre la organización del espionaje político, y sobre la utilización por los ingleses, para este efecto, de una sociedad secreta llamada *Sat Bhai* (Los Siete Hermanos); esta sociedad existe realmente, y fue introducida en Inglaterra por oficiales del ejército de las Indias en 1875, el año mismo en que se fundó la Sociedad Teosófica[5*].

No es preciso decir que, si la duplicidad de los jefes del movimiento teosofista no entraña para nosotros ninguna duda, la buena fe de la mayoría de los que les siguen, sobre todo de aquellos que no pertenecen a la nacionalidad inglesa, está totalmente fuera de cuestión; en todos los medios de este género, es menester saber distinguir siempre entre los charlatanes y sus engañados, y, si para los primeros no se puede tener más que desprecio, se debe compadecer a los segundos, que constituyen la gran masa, y se deben hacer esfuerzos para esclarecerles si todavía se está a tiempo y si su ceguera no es irremediable. Mientras estamos en este capítulo, citaremos aún un pasaje muy digno de notar, tomado de una obra referente a las famosas "Vidas de Alción": "Cuando la familia no sigue la ley natural (agrupándose alrededor del padre y de la madre), hay desorden. Lo mismo acontece en las naciones del mundo; debe haber la *nación-padre* y la *nación-madre*, viviendo en una perfecta armonía, o será la guerra. La nación que mañana dirigirá, la que cumplirá en el mundo un papel semejante al de *Manú*, un papel de padre, será probablemente Inglaterra; del lado madre, o *Bodhisattwa*, tendremos a las Indias. Es de esta manera como el *Manú* y el *Bodhisattwa* se aplicarán pronto a reinstalar el orden en el mundo en lo que concierne a las naciones"[20]. Traducido en lenguaje claro, ese pasaje significa esto: mientras que la India, bajo la dominación inglesa, deberá contentarse con un papel "espiritual" consistente en proporcionar, en la persona de Krishnamurti, un "soporte" para la manifestación del "Gran Instructor" esperado, Inglaterra está llamada a dictar sus leyes al mundo

---

[5*] A propósito de Rudyard Kipling, debe notarse que publicó, en 1923, un libro titulado *Cuentos de tierra y de mar*, dedicado y destinado a los *boy-scouts*; este hecho demuestra de nuevo los vínculos que unen al "Escutismo" con el imperialismo británico (ver nota adicional de la p. 230).

[20] De l'an 25.000 avant Jésus-Christ à nos jours, por G. Revel, p. 60. — Ver L'Ere d'un nouveau Cycle y L'Avenir Inminent, por Mme Besant.

entero (en efecto, el papel esencial del *Manú* es el de legislador). Eso será la realización de los "Estados Unidos del Mundo", pero bajo la égida de la "nación dirigente" y para su provecho exclusivo; así pues, el Internacionalismo de los jefes del teosofismo es, simplemente, el imperialismo británico llevado a su grado más extremo, y, después de todo, esto se comprende bien hasta cierto punto; pero ¿qué pensar de la inconcebible ingenuidad de los teosofistas franceses, que aceptan con docilidad y repiten con servil empeño semejantes "enseñanzas"?

La concepción de las relaciones entre Inglaterra y la India, tal cual acabamos de verla formulada, no es completamente nueva, y Mme Besant ni siquiera tiene el mérito de haberla inventado. En efecto, en la *Voie Parfaite* de Anna Kingsford y Edward Maitland, leemos lo que sigue: "Puesto que de la unión espiritual en la fe única de Buddha y de Cristo nacerá la futura redención del mundo, las relaciones entre los dos pueblos por los cuales, en el plano físico, debe ser efectuada esta unión, devienen un tema de una importancia y de un interés especiales. Considerada bajo este aspecto, la conexión que existe entre Inglaterra y la India se eleva de la esfera política a la esfera espiritual"[21]. Los autores, en quienes ya hemos observado la idea de que el budismo y el cristianismo son como los dos elementos complementarios de una misma religión, tan sólo han olvidado que el budismo, desde hace mucho tiempo, ha cesado de existir en la India; pero, veamos un poco más adelante: "En esta previsión del porvenir inminente[22] se debe encontrar el hilo conductor de la política espiritual del mundo. Transportados del plano místico al plano terrestre, los "reyes de Oriente" (alusión a los Reyes Magos del Evangelio) son aquellos que poseen la soberanía política sobre las provincias del Hindostán. Sobre el plano personal, este título implica a aquellos que poseen el conocimiento "mágico", o las llaves del reino del Espíritu; tener éste, es ser Mago. Tanto en uno como en otro de estos dos sentidos, el título nos pertenece

---

[21] The Perfect Way, p. 250.

[22] Se ve que Mme Besant ha tomado de aquí hasta el título de una de sus obras.

ya en adelante. De uno de los principales depósitos de este conocimiento mágico, la Biblia, nuestro país ha sido durante mucho tiempo el guardián y el defensor principal[23]. Durante tres siglos y medio, un período que recuerda el místico: "un tiempo, dos tiempos y la mitad de un tiempo"[24], y también el "año de años"[25] del héroe solar Enoc, la Gran Bretaña ha cuidado amorosa y fielmente, aunque ininteligentemente, la Letra que ahora, con el descubrimiento de la interpretación[26], es, como su prototipo (alusión a la Ascensión de Cristo), "transportada" al plano del Espíritu. Poseyendo así la Gnosis, tanto en su substancia como en su forma, nuestro país estará listo para la soberanía más elevada, por ser espiritual, a la que está destinado, y que sobrevivirá a su imperio material… Por lo tanto, todo lo que tiende a unir Inglaterra a Oriente es de Cristo, y todo lo que tienda a separarlos es del Anticristo"[27].

---

[23] Hay aquí una alusión al título de *Defensor Fidel* que adoptan los reyes de Inglaterra desde Enrique VIII; y esta alusión es tanto más clara cuanto que los tres siglos y medio de los que se trata enseguida constituyen justamente el tiempo transcurrido desde el cisma anglicano.

[24] *Daniel*, VIII, 25.

[25] Es decir: trescientos sesenta y cinco años, o más bien, según la cronología hebraica, trescientos cincuenta y cinco años lunares (de trescientos cincuenta y cinco días) que son sólo trescientos cuarenta y cinco años solares aproximadamente. Ahora bien, desde 1534, fecha del cisma de Enrique VIII, a 1879, fecha indicada en la predicción de Eliphas Lévi, de la que vamos a hablar, hay exactamente, en efecto, trescientos cuarenta y cinco años; la concordancia es demasiado notable para no hacer pensar que la fecha de 1879 ha debido ser calculada sobre la base que acabamos de indicar.

Añadido en la segunda edición:

Se dice en el *Génesis* que Enoch vivió trescientos sesenta y cinco años, y por ello es calificado de "héroe solar"; pero, en hebreo, la palabra "*shanah*", "año", y el número 355 se escriben de la misma forma, lo que permite una doble interpretación para la expresión "año de años"; es la sustitución de la cronología "lunar" hebrea por la cronología "solar" lo que hace posible el cálculo que hemos indicado.

[26] Gracias a las revelaciones "intuitivas" de Anna Kingsford.

[27] The Perfect Way, p. 253.

Toda esta historia, y más especialmente la última cita, nos recuerda una extraña coincidencia: Eliphas Lévi, que murió en 1875, había anunciado que en 1879, es decir, en el momento mismo en que Mme Blavatsky debía fijar en la India la sede de su Sociedad, sería establecido un nuevo "Reino Universal" político y religioso, que ese Reino pertenecería "a aquel que tendría las llaves de Oriente", y que esas llaves serían poseídas "por la nación que tiene la vida y la actividad más inteligentes". Esta predicción estaba contenida en un manuscrito que estaba en posesión de un ocultista de Marsella, alumno de Eliphas Lévi, el Barón Spedalieri; éste se la dio precisamente a Edward Maitland, de suerte que no es dudoso que es ahí donde es menester buscar la inspiración de las líneas que acabamos de reproducir. Agregamos que en el prefacio de la segunda edición de la *Voie Parfaite*, fue insertada una carta muy elogiosa de Spedalieri, que hablaba nada menos que de "milagros de interpretación"; sin nombrar a su autor se le señalaba como "el amigo, discípulo y heredero literario del célebre mago, el fallecido abate Constant (Eliphas Lévi), lo cual será para todos los iniciados una indicación suficiente de su personalidad". Más tarde, Maitland remitió el manuscrito de Eliphas Lévi al Dr. Wynn Westcott, *Supreme Magus de la Societas Rosicruciana in Anglia*, y este último lo publicó finalmente en 1896 bajo este título: *The Magical Ritual of the Sanctum Regnum*[6*]. Naturalmente, los ingleses, que tienen gustosamente, como los alemanes, la pretensión de constituir la "raza superior", debieron sentirse tentados a aplicar la predicción a su nación, dominadora de la India (máxime cuando Eliphas Lévi mismo, aún siendo francés, parecía haberlo hecho ya en su pensamiento), y acabamos de ver que no han dejado de hacerlo; pero las llaves materiales de Oriente no bastaban, era preciso tener también las llaves intelectuales y espirituales, y, si contaron con la Sociedad Teosófica para obtener su

---

[6*] *L'Avenir Imminent* es la recopilación de las conferencias pronunciadas por Mme Besant en Londres entre junio y julio de 1911 (al igual que *Vers l'Initiation* es la de sus conferencias de 1912); el último capítulo está dedicado especialmente a la cuestión de las relaciones entre Inglaterra y la India.

posesión, se debe reconocer que se engañaron singularmente, al menos tanto como en el hecho de que, para llegar al conocimiento del verdadero espíritu de la Biblia y del Evangelio, confiaron en el nuevo "Cristianismo esotérico" ya fuera, por lo demás, el de Anna Kingsford o el de Mme Besant[7*].

Entiéndase bien que al mencionar aquí la predicción de Eliphas Lévi, no queremos decir que sea menester atribuirle una importancia extraordinaria, sino solamente que algunos ingleses que la conocían han podido tomarla efectivamente en serio e incluso intentar ayudar a su realización; por lo demás, para juzgar a esta predicción en su justo valor, sería menester conocer su inspiración real, y lo que hay de cierto, es que su autor tenía relaciones en medios británicos en los que se aliaba el ocultismo con la diplomacia[28]. Por otra parte, como lo vimos anteriormente, los teosofistas pretenden que el último cuarto de cada siglo es muy particularmente favorable a algunas manifestaciones ocultas, que atribuyen, naturalmente, a la acción de su "Gran Logia Blanca"; sea como sea esta aserción, inaceptable para nosotros bajo la forma que le dan, por eso no es menos cierto que 1875 y los años que siguieron marcaron efectivamente el punto de partida de muchas actividades bastante enigmáticas: además de las que ya hemos tenido la

---

[7*] El barón Spedalieri publicó en el *Theosophist*, de 1881 a 1884, extractos de las cartas que Eliphas Lévi le había enviado; en 1884 remitió los manuscritos de Eliphas Lévi, en presencia del comandante Courmes, a Edward Maitland, que había llegado a Marsella con Anna Kingsford para recibir a Mme Blavatsky a su vuelta de Adyar (P. Chacornac, *Eliphas Lévi*, p. 290). La primera edición de la *Voie Parfaite* había aparecido en 1882, pero, como Maitland ya mantenía entonces correspondencia con Spedalieri, es muy posible que éste le hubiera hecho partícipe de la predicción de su maestro, que le había dejado el encargo de publicar veinte años después de su muerte los manuscritos que le había entregado. El manuscrito publicado por el Dr. Wynn Westcott con el título "*The Magical Ritual of the Sanctum Regnum*" fue intercalado en un ejemplar del tratado *De Septem Secundeis* de Tritemio; su título original era: "*La Clavicule prophétique des Sept Esprits par J. Trithème, maître de Cornelius Agrippa, avec le Rituel Magique des Clavicules de Salomon*".

[28] Lo que nos hace pensar que Eliphas Lévi tenia bien en vista a Inglaterra, es el cálculo que hemos indicado en una nota anterior.

ocasión de señalar, comenzando por la misma Sociedad Teosófica misma[29], indicaremos también una Orden llamada de los "Hermanos de la Luz" (*Fratres Lucis*)[30], instituida por un israelita inglés llamado Maurice Vidal Portman, orientalista y hombre político, que, en 1876, formaba parte del entorno de Lord Lytton, entonces virrey de las Indias. Se declaró, como acontece casi siempre en parecido caso, que no se trataba más que de la reconstitución de una antigua Orden del mismo nombre, que habría sido fundada en Florencia en 1498; y en algunos medios teosofistas (lo cual prueba una vez más que todo se relaciona), se afirmó incluso que "Swedenborg, Pasqualis[31], Saint-Martin, Cazotte y más tarde Eliphas Lévi, habían estado afiliados a la Orden de los *Fratres Lucis*, mientras que Saint-Germain, Mesmer, Cagliostro y quizá Ragon[32], pertenecieron a una rama *egipcia* de la misma Fraternidad", agregando con cierta acrimonia que esta última rama "no tiene nada de común, bien entendido, con cierta F. H. de Luxor (la H. B. of L.), de

---

[29] Recordemos también, bajo este aspecto, que el año 1882, el mismo en que apareció *la Voie Parfaite*, debía, según la duquesa de Pomar, ser el comienzo de una era nueva; y, coincidencia singular, se encuentra una afirmación idéntica en las enseñanzas de la H. B. of L.

[30] Esta Orden, cuyo centro actual está en Bradford, Yorkshire, no debe ser confundida, a pesar de la similitud de los nombres, con la F. T. L. (*Fraternitas Tesauri Lucis* o "Fraternidad del Tesoro de la Luz"), organización rosacruciana o supuesta tal, de origen verosímilmente norteamericano. — Hay todavía otras dos "Fraternidades de la Luz", ambas norteamericanas: la *Brotherhood of Light* sin más epítetos, con centro en Los Angeles (California), y la *Hermetic Beotherhood of Light*, que ya ha sido mencionada a propósito de la *Hermetic Brotherhiid of Luxor*, con la que su denominación parece destinada a provocar una confusión. Es menester agregar también la "Orden de la Luz" (*Order of Light*), igualmente norteamericana, cuya existencia ya mencionamos en el capítulo sobre el Parlamento de las Religiones.

[31] Se trata de Martinès de Pasqually, fundador del rito de los "Elus Coëns", de quien Lois-Claude de Saint-Martin fue discípulo antes de conocer las obras teosóficas de Boehme y de Gichtel.

[32] La razón de esta última suposición es sin duda que Ragon tradujo al francés y publicó, en 1821, un manuscrito de un masón alemán llamado Köppen, datado en 1770 y titulado *Crata Repoa*, que contiene un presunto ritual de las "Iniciaciones a los antiguos Misterios de los Sacerdotes de Egipto".

invención anglonorteamericana y completamente reciente"[33]. Como por otra parte se asegura que el Conde de Saint-Germain y Mme Blavatsky fueron enviados de un mismo centro[34], y como la segunda vivió un tiempo en Egipto, sin duda se ha querido dar a entender que también ella estaba vinculada a los *Fratres Lucis*, y que éstos (que, naturalmente, deben tener como antítesis a aquellos que ella llama "Hermanos de la Sombra") habrían sido una emanación directa de la "Gran Logia Blanca". Ciertamente, se trata de una manera bien fantasiosa de escribir la historia; volviendo a cosas más serias, diremos que Lord Lytton, cuyo nombre acabamos de encontrar a propósito de los *Fratres Lucis*, es el célebre autor de *Zanoni*, de la *Etrange Histoire* y de la *Race Future* (donde los teosofistas han bebido algunas inspiraciones, y especialmente la idea de la fuerza misteriosa llamada *vril*); fue también "Gran Patrón" (es decir, presidente honorario) de la *Societas Rosicruciana*, y su hijo fue embajador de Inglaterra en París. Sin duda no es por un simple azar que este nombre de Lytton se encuentra mezclado a cada instante en la historia del ocultismo; precisamente en casa de una persona de la misma familia, Eliphas Lévi realizó, en Londres, cierta evocación de Apollonius de Tiana, que ha descrito en su *Dogme et Rituel de la Haute Magie*, y cuyo objetivo era, parece, el conocimiento de un secreto social importante[8*]. Todos esos puntos de

---

[33] *Les Cycles*, por E.-J. Coulomb: *Lotus Bleu*, 27 de noviembre de 1893, p. 258. — Si lo que se nos ha dicho sobre la personalidad de Metamon es exacto, la negativa referente a la H. B. of L. es en verdad divertida.

[34] *Lotus Bleu*, 27 de septiembre de 1895.

[8*] Conviene rectificar una confusión de personajes, que por lo demás en nada cambia las observaciones que hemos hecho acerca de las relaciones entre el ocultismo y la política: Lord Lytton, que fue virrey de las Indias, es el mismo que también fue embajador en París; no se trata entonces del autor de *Zanoni*, sino de su hijo. El escritor ocultista, Sir Edward Bulwer-Lytton (uno de cuyos hermanos fue embajador en Turquía), nacido en Londres el 25 de mayo de 1803, murió en Turquía el 18 de enero de 1873; en 1842 publicó *Zanoni*, y en 1854 conoció en Londres a Eliphas Lévi; le visitó de nuevo, con el conde Alexander Branicki, en 1861, el mismo año en el que Bulwer-Lytton fue nombrado "Gran Patrón" de la "*Societas Rosicruciana in Anglia*", y, según A. E. Waite (*The Mysteries of Magic*, p. 8), realizaron conjuntamente una invocación en la cumbre del Panteón de Londres. En

contacto son susceptibles de ofrecer un gran interés a aquellos que quieran estudiar los trasfondos políticos, o políticorreligiosos, del ocultismo contemporáneo y de las organizaciones que se relacionan con él de cerca o de lejos, trasfondos que son, ciertamente, más dignos de atención que todo el aparato fantasmagórico con el que se ha juzgado bueno rodearse para disimularlos mejor a los ojos de los "profanos".

---

diciembre, Kenneth Mackenzie, "reputado científico" de la "*Societas Rosicruciana*", fue enviado a París con el fin de visitar a Eliphas Lévi ("The Rosicrucian and the Red Cross", mayo de 1873; *The Occult Review*, diciembre de 1921). Como *Etrange Histoire* apareció en 1862 en la *Revue Britannique*, se ha supuesto que las relaciones entre Bulwer-Lytton y Eliphas Lévi habían quizá influido en la inspiración de esta obra ("*Le Voile d'Isis*", febrero de 1923; P. Chacornac, *Eliphas Lévi, pp. 149, 194-198 y 201-203*).

CAPÍTULO XXX

Conclusión

En este estudio, hemos querido sobre todo hacer obra de información, reuniendo para ello una documentación cuyos elementos, hasta ahora, no podían encontrarse más que esparcidos un poco por todas partes; algunos eran incluso de un acceso bastante difícil para todos aquellos que no han sido favorecidos en sus investigaciones por circunstancias algo excepcionales. En lo que concierne a las doctrinas, si, en razón de su inconsistencia demasiado evidente, no hemos juzgado útil detenernos más en ellas, y si, a propósito de las mismas, hemos dado sobre todo citas, lo hemos hecho así porque pensamos, junto con otro de sus adversarios, que "el medio más seguro para refutarlas, es exponerlas brevemente dejando hablar a sus maestros mismos"[1]; y agregaremos que el mejor medio para combatir al teosofismo, es, a nuestro juicio, exponer su historia tal cual es. Así pues, podemos dejar al lector la tarea de deducir él mismo todas las conclusiones fácilmente deducibles, ya que, ciertamente, hemos dicho bastante para que todo aquel que haya tenido la paciencia de seguirnos hasta ahora se halle preparado para formarse sobre el teosofismo un juicio definitivo. Para todos aquellos que estén desprovistos de partidismo, el teosofismo se les aparecerá, probablemente, más bien como una mala broma que como una cosa seria; pero, desgraciadamente, esta mala broma, lejos de ser inofensiva, ha causado muchas víctimas y continúa causando cada vez más (según Mme Besant, la Sociedad Teosófica propiamente dicha, sin hablar de sus numerosas organizaciones auxiliares, contaba en 1913 con veinticinco

---

[1] *La Nouvelle Théosophie*, por el P. de Grandmaison, p. 54.

mil miembros activos)⁽²⁾, y esa es la razón principal que nos ha determinado a emprender este trabajo⁽¹*⁾. Por lo demás, es menester decir también que la historia de la Sociedad Teosófica no está desprovista de interés en sí misma, ya que es bastante instructiva bajo varios aspectos; plantea incluso muchas cuestiones poco conocidas y que sólo hemos podido señalar de paso, porque, para tratarlas de una manera más profunda, hubiera sido menester entrar en consideraciones que superarían demasiado la extensión y el alcance del tema que queríamos tratar especialmente.

Nuestra exposición no tiene la pretensión de ser absolutamente completa en todos sus puntos; pero, tal cual es, es ampliamente suficiente para que las gentes de buena fe sean plenamente edificadas, y también para que los teosofistas puedan darse cuenta de que estamos exactamente informados sobre la mayor parte de las particularidades de su historia; podemos asegurarles igualmente que conocemos tan bien como ellos, e incluso mejor que muchos de entre ellos, el fondo de sus propias teorías. Por consiguiente, podrán dispensarse de reeditar contra nosotros el reproche de "ignorancia" que tienen la costumbre de dirigir a sus adversarios, ya que es a la ignorancia a lo que atribuyen

---

⁽²⁾ *Le Procés de Madrás*, p. 41. En esa época había "Sociedades Teosóficas nacionales" en los países siguientes: Inglaterra, Escocia, Francia, Bélgica, Países Bajos, Escandinavia, Alemania, Austria, Bohemia, Hungría, Suiza, Italia, Rusia, Finlandia, Estados Unidos, América Central, India, Australia, Nueva Zelanda, Africa del Sur. España y Sudamérica poseían agrupaciones menos importantes o menos organizadas, dirigidas por "agentes presidenciales". Por lo demás, parece que el número de los teosofistas ha aumentado enormemente después de la guerra, llegando quizá a los cincuenta mil. En un reciente Congreso de París, estuvieron representadas treinta y tres naciones.

⁽¹*⁾ La Sociedad Teosófica cuenta en la actualidad con treinta y seis secciones, llamadas "Sociedades Teosóficas nacionales"; he aquí la lista tal como figura en el "Bulletin Théosophique": América, Inglaterra, Indias, Australia, Suecia, Nueva Zelanda, Holanda, Francia, Italia, Alemania, Cuba, Hungría, Finlandia, Rusia, Checoslovaquia, África del Sur, Escocia, Suiza, Bélgica, Indias Neerlandesas, Birmania, Austria, Noruega, Egipto, Dinamarca, Irlanda, México, Canadá, Chile, Argentina, Brasil, Bulgaria, Islandia, España, Portugal y País de Gales.

generalmente los ataques de que es objeto su Sociedad, y, ciertamente, a veces hemos contado, lamentándolo, que algunos habían podido en efecto dar motivo para ese reproche, ya sea desde el punto de vista histórico, o ya sea en lo que concierne a las teorías. Y, a propósito de esto, debemos decir algunas palabras sobre un folleto reciente titulado *L'Eglise et la Théosophie*, reproducción de una conferencia dada por un teosofista para responder a algunos ataques[3], y en el que se menciona incidentalmente, sin comentarios, un estudio que tiene el mismo título que el del presente volumen, pero mucho menos desarrollado, que hicimos aparecer en la *Revue de Philosophie*[4][2*], entonces en los comienzos de su publicación.

Al adversario al que se dirige especialmente el autor de este folleto le reprocha amargamente, entre otras cosas, haber expuesto las doctrinas de la reencarnación y del "karma" sin pronunciar ni una sola vez la palabra "evolución"; a nuestro juicio, esta reclamación es bastante justificada, y, ciertamente, no se nos podrá reprochar lo mismo, puesto que, muy lejos de cometer un tal "olvido", hemos presentado al contrario la idea evolucionista como constituyente del centro mismo de

---

[3] Conferencia dada el 6 de marzo de 1921, en la sede de la Sociedad Teosófica, por M. Georges Chevrier. — El autor está actualmente a la cabeza de la "sección esotérica" parisiense, lo que da alguna importancia a sus declaraciones.
Añadido en la segunda edición:
Ya hemos visto anteriormente en nota adicional, que Georges Chevrier abandonó, en octubre de 1922, la dirección de la "sección esotérica" parisina; ha sido reemplazado en esta función por *Mlle.* Aimée Blech, hermana del secretario general de la "Sociedad Teosófica francesa".
[4] Enero-febrero, marzo-abril, mayo-junio y julio-agosto de 1921.
[2*] La *Revue de Philosophie* no debe ser confundida con la *Revue Philosophique*, órgano universitario; si llamamos la atención sobre este punto es porque tal confusión ha sido recientemente cometida por un teosofista, que incluso ha creído, a causa de ello, ver una especie de incompatibilidad entre la publicación de nuestro estudio por parte de esta revista y nuestra poca consideración para con la "ciencia oficial"; si hubiera estado mejor informado, habría podido darse cuenta de que no había aquí ninguna contradicción, pues la *Revue de Philosophie* no tiene ninguna relación con los medios en los que dicha "ciencia oficial" es alabada.

toda la doctrina teosofista. Es a esta idea a la que conviene atacar ante todo, ya que, si se muestra su inanidad, todo el resto se viene abajo por sí solo; se trata de una refutación mucho más eficaz que la que consiste en desarrollar, contra las teorías del "karma" y de la reencarnación, argumentos sentimentales que valen exactamente lo mismo que los que los teosofistas presentan en favor de las mismas teorías. Naturalmente, no es aquí donde podemos pensar en emprender una crítica detallada del evolucionismo; pero hemos querido establecer que esta crítica, que puede hacerse bastante fácilmente, es válida en particular contra el teosofismo, porque, en el fondo, éste no es más que una de las numerosas formas que ha revestido el evolucionismo, punto de partida de casi todos los errores específicamente modernos, y cuyo prestigio en nuestra época no está hecho más que de un monstruoso montón de prejuicios.

Otro reproche que encontramos en el mismo folleto es el de "una confusión en cuanto a la naturaleza de los métodos de conocimiento a los que es atribuida la documentación teosófica". Sin ir al fondo de la cuestión y sin buscar si esa confusión era tan grave como se acaba de decir, haremos esta simple observación: el adversario del que se trata había cometido el error de atribuir a los teosofistas una "teoría del conocimiento", lo que, en realidad, no corresponde enteramente a su punto de vista, de suerte que la confusión que había cometido estaba sobre todo, a nuestro juicio, entre el punto de vista propio del teosofismo y el de la filosofía, y más precisamente de la filosofía moderna; y, ciertamente, los teosofistas tienen en su activo buen número de necedades para que, por añadidura, se les presten las de otros. En esta ocasión, hay todavía otra observación que pensamos necesario hacer aquí: probablemente algunos se asombrarán de que, en todo el curso de nuestra exposición, no hayamos pronunciado la palabra "panteísmo", y, sin embargo, es expresamente como nos hemos abstenido de hacerlo; sabemos bien que los teosofistas, o por lo menos algunos de ellos, se declaran gustosamente "panteístas", pero este término se presta a equívocos, y ha sido aplicado indistintamente a tantas doctrinas diversas que a veces se concluye por no saber ya con justeza de qué se habla cuando se le emplea, siendo necesario tomar algunas precauciones para restituirle un sentido preciso y evitar toda confusión. Además, hay gentes para las que la sola palabra "panteísmo" parece hacer las veces de una refutación seria: desde que, con razón o sin ella, han dado esa denominación a una doctrina cualquiera, creen poder dispensarse de todo otro examen; se trata de procedimientos de discusión que no podrían ser los nuestros.

En la misma respuesta, hay un tercer punto que, por nuestra parte, no podemos registrar más que con una gran satisfacción, pues es una verdadera confesión que viene a corroborar, de una manera bastante inesperada, nuestra propia manera de considerar las cosas: es, en efecto, una protesta contra "una identificación abusiva de la Teosofía con el Brâhmanismo y el Hinduismo". Los teosofistas no han hablado siempre así, muy lejos de eso, y apenas tienen derecho a quejarse, ya que son ellos los primeros autores responsables de esa "identificación abusiva", mucho más abusiva de lo que proclaman hoy; si han llegado a esto es porque, en lugar de serles ventajosa como pudo serlo en los comienzos, una tal identificación ha devenido muy molesta para su "Cristianismo esotérico", y he ahí una nueva contradicción que se ha de agregar a todas las demás. Sin pretender dar consejos a nadie, pensamos que todos los adversarios de los teosofistas deberían tomar buena nota de esto a fin de evitar cometer ciertas faltas en el porvenir; en lugar de tomar como pretexto su crítica del teosofismo para insultar a los hindúes, como lo hemos visto hacer, caricaturizando odiosamente sus doctrinas que no conocen, deberían considerarlos al contrario como sus aliados naturales en esta lucha, ya que lo son efectivamente y no pueden no serlo: además de las razones más especiales que tienen los hindúes para detestar profundamente al teosofismo, éste no es más aceptable para ellos que para los cristianos (más bien deberíamos decir para los católicos, puesto que el protestantismo se acomoda a todo), y, de una manera general, para todos aquellos que se adhieren a una doctrina que tenga un carácter verdaderamente tradicional.

Finalmente, hay un pasaje que tenemos que citar, tanto más cuanto que nos concierne en parte; después de haber afirmado que el teosofismo "no combate a ninguna religión" (ya hemos mostrado lo que se debe pensar al respecto), el conferenciante continúa en estos términos: "Es muy hermoso, se nos dirá, pero no es menos verdadero que vosotros atacáis la religión por el solo hecho de que profesáis ideas contrarias a las verdades que ella proclama. Pero, ¿por qué no dirigís este reproche a la ciencia oficial, y muy especialmente a los biólogos que profesan en la Facultad de Ciencias teorías donde el materialismo encuentra un argumento total y definitivo en favor de su tesis?... Por lo tanto, ¿reconocéis a la Ciencia derechos que negáis a la Teosofía, porque, en vuestro espíritu, la Teosofía sería ante todo una religión, o más bien una seudorreligión, como lo ha escrito el autor cuyo estudio he señalado como en curso de publicación en la *Revue de Philosophie*? Esa es una opinión a la que no podemos asociarnos, y, aunque buscamos la verdad por otros métodos que los empleados por la Ciencia moderna, tenemos derecho a reivindicar el mismo privilegio que ella, el de decir lo que creemos que es la verdad"[5].

No sabemos lo que otros podrán o querrán responder a esto, pero nuestra respuesta será de las más simples: no profesamos el menor respeto por la "Ciencia moderna" y "oficial", por sus métodos y sus teorías; lo hemos demostrado ya en otra parte, y lo que hemos dicho hace un momento a propósito del evolucionismo, es una prueba más. Así pues, no reconocemos a la ciencia, ni tampoco a la filosofía, ningún derecho más que al teosofismo, y estamos dispuestos a denunciar también, si se presenta el caso, las falsas opiniones de los sabios "oficiales", a quienes, en general, sólo debemos reconocer el mérito de una cierta franqueza que con demasiada frecuencia falta en los

---

[5] L'Eglise et la Théosophie, p. 8.

teosofistas. Para aquellos de entre estos últimos que son verdaderamente sinceros, nada deseamos tanto como aclarar al mayor número posible de ellos, ya que sabemos que hay muchas personas que, entradas en la Sociedad Teosófica por simple curiosidad o por fantasías de desocupados, ignoran todo de su historia y casi todo de sus enseñanzas, y tal vez no han sufrido aún la deformación mental que, a la larga, resulta inevitablemente de la frecuentación de un medio semejante.

No agregaremos más que una palabra: si no somos de aquellos a quienes les agrada hablar "en nombre de la Ciencia", y que ponen a la "razón" por encima de todo, tampoco pretendemos en modo alguno hablar "en nombre de la Iglesia", y por lo demás no tendríamos ninguna calidad para hacerlo; si algunos teosofistas se han imaginado algo de este género (y la conferencia sobre *L'Eglise et la Théosophie* así parece indicarlo), que se desengañen[3*]. Por lo demás, no pensamos siquiera

---

[3*] Como nuestras insinuaciones, en lo que nos concierne, sobre la conferencia de Chevrier sobre "La Iglesia y la Teosofía" se han reproducido desde entonces en numerosas ocasiones, y como incluso éstas han sido repetidas aún últimamente bajo una forma más explícita, debemos aquí afirmar una vez más nuestra completa independencia, y también indicar más completamente las intenciones que realmente hemos tenido al escribir esta obra. La primera razón, aquella cuyo valor puede parecer más inmediato a todo el mundo, es la que expresamente hemos enunciado: viendo en el teosofismo un error de los más peligrosos para la mentalidad contemporánea, hemos considerado conveniente denunciar este error en el momento en que, a causa del desequilibrio causado por la guerra, tomaba una extensión que jamás hasta ahora había tenido; lo mismo hemos hecho, algo más tarde, con respecto al espiritismo. No obstante, existía además una segunda razón que, teniendo para nosotros una importancia muy particular, hacía a esta tarea todavía más urgente: y es que, al proponernos ofrecer en nuestras obras una exposición de las auténticas doctrinas hindúes, hemos juzgado necesario demostrar en primer lugar que dichas doctrinas no tienen nada en común con el teosofismo, cuyas pretensiones a este respecto son, como hemos indicado, a menudo admitidas por sus propios adversarios; para evitar las confusiones que sabíamos tenían curso en el mundo occidental, era indispensable repudiar tan claramente como fuera posible toda solidaridad con esta falsificación fraudulenta que es el teosofismo. Añadiremos además que la idea de este libro nos había sido sugerida desde hacía bastante tiempo por algunos Hindúes, que por otra parte nos han suministrado una parte de nuestra documentación; así, a pesar de todo lo que podrían pretender los teosofistas, que naturalmente mantienen un gran interés en engañar sobre

que sus contradictores eclesiásticos lo hayan hecho así, ni que hayan podido hablar o escribir sino en nombre personal; según nuestro conocimiento, la Iglesia no ha intervenido más que una sola vez para condenar al teosofismo y para declarar formalmente que "sus doctrinas no son conciliables con la fe católica"[6]. En todo caso, por nuestra parte, la actitud que hemos tomado respecto de lo que *sabemos* que es el error, y un error peligroso para la mentalidad contemporánea, la hemos adoptado con total independencia; no nos asociamos a ninguna campaña organizada, ni queremos saber siquiera si existe, y nos permitimos dudar un poco de ello. Si los teosofistas quieren conocer las razones de nuestra actitud, podemos asegurarles que no hay más que ésta: es que, traduciendo y aplicando mejor de lo que lo hacen ellos la divisa hindú que se han apropiado audazmente, estimamos que "no hay derechos superiores a los de la Verdad".

---

el verdadero punto de partida de una "ofensiva" como ésta, ni la Iglesia ni los "Jesuitas" cuentan absolutamente para nada, al igual que ninguna otra organización occidental.

[6] Decisión de la Congregación del Santo Oficio, 19 de julio de 1919: *Acta Apostolicae Sedis*, 1 de agosto de 1919, p. 317. — Esta decisión ha sido comentada por el P. Giovanno Bisnelli en un artículo titulado *Théosophie et Théologie*, publicado en la revista *Gregorianum*, enero de 1920, y del que apareció una traducción francesa en *Documentation Catholique*, 10-17 de septiembre de 1921.

Otros libros de René Guénon

Omnia Veritas Ltd presenta:

RENÉ GUÉNON

EL ERROR ESPIRITISTA

En nuestra época hay muchas otras "contraverdades" que es bueno combatir...

Entre todas las doctrinas "neoespiritualistas", el espiritismo es ciertamente la más extendida

Omnia Veritas Ltd presenta:

RENÉ GUÉNON

EL REINO DE LA CANTIDAD Y LOS SIGNOS DE LOS TIEMPOS

« Porque todo lo que existe de alguna manera, incluso el error, necesariamente tiene su razón de ser »

... y el desorden en sí mismo debe encontrar su lugar entre los elementos del orden universal

Omnia Veritas Ltd presenta:

RENÉ GUÉNON

EL SIMBOLISMO DE LA CRUZ

«La consideración de un ser en su aspecto individual es necesariamente insuficiente»

... puesto que quien dice metafísico dice universal

Omnia Veritas Ltd presenta:

RENÉ GUÉNON

APERCEPCIONES
SOBRE LA INICIACIÓN

«A menudo nos concentramos en los errores y confusiones que se hacen sobre la iniciación...»

Somos conscientes del grado de degeneración al que ha llegado el Occidente moderno ...

Omnia Veritas Ltd presenta:

RENÉ GUÉNON

INICIACIÓN
Y
REALIZACIÓN ESPIRITUAL

« Necedad e ignorancia pueden reunirse en suma bajo el nombre común de incomprensión »

La gente es como un "reservorio" desde el cual se puede disparar todo, lo mejor y lo peor

Omnia Veritas Ltd presenta:

RENÉ GUÉNON
INTRODUCCIÓN GENERAL
AL ESTUDIO DE
LAS DOCTRINAS HINDÚES

« Muchas dificultades se oponen, en Occidente, a un estudio serio y profundo de las doctrinas orientales »

... este último elemento que ninguna erudición jamás permitirá penetrar

Omnia Veritas Ltd presenta:

RENÉ GUÉNON

LA CRISIS DEL MUNDO MODERNO

«Parece por lo demás que nos acercamos al desenlace, y es lo que hace más posible hoy que nunca el carácter anormal de este estado de cosas que dura desde hace ya algunos siglos»

Una transformación más o menos profunda es inminente

Omnia Veritas Ltd presenta:

RENÉ GUÉNON

LA GRAN TRÍADA

«En todo ternario tradicional, cualesquiera que sea, se quiere encontrar un equivalente más o menos exacto de la Trinidad cristiana»

se trata muy evidentemente de un conjunto de tres aspectos divinos

Omnia Veritas Ltd presenta:

RENÉ GUÉNON

LOS ESTADOS MÚLTIPLES DEL SER

«Según la significación etimológica del término que le designa, el Infinito es lo que no tiene límites»

La noción del Infinito metafísico en sus relaciones con la Posibilidad universal

www.omnia-veritas.com

www.ingramcontent.com/pod-product-compliance
Lightning Source LLC
Chambersburg PA
CBHW050125170426
43197CB00011B/1723